Literatura y arte

FIFTH EDITION

INTERMEDIATE SPANISH

AMÉRICA DEL SUR

MAR CARIBE

BELICE
HONDURAS
NICARAGUA
Lago de Managua
EL SALVADOR
GUATEMALA
PANAMÁ
COSTA RICA

Barranquilla
Cartagena
Maracaibo
Lago de Maracaibo
Caracas
San Cristóbal
Río Orinoco
Río Magdalena
Medellín
Bogotá
Cali
COLOMBIA

VENEZUELA

Georgetown
GUAYANA
Paramaribo
SURINAM
Cayena
Boa Vista
GUAYANA FRANCESA

ECUADOR

SLAS GALAPAGOS

Quito
ECUADOR
Guayaquil
Cuenca
Iquitos

Río Amazonas

AMAZONAS

PERÚ
LOS ANDES

Lima
Machu Picchu
Ayacucho
Cuzco
Lago Titicaca

BOLIVIA
La Paz
Santa Cruz
Sucre
Potosí

BRASIL

Brasilia

Río Paraná

CHILE

LOS ANDES

PARAGUAY
Asunción

Iguazú

Río de Janeiro
São Paulo

OCÉANO ATLÁNTICO

OCÉANO PACÍFICO

Córdoba

Río Uruguay

URUGUAY
Montevideo

Viña del Mar
Valparaíso
Santiago
Buenos Aires
ARGENTINA
Bahía Blanca
Concepción
Río de la Plata

Viedma

ISLAS MALVINAS (Br.)

Estrecho de Magallanes

TIERRA DEL FUEGO

| 0 | 200 | 400 | 600 | 800 | 1,000 MILLAS |

| 0 | 400 | 800 | 1,200 | 1,600 KILÓMETROS |

NIGERIA
ÁFRICA
Malabo
GUINEA ECUATORIAL
CAMERÚN
GABÓN

ÁFRICA

ECUADOR

| 0 | MILLAS | 500 |

| 0 | KILÓMETROS | 800 |

San Diego

Tijuana
Mexicali

Albuquerque

ESTADOS UNIDOS

30°

Nogales

Nogales

El Paso

Ciudad Juárez

Hermosillo

Baja California

Chihuahua

Río Bravo

San Antonio

25°

Laredo

Nuevo Laredo

GOLFO DE MÉXICO

MÉXICO

SIERRA

Mazatlán

Monterrey

Brownsville
Matamoros

MADRE OCCIDENTAL

Aguascalientes

San Luis Potosí

Península de Yucat

20°

León

Puerto
Vallarta

Guadalajara

Tampico

Mérida

Cancú

México,
Distrito
Federal

Chichén
Itzá

Taxco

Veracruz

Bahía de Campeche

Cuernavaca

Puebla

Palenque

Belmopan

*OCÉANO
PACÍFICO*

Acapulco

Oaxaca

— BEL

15°

Guatemala

Tegucig

**MÉXICO,
AMÉRICA CENTRAL
Y EL CARIBE**

GUATEMALA

San Salvador

EL SALVADOR

Mana

10°

5°

0   100   200   300   400   500 MILLAS

0   200   400   600   800 KILÓMETROS

110°   105°   100°   95°   90°

ESPAÑA

OCÉANO ATLÁNTICO

MAR CANTÁBRICO

FRANCIA

ANDORRA

PORTUGAL

150 MILLAS
200 KILÓMETROS

150
100
50
0

100
50
0

GALICIA

Santiago

PRINCIPADO DE ASTURIAS

Santander

CANTABRIA

PAÍS VASCO

Bilbao

CORDILLERA CANTÁBRICA

CASTILLA Y LEÓN

Valladolid

Salamanca

Segovia

SIERRA DE GUADARRAMA

Pamplona

NAVARRA

LA RIOJA

Río Ebro

PIRINEOS

Zaragoza

Lérida

ARAGÓN

CATALUÑA

Gerona

Barcelona

Costa Brava

☆ **Madrid**

MADRID

Toledo

Río Tajo

CASTILLA-LA MANCHA

Cuidad Real

COMUNIDAD VALENCIANA

Valencia

Alicante

MURCIA

Murcia

Cartagena

EXTREMADURA

ANDALUCÍA

Río Guadalquivir

Córdoba

Sevilla

Granada

SIERRA NEVADA

Málaga

Cádiz

Costa del Sol

Estrecho de Gibraltar

— *Gibraltar (Br.)*

— *Ceuta (Sp.)*

Tanger

Melilla (Sp.)

MARRUECOS

Lisboa ☆

MAR MEDITERRÁNEO

MENORCA

MALLORCA

Palma

ISLAS BALEARES

IBIZA

ISLAS CANARIAS

LA PALMA

TENERIFE

GOMERA

HIERRO

GRAN CANARIA

Las Palmas

LANZAROTE

FUERTEVENTURA

75 MILLAS
120 KILÓMETROS

0
0

ÁFRICA

44°
42°
40°
38°
36°

10°
8°
6°
4°
2°
2°
40°
42°
38°

12°
14°
16°
18°

28°

Literatura y arte

FIFTH EDITION

INTERMEDIATE SPANISH

Literatura y arte

FIFTH EDITION

INTERMEDIATE SPANISH

JOHN G. COPELAND
University of Colorado

RALPH KITE

LYNN SANDSTEDT
University of Northern Colorado

Holt, Rinehart and Winston
Harcourt Brace Jovanovich College Publishers

Fort Worth   Philadelphia   San Diego   New York   Orlando   Austin
San Antonio   Toronto   Montreal   London   Sydney   Tokyo

Publisher	Ted Buchholz
Senior Acquisitions Editor	Jim Harmon
Developmental Editor	Mary K. Bridges
Project Editor	Lupe Garcia Ortiz
Production Manager	Debra Jenkin
Book Designer	Melinda Huff
Photo/Permissions Editor	S. Webster
Compositor	P&M Typesetting, Inc.

Background Photo: Masaaki Kazama/Photonica

Inset Photo: Hiroshi Takahashi/Photonica

Address for Editorial Correspondence: Harcourt Brace Jovanovich, Publishers, 301 Commerce Street, Suite 3700, Fort Worth, TX 76102.

Address for Orders: Harcourt Brace Jovanovich, Publishers, 6277 Sea Harbor Drive, Orlando, FL 32887. 1-800-782-4479, or 1-800-443-0001 (in Florida).

Printed in the United States of America

Library of Congress Catalog Card Number: 92-053231

ISBN: 0-03-074994-8

3 4 5 6   069   9 8 7 6 5 4 3 2 1

Índice

Preface

With the publication of *Intermediate Spanish,* the materials available for use at the intermediate level took a step in a new direction. We had long believed that it would be desirable to have a "package" of materials, unified in content but varied in the possibilities for use in the classroom, that would be flexible enough that the instructor could easily adapt them to his or her own teaching style and particular interests.

With this in mind, we devised the three highly successful textbooks that made up our intermediate level program. *Conversación y repaso* reviews and expands the essential points of grammar covered in the first year and also includes dialogues, abundant exercises, and a variety of activities intended to stimulate conversation. *Civilización y cultura* presents a variety of topics related to Hispanic culture. The approach in this reader is thematic rather than purely historical, and the topics have been chosen both for the insights that they offer into Hispanic culture and for their interest to students. The exercises are designed to reinforce the development of reading skills, to build vocabulary, and to stimulate class discussion. *Literatura y arte* introduces the student to literary works by both Spanish and Spanish-American writers and to the rich and diverse contributions of Hispanic artists to the fine arts. The accompanying exercises also stress the development of reading and writing skills and include vocabulary-building and conversational activities.

One of the unique features of the program is the thematic unity of the texts. Each unit of each textbook has the same theme as the corresponding unit of the others. For example, Unit 7 of the grammar textbook deals with the subject of poverty and the problem of the migration of workers in Hispanic culture in its dialogues and conversational activities. The same theme is treated in the essay "Aspectos económicos de Hispanoamérica," the seventh unit of the civilization and culture reader, and the theme of poverty is further explored in Unit 7 of the literature and art reader in the short story «Es que somos muy pobres» and in the essay on the murals of Diego Rivera.

We have found that this thematic unity offers several advantages to the teacher and student: (1) the teacher may combine the basic grammar and conversation book with either or both of the readers and be assured that essentially the same cultural and linguistic information will be presented to the students; (2) the amount of material to be covered may be adjusted through the choice of one textbook or more, making it possible to balance the quantity of material and the amount of classroom contact available; (3) if one book is used in the classroom, another may be used for outside work by those students who wish additional contact with the language; (4) for individualized programs, only those units may be assigned that are relevant to the student's particular interests. If several books are used, the students will absorb a considerable amount of vocabularly related to the theme, and by the end of their study of the topic, they will have overcome, at least in part, their reluctance to express their own ideas in Spanish. We have tested this "saturation" method in our own classrooms and have found it to be quite effective. We suggest that if several books are used, the grammar and initial dialogue should be studied first, followed by one or more of the other textbooks and, finally, the conversation stimulus section of the grammar and conversation text.

Like the earlier editions, this Fifth Edition of *Intermediate Spanish* contains materials that will be of interest to students of different disciplines. Throughout, our goal has been to present materials that will enable students to develop effective communicative skills in Spanish and motivate them to want to know more about the culture they are studying.

We would like to thank the following reviewers, whose comments helped to shape the fifth edition of *Literatura y arte:* Cornelius P. Hamel, College of St. Benedict; Keith Mason, University of Virginia; Edward H. Mayer, University of Utah; Belén Román-Morales, Florida State University; Terry Seymour, Columbia University; and Wilma Newberry, State University of New York at Buffalo.

We also thank our editors, Mary K. Bridges and Lupe García Ortiz, for their useful suggestions and their careful editing of the text.

Introduction

Intermediate Spanish: Literatura y arte is a reader designed for use in second-year college courses. It is intended to be used with the authors' *Intermediate Spanish: Conversación y repaso,* but it may also be used with any second-year grammar review. The purpose of the book is to develop the students' reading skills and to introduce them to certain literary and cultural concepts that will enhance their comprehension of the unique qualities of Hispanic civilization.

Each unit of the reader focuses on a particular topic, which is explored through two kinds of writing: a literary text, chosen for its relevancy to the topic, its level of difficulty, and, especially, its interest to the student; and an essay on some aspect of Hispanic art, again related to the central topic. Introductory essays present the theme of the unit and provide a context, either historical or critical, for the selection to be read. Notes following the literary selection provide insights into unique aspects of Hispanic culture reflected in the reading.

It should be noted that difficult words or phrases of the literary selections are glossed. The thematic essays (called "Enfoque") and the essays on art are unglossed and may, therefore, be used for "extensive" reading in order to develop the student's ability to comprehend without the use of a dictionary. All words and phrases of the unglossed essays are included in the end vocabulary.

The exercises preceding each literary reading are designed to introduce the student to new vocabulary, to develop his or her skill in reading, and to lead the student into the theme of the selection. Following the reading selection is an exercise to check the student's comprehension. Additional exercises, labeled "Expansión", also follow each text. They introduce the student to literary analysis and encourage the development of his or her writing and oral skills. Many of the prereading and postreading activities utilize strategies inspired by ideas presented by Alice C. Omaggio in her book *Teaching Language in Context* (Heinle and Heinle Publishers, Inc., 1986) and we wish to acknowledge our indebtedness to her for her excellent work.

In order to introduce the student to a variety of literary genres and styles, the literary selections included range from the short story and chronicle to the one-act play and poetry. Our main goal has been to choose materials that will interest students and that will lead them to want to know more about a rich and complex culture.

ABOUT THE FIFTH EDITION OF *LITERATURA Y ARTE*

In response to suggestions by users of the Fourth Edition, the text has been revised to include two new readings: *Si me permiten hablar...* by Domitila Barrios de Chungara (Unit 9) and «Balada de los dos abuelos» by Nicolás Guillén (Unit 11). A new art essay on the art of Francisco de Goya y Lucientes appears in Unit 6. Opportunities for the expression of personal opinion and for additional role playing are provided by two new exercises that appear in all units at the end of the "Expansión" section: "Opiniones y actitudes" and "Situación". Also, a new exercise at the end of the art sections suggests themes for possible written essays. Finally, a number of corrections and additions have been made throughout the text.

Literary Credits

We wish to thank the authors, publishers, and holders of copyright for their permission to use the reading materials in this book.

Don Juan Manuel, «De lo que aconteció a un mancebo que se casó con una mujer muy fuerte y muy brava», from *Spanish Stories: Cuentos Españoles,* edited by Ángel Flores, Bantam Books, Inc., 1960. All rights reserved.

Hernán Cortés, *Cartas de relación.*

Anonymous, «Poema nahua» («No vivimos en nuestra casa»), from *Poesía náhuatl,* Vol. 1, edited by Ángel Ma. Garibay, K.

Jorge Manrique, *Coplas por la muerte de su padre.*

Anonymous, «Soneto».

Rubén Darío, «Lo fatal».

Amado Nervo, «¿Cómo es?»

Ana María Matute, «Don Payasito» from *Cuentos de la Artámila,* Ediciones Destino, 1961, by permission of the author.

Serafín y Joaquín Álvarez Quintero, *Mañana de sol,* 1905, by permission of Dª Carmen Álvarez-Quintero Díez.

Jorge Luis Borges, «El Evangelio según Marcos» from *El informe de Brodie.* Copyright © 1970 by Emecé Editores, S.A. Reprinted by permission of Emecé Editores and the Estate of Jorge Luis Borges. All rights reserved.

Juan Rulfo, «Es que somos muy pobres» from *El llano en llamas,* Fondo de Cultura Económica, 1953, by permission of the publisher.

Gabriel García Márquez, «Un día de estos» from *Los funerales de la mamá grande,* 1962, by permission of the author.

Domitila Barrios de Chungara, *Si me permiten hablar...,* Siglo Veintiuno Editores, S.A., by permission of the publisher.

José Donoso, «Una señora» from *Los mejores cuentos de José Donoso,* 1965, by permission of the author.

Nicolás Guillén, «Balada de los dos abuelos», Editorial Letras Cubanas, 1985, by permission of the publisher.

Pedro Juan Soto, «Garabatos» from *Spiks,* 1956, by permission of the author. «La poesía tradicional del suroeste» from *Spanish Folk Poetry in New Mexico,* The University of New Mexico Press, 1946, by permission of Bueno Center for Multicultural Education, The University of Colorado.

Photo Credits

Literatura y arte

FIFTH EDITION

INTERMEDIATE SPANISH

1

Orígenes de la cultura hispánica: Europa

La Alhambra en Granada fue construida durante el reino moro. Describa el exterior. ¿Dónde está situada? ¿Por qué?

▣ ENFOQUE

Para apreciar la riqueza de la cultura española es necesario recordar que toda ella es el producto de la asimilación de varias culturas, cuyas tradiciones y contribuciones todavía pueden observarse en España hoy día. La cultura romana aporta el idioma, la religión, el concepto de gobierno y una serie de costumbres y tradiciones. La cultura visigoda aporta el feudalismo. Y por último, la cultura árabe, durante ocho siglos de convivencia, divulga los conocimientos de la cultura griega antigua, comparte sus conocimientos en las ciencias y las matemáticas y deja profundas huellas en la cultura española, especialmente en la música, arquitectura y literatura. Esta cultura se nota más en el sur de España, zona reconquistada en el siglo XV y que tiene un marcado carácter africano, además de rasgos europeos. Todas las influencias culturales mencionadas influyen en el carácter de todo el país y hacen que la cultura de España sea única en su tipo.

Desde sus orígenes, la asimilación de esas culturas explica también la extraordinaria riqueza de la literatura española. Gracias a las culturas griega, romana y árabe, los españoles llegan a conocer el mito clásico, la fábula y otros géneros literarios. Los árabes también dan a conocer su poesía amorosa y sus cuentos, que se hacen muy populares. De todas estas fuentes los peninsulares absorben conceptos, ideas y formas y los hacen suyos, logrando una expresión y sabor únicos.

En esta unidad se presentan dos ejemplos de la vitalidad y de la riqueza de la cultura de la España medieval: un cuento famoso de don Juan Manuel, uno de los prosistas más importantes de la Edad Media, y un ensayo sobre la Alhambra, una verdadera joya de la arquitectura árabe. Los dos reflejan la profunda influencia de la cultura árabe en España, influencia que todavía puede observarse hoy día.

▣ VOCABULARIO ÚTIL

Estudie estas palabras.

Verbos

acontecer   to happen
arreglar   to arrange
asombrarse   to be surprised
despedazar   to cut or tear to pieces

enojarse   to become angry, get mad

Sustantivos*

el casamiento   marriage
la cena   supper
el consejo   advice

---

*The gender of nouns is given in two ways: the use of the definite articles *el* or *la;* the use of *m* or *f* except for feminine nouns ending in **-a** and masculine nouns ending in **-o**.

la espada sword	**la suegra** mother-in-law
el gallo rooster	**el suegro** father-in-law
el gato cat	
el mancebo youth	**Adjetivos**
la novia bride	**bravo, -a** ill-tempered, ferocious
el novio groom	**ensangrentado, -a** bloody
el, la pariente relative	**grosero, -a** coarse, rude
el pedazo piece	**honrado, -a** honorable, of high rank
la pobreza poverty	**sañudo, -a** wrathful, angry
la saña wrath	

ANTICIPACIÓN

I. Complete con la forma correcta de una palabra apropiada del **Vocabulario útil**.

asombrarse	gato
bravo	novio
casamiento	pariente
cena	pobreza
consejo	suegro

1. Esa mujer no sabe controlarse; es muy _____.
2. No sé qué hacer. Voy a buscar _____ de mis padres.
3. La madre de mi esposa es mi _____.
4. Algunos dicen que hoy día los _____ por amor son menos populares que antes.
5. Mis tíos, mis abuelos y mis primos son _____ míos.
6. Una _____ es una mujer recién casada.
7. Lo opuesto de riqueza es _____.
8. A veces yo _____ cuando veo algo inesperado.
9. El enemigo tradicional de los ratones es el _____.
10. La última comida del día es la _____.

II. Escriba las frases otra vez, usando palabras del **Vocabulario útil** en vez de las palabras en letra cursiva *(italics)*.

PEPE   ¿Qué le *pasó* al *joven*?

JULIA   Pues, quería casarse con una mujer muy *feroz,* aunque su padre no quería que lo hiciera.

PEPE   Y entonces, ¿qué hizo?

JULIA   Al estar solo con ella, fingió *irritarse* mucho. Luego usó su espada y *cortó* a un perro *en pedazos.* Cuando la mujer lo vio *cubierto de sangre,* tuvo mucho miedo.

PEPE   ¿Y después?

JULIA   Hombre, ¡vas a tener que leer el cuento para saberlo!

III. Antes de leer el cuento «De lo que aconteció a un mancebo que se casó con una mujer muy fuerte y muy brava», dé Ud. su propia opinión sobre las siguientes afirmaciones. Escriba «sí» si está de acuerdo *(if you agree)* y «no» si no está de acuerdo y explique sus razones. Después, lea el cuento e indique cómo reaccionaría don Juan Manuel a las afirmaciones y por qué reaccionaría él así.

	La opinión de Ud.	La opinión de don Juan Manuel
1. Los jóvenes y no los padres deben decidir con quienes se van a casar.	_____	_____
2. Para que una pareja *(couple)* sea feliz la mujer debe ser obediente a su marido después de casarse.	_____	_____
3. Las parejas pueden cambiar su relación en cualquier momento de su vida.	_____	_____

IV. Es más fácil leer un cuento o un ensayo si uno anticipa el tema principal de la obra. A veces ese tema aparece en los primeros párrafos de la obra. Lea Ud. estos párrafos e indique la mejor contestación para cada pregunta.

Otra vez hablaba el Conde Lucanor con Patronio y le dijo:
—Patronio, mi criado me ha dicho que piensan casarle con una mujer muy rica que es más honrada que él. Sólo hay un problema y el problema es éste: le han dicho que ella es la cosa más brava y más fuerte del mundo. ¿Debo mandarle casarse con ella, sabiendo cómo es, o mandarle no hacerlo?
—Señor conde—dijo Patronio—, si él es como el hijo de un hombre bueno que era moro, mándele casarse con ella; pero si no es como él, dígale que no se case con ella.
El conde le pidió que se lo explicara.

1. En el caso del criado

    a. la mujer con quien quiere casarse es más rica y honrada que él.
    b. él y la mujer con quien quiere casarse son de la misma clase social y económica.
    c. él es más rico y honrado que la mujer con quien quiere casarse.

2. La mujer con quien el criado quiere casarse es

    a. muy feroz.
    b. muy tímida.
    c. muy débil.

3. Patronio dice que si el criado es como el hijo del moro

    a. no debe casarse con ella.
    b. debe casarse con ella.
    c. debe buscar otra mujer.

4. Uno puede imaginar que en su cuento, Patronio va a describir
   a. las relaciones entre el moro joven y la mujer brava.
   b. las relaciones entre el moro joven y el Conde Lucanor.
   c. cómo se puede resolver el único problema que tiene el criado: la diferencia entre el rango social de él y el de la mujer.

5. Parece que el tema principal del cuento va a ser
   a. los problemas políticos de la clase baja.
   b. lo que debe hacer el hombre que se casa con una mujer brava.
   c. las relaciones entre personas de diferentes edades.

El Conde Lucanor

Don Juan Manuel (1282–1349?), sobrino del rey Alfonso X el Sabio, fue el primer prosista castellano que, consciente de la importancia de su estilo, supo transformar lo tradicional y lo popular por medio de su arte. Aunque escribió varias obras, esa cualidad artística se nota más en *El Conde Lucanor o Libro de Patronio,* terminado en 1335.

La estructura de la obra es sencilla. El Conde Lucanor le pide consejos a su servidor Patronio para resolver un problema que tiene. Éste le contesta mediante un cuento o ejemplo, que sirve para sugerir una solución al problema. La moraleja se resume al final en dos versos brevísimos.

Los cincuenta «ejemplos» que componen el libro son de diversos orígenes: algunos son originales y a veces tienen elementos autobiográficos o históricos; otros son de origen oriental o clásico o de tradición popular. El autor conoce los cuentos de varias colecciones árabes que circulaban por España y su contacto personal con los musulmanes españoles se revela no sólo en las tramas de varios cuentos, sino también en muchas alusiones a dichos, costumbres y actitudes árabes. El aspecto castellano—cristiano y occidental—de su obra se nota en la sobriedad y austeridad de su estilo y en su preocupación por la política y la religión, motivos esenciales del castellano noble de su época.

En el cuento «De lo que aconteció a un mancebo que se casó con una mujer muy fuerte y muy brava» podemos observar algunos rasgos del arte de don Juan Manuel. El autor emplea el lenguaje ordinario del pueblo y busca expresarse sencillamente y con claridad. Nos comunica el castellano de su época, pero ya transformado en instrumento artístico. En cuanto al tema, es probable que la actitud que se expresa hacia la mujer refleje la percepción de algunos hombres de la época en vez de reflejar la verdadera condición de la mujer. Al final del cuento, don Juan Manuel parece comentar esa percepción masculina al describir lo que pasa cuando el suegro trata de imitar a su yerno. Finalmente, aunque el cuento del mancebo es breve, como todos los cuentos del autor, nos sorprende y deleita la capacidad extraordinaria del autor para motivar las acciones de sus personajes, para revelar el detalle pintoresco o significativo, y para crear una representación armoniosa.

De lo que aconteció a un mancebo que se casó con una mujer muy fuerte y muy brava

Otra vez hablaba el Conde Lucanor con Patronio y le dijo:

—Patronio, mi criado me ha dicho que piensan casarle con una mujer muy rica que es más honrada que él.[1] Sólo hay un problema y el problema es éste: le han
5 dicho que ella es la cosa más brava y más fuerte del mundo. ¿Debo mandarle casarse con ella, sabiendo cómo es, o mandarle no hacerlo?

—Señor conde—dijo Patronio—, si él es como el hijo de un hombre bueno que era moro, mándele casarse
10 con ella; pero si no es como él, dígale que no se case con ella.   *que no se case   not to marry*

El conde le pidió que se lo explicara.   *que se lo explicara   to explain it to him*

Patronio le dijo que en un pueblito había un hombre que tenía el mejor hijo que se podía desear, pero por ser
15 pobres, el hijo no podía emprender las grandes hazañas   *emprender   to undertake / hazañas   deeds, feats*
que tanto deseaba realizar. Y en el mismo pueblito había otro hombre que era más honrado y más rico que el padre del mancebo, y ese hombre sólo tenía una hija y ella era todo lo contrario del mancebo. Mientras él era de muy   *todo lo contrario del   quite the opposite of the*
20 buenas maneras, las de ella eran malas y groseras. ¡Nadie quería casarse con aquel diablo!

Y un día el buen mancebo vino a su padre y le dijo que en vez de vivir en la pobreza o salir de su pueblo, él preferiría casarse con alguna mujer rica. El padre estuvo   *estuvo de acuerdo   agreed*
25 de acuerdo. Y entonces el hijo le propuso casarse con la hija mala de aquel hombre rico. Cuando el padre oyó esto, se asombró mucho y le dijo que no debía pensar en eso: que no había nadie, por pobre que fuese, que quería   *por pobre que fuese   however poor he was*
casarse con ella. El hijo le pidió que, por favor, arreglase   *que… arreglase   to arrange*
30 aquel casamiento. Y tanto insistió que por fin su padre consintió, aunque le parecía extraño.   *extraño   strange. odd*

Y él fue a ver al buen hombre que era muy amigo suyo, y le dijo todo lo que había pasado entre él y su hijo y le rogó que pues su hijo atrevía a casarse con su hija,
35 que se la diese para él. Y cuando el hombre bueno oyó   *que se la diese   to give her to him*
esto, le dijo:

—Por Dios, amigo, si yo hago tal cosa seré amigo muy falso, porque Ud. tiene muy buen hijo y no debo permitir ni su mal ni su muerte. Y estoy seguro de que si   *su mal   harm to him*
40 se casa con mi hija, o morirá o le parecerá mejor la muerte que la vida. Y no crea que se lo digo por no satisfacer su deseo: porque si Ud. lo quiere, se la daré a su hijo o a quienquiera que me la saque de casa.   *me la saque de casa   gets her out of my house*

Y su amigo se lo agradeció mucho y como su hijo
45 quería aquel casamiento, le pidió que lo arreglara.

Y el casamiento se efectuó y llevaron a la novia a
casa de su marido. Los moros tienen costumbre de
preparar la cena a los novios y ponerles la mesa y dejarlos
solos en su casa hasta el día siguiente.[2] Así lo hicieron,
50 pero los padres y los parientes del novio y de la novia
temían que al día siguiente hallarían al novio muerto o
muy maltrecho.

Y luego que los jóvenes se quedaron solos en casa,
se sentaron a la mesa, pero antes que ella dijera algo, el
55 novio miró alrededor de la mesa y vio un perro y le dijo
con enojo:

—¡Perro, danos agua para las manos!

Pero el perro no lo hizo. Y él comenzó a enojarse y
le dijo más bravamente que les diese agua para las manos.
60 Pero el perro no lo hizo. Y cuando vio que no lo iba a
hacer, se levantó muy enojado de la mesa y sacó su
espada y se dirigió al perro. Cuando el perro lo vio venir,
él huyó, y los dos saltaban por la mesa y por el fuego hasta
que el mancebo lo alcanzó y le cortó la cabeza y las
65 piernas y le hizo pedazos y ensangrentó toda la casa y toda
la mesa y la ropa.

Y así, muy enojado y todo ensangrentado, se sentó
otra vez a la mesa y miró alrededor y vio un gato y le dijo
que le diese agua para las manos. Y cuando no lo hizo, le
70 dijo:

—¡Cómo, don falso traidor! ¿No viste lo que hice al
perro porque no quiso hacer lo que le mandé yo? Prometo
a Dios que si no haces lo que te mando, te haré lo mismo
que al perro.

75 El gato no lo hizo porque no es costumbre ni de los
perros ni de los gatos dar agua para las manos. Y ya que
no lo hizo, el mancebo se levantó y le tomó por las piernas
y lo estrelló contra la pared, rompiéndolo en más de cien
pedazos y enojándose más con él que con el perro.
80 Y así, muy bravo y sañudo y haciendo gestos muy
feroces, volvió a sentarse y miró por todas partes. La
mujer, que le vio hacer todo esto, creyó que estaba loco y
no dijo nada. Y cuando había mirado el novio por todas
partes, vio su caballo, que estaba en casa y era el único
85 que tenía, y le dijo muy bravamente que les diese agua
para las manos, pero el caballo no lo hizo. Cuando vio
que no lo hizo, le dijo:

—¡Cómo, don caballo! ¿Piensas que porque no
tengo otro caballo que por eso no haré nada si no haces lo
90 que yo te mando? Ten cuidado, porque si no haces lo que

que lo arreglara   *to arrange it*

se efectuó   *took place*

ponerles la mesa   *set the
table for them*

muy maltrecho   *badly off,
battered*

dijera   *said*

enojo   *anger*

que les diese   *to give them*

saltaban   *jumped*
alcanzó   *overtook*
ensangrentó   *bloodied*

alrededor   *around*

ya que   *since*

estrelló   *smashed*

gestos   *gestures*
por todas partes   *in all
directions*

único   *only one*

mando, yo juro a Dios que haré lo mismo a ti como a los otros, porque lo mismo haré a quienquiera que no haga lo que yo le mande.

95 El caballo no se movió. Y cuando vio que no hacía lo que le mandó, fue a él y le cortó la cabeza con la mayor saña que podía mostrar y lo despedazó.

Y cuando la mujer vio que mataba el único caballo que tenía y que decía que lo haría a quienquiera que no lo obedeciese, se dio cuenta que el joven no jugaba y tuvo
100 tanto miedo que no sabía si estaba muerta o viva.

Y él, bravo, sañudo y ensangrentado, volvió a la mesa, jurando que si hubiera en casa mil caballos y hombres y mujeres que no le obedeciesen, que mataría a todos. Y se sentó y miró por todas partes, teniendo la
105 espada ensangrentada en el regazo. Y después que miró en una parte y otra y no vio cosa viva, volvió los ojos a su mujer muy bravamente y le dijo con gran saña, con la espada en la mano:

—¡Levántate y dame agua para las manos!
110 La mujer, que estaba segura de que él la despedazaría, se levantó muy aprisa y le dio agua para las manos. Y él le dijo:

—¡Ah, cuánto agradezco a Dios que hiciste lo que te mandé, que si no, por el enojo que me dieron esos locos,
115 te habría hecho igual que a ellos!

Y después le mandó que le diese de comer y ella lo hizo.

Y siempre que decía algo, se lo decía con tal tono que ella creía que le iba a cortar la cabeza.
120 Y así pasó aquella noche: ella nunca habló y hacía lo que él le mandaba. Y cuando habían dormido un rato, él dijo:

—Con la saña que he tenido esta noche, no he podido dormir bien. No dejes que nadie me despierte mañana y
125 prepárame una buena comida.

Y por la mañana los padres y los parientes llegaron a la puerta y como nadie hablaba, pensaron que el novio estaba muerto o herido. Y lo creyeron aún más cuando vieron en la puerta a la novia y no al novio.
130 Y cuando ella los vio a la puerta, se acercó muy despacio y con mucho miedo les dijo:

—¡Locos, traidores! ¿Qué hacen? ¿Cómo se atreven a hablar aquí? ¡Cállense, que si no, todos moriremos!

Al oír esto, ellos se sorprendieron y apreciaron
135 mucho al mancebo que tan bien sabía mandar en su casa.

Y de ahí en adelante su mujer era muy obediente y vivieron muy felices.

---

juro *I swear*

quienquiera... mande *whoever doesn't do what I order him to*

obedeciese *obey* / se dio cuenta *she realized*

cosa viva *any living thing*

aprisa *fast*

que le diese de comer *that she give him food*

despierte *awaken*

herido *wounded*

se sorprendieron *were surprised* / apreciaron *highly esteemed*
de ahí en adelante *from then on*

Pocos días después su suegro quiso hacer lo que había hecho el mancebo, y mató un gallo de la misma

140 manera, pero su mujer le dijo:

—¡A la fe, don Fulano, lo hiciste demasiado tarde! Ya no te valdría nada aunque mates cien caballos, porque ya nos conocemos.[3]

    aunque mates   *even if you kill*

—Y por eso—le dijo Patronio al conde—, si su

145 criado quiere casarse con tal mujer, sólo lo debe hacer si es como aquel mancebo que sabía domar a la mujer brava y gobernar en su casa.

    domar   *tame*

El conde aceptó los consejos de Patronio y todo resultó bien.

150 Y a don Juan le gustó este ejemplo y lo incluyó en este libro. También compuso estos versos:

Si al comienzo no muestras quien eres,
nunca podrás después, cuando quisieres.

    quisieres   *you would like to*

Notas Culturales

[1] La costumbre de arreglar los casamientos no sólo era común entre los árabes, sino también entre los europeos de la época. A veces se arreglaban para unir dos familias importantes y otras veces por razones económicas (como se ve en el cuento de don Juan Manuel). El casarse por amor o la idea de que los jóvenes y no los padres deben decidir con quienes se van a casar, es relativamente moderno.

[2] La descripción de esta costumbre de los árabes es típica de la técnica de don Juan Manuel de incluir en sus cuentos alusiones a costumbres y actitudes árabes, que muestran el contacto personal que tenía con ellos.

[3] Aunque el cuento refleja la actitud general de que el hombre debe gobernar en su casa y la mujer debe ser sumisa y obediente—actitud típica de algunos hombres de la Edad Media—don Juan Manuel, con ironía y tal vez con realismo, sugiere que no siempre es así.

Comprensión

1. ¿Cuál es el problema que tiene un criado del conde? 2. ¿Por qué no puede hacer el joven del cuento las cosas que desea hacer? 3. ¿Cómo es el padre de la joven? 4. ¿Por qué no quiere casarse nadie con la joven? 5. ¿Cómo piensa el mancebo escaparse de la pobreza? 6. ¿Cómo reacciona el padre del joven cuando oye lo que propone su hijo? 7. ¿Cómo reacciona el padre de la joven ante lo que se le propone? 8. ¿Cuál es la costumbre mora que se presenta en el cuento? 9. ¿Qué es lo que temen los padres y los parientes del novio y de la novia? 10. ¿Qué le manda hacer el joven al perro? 11. ¿Qué hace cuando el perro no le obedece? 12. ¿Qué pasa con el gato? ¿y con el caballo? 13. ¿Cómo reacciona la novia cuando ve lo que hace el joven con los ani-

males?   14.   ¿Qué hace cuando su marido le pide agua para las manos?
15.   ¿Cómo cambia la novia como resultado de sus experiencias?   16.   ¿Por qué
se sorprenden los padres y los parientes al llegar a la casa y ver cómo se porta la
novia?   17.   ¿Por qué no producen las acciones del suegro el mismo resultado?

EXPANSIÓN

I. Análisis literario

1.   ¿Qué actitudes y costumbres medievales se presentan en el cuento?   2.   ¿Cuál
es un ejemplo de ironía en la obra?   3.   Describa Ud. lo que pasa en el cuento
desde el punto de vista de la joven.

II. Resumen

Refiriéndose al cuento, complete Ud. las siguientes frases. Al terminar, Ud. habrá
escrito un resumen breve del cuento.

1.   El joven quería casarse con…
2.   Para que la mujer fuera obediente, el joven mandó…
3.   Cuando el joven le mandaba hacer varias cosas, la novia…
4.   Al llegar los parientes y los padres a la mañana siguiente, la novia les dijo
     que debían…
5.   Los parientes apreciaron al joven porque él…
6.   De ahí en adelante,…

III. Minidrama

Con un(a) compañero(a) de clase, prepare Ud. un breve drama sobre el tema del
cuento. El drama puede tratar de un aspecto del cuento o se puede usar la imaginación
y presentar una idea que se relacione al tema. Algunas ideas posibles son:

1.   Lo que pasa entre el suegro y su mujer cuando el suegro trata de imitar las
     acciones del joven.
2.   Los mismos jóvenes diez años después.
3.   Lo que pasaría si un joven moderno quisiera imitar las acciones del joven
     del cuento.

IV. Opiniones y actitudes

Explique Ud. a la clase o escriba un párrafo indicando la opinión de Ud. sobre uno
de los siguientes temas:

1.   Cómo reaccionaría o qué haría una mujer moderna en la misma situación
     de la mujer del cuento.
2.   La moraleja del cuento: ¿todavía es válida hoy día? ¿Por qué sí? ¿Por qué
     no?
3.   Las ventajas y las desventajas de la costumbre de arreglar los casamientos
     entre jóvenes.

V. Situación

Con un(a) compañero(a) de clase, presente Ud. un diálogo entre dos personas. Las dos personas son muy amigos, pero hay un problema: uno de ellos nunca quiere hacer lo que el otro sugiere. En el diálogo, Ud. saluda a su compañero(a) y sugiere que vayan al baile (al cine, al restaurante) esta noche. La otra persona indica por qué no quiere ir. Ud. ofrece otra posibilidad y la otra persona presenta otra idea. Los dos discuten el problema y por fin llegan a una solución. Después, se despiden.

La Alhambra

En el año 711, una fuerza militar de moros bajo el líder Tarik conquistó el peñón que todavía lleva su nombre—Jebel-al-Tarik (Monte de Tarik) o Gibraltar. Luego invadieron el resto de España y, después de siete años, lograron conquistar casi toda la península. Aunque en los siglos siguientes los cristianos gradualmente pudieron reconquistar los reinos del norte y una gran parte del sur, no lograron completar la reconquista hasta 1492, año en que Fernando e Isabel tomaron Granada, el último reino moro.

Durante casi ocho siglos, Granada era una ciudad mora y llegó a ser conocida como centro comercial y cultural. Sus habitantes incluían poetas, científicos, artistas y arquitectos. En 1238, el rey moro Ibn Alhamar hizo comenzar la construcción de la Alhambra (cuyo nombre significa «fortaleza roja»). Los reyes Abul Hachach Yusuf I y su hijo Mohamed V continuaron la obra, y a estos tres reyes les debemos las magníficas construcciones que han llegado hasta nosotros y que constituyen la máxima expresión del arte árabe.

Alhamar hizo construir la Alhambra sobre una colina, lugar que ofrecía protección contra sus enemigos. Desde afuera, sus murallas, torres y palacios, que se acomodan a los distintos niveles de terreno, impresionan al observador como un monumento austero, una fortaleza sin aspecto decorativo. Pero una vez adentro, todo es distinto. Desde las torres hay vistas espléndidas de la sierra y de las partes antiguas y modernas de la ciudad. Pero lo que es más impresionante es la exquisita arquitectura de los varios edificios. En el Patio de los Leones, por ejemplo, las columnillas esbeltas de mármol sostienen bóvedas cuya decoración se parece al follaje de algún palmar de la imaginación. También son notables los complejos diseños geométricos—o de cerámica o de estuco—que han fascinado igualmente a los artistas y los matemáticos de nuestros días. Y esta geometría se repite en los jardines del Generalife (el palacio de verano) donde uno puede gozar del olor de naranjos y de flores. Es importante recordar que los moros eran gente del desierto: tal vez por eso incorporaron albercas y fuentes como elemento esencial en muchas partes de la Alhambra, de modo que siempre se oye el refrescante y musical sonido del agua.

Tal vez el que mejor supo resumir la hermosura de Granada y de la Alhambra era el poeta Francisco de Icaza. Después de visitar la Alhambra, el poeta vio a un ciego. Esa experiencia le inspiró y escribió:

> Dale limosna, mujer,
> que no hay en la vida nada
> como la pena de ser ciego en Granada.

Patio de la Acequia, Generalife

Como podemos ver en esta foto del Patio de la Acequia, el agua es un elemento esencial en el plan de la Alhambra. Los árabes sabían utilizar la fuerza de la gravedad para hacer funcionar todas las fuentes y para proveer agua para los baños y los estanques. Aquí todo tiene aspecto de oasis. El agua no sólo les gustaba por razones estéticas, sino que debían usar agua cinco veces al día para sus abluciones religiosas.

Patio de los Leones

Este patio y las salas que dan al patio formaban la residencia del rey, el lugar donde vivían sus mujeres. Cada sala tenía agua corriente que pasaba por canales estrechos hasta llegar a la base de la fuente. El encanto del patio, la música del agua y la elegante decoración de las salas producían un ambiente íntimo y seductor que todavía impresiona al visitante.

Los Baños Reales

La elegancia de los baños reales es testimonio de la importancia que los moros le daban al aseo personal. Hay que recordar que en la misma época los cristianos casi nunca se bañaban, ya que creían que el bañarse causaba debilidad.

En esta foto se puede ver cómo los árabes usaban diseños geométricos, especialmente en el diseño que se ve al fondo, donde el juego de cerámicas blancas y de colores produce una ilusión óptica.

PARA COMENTAR

1. Refiriéndose a las fotos, describa Ud. la parte de la Alhambra que más le gusta y atrae.

2. En las iglesias y los palacios cristianos normalmente se encuentran representaciones de seres humanos. ¿Sabe Ud. por qué están ausentes en edificios moros como los de la Alhambra?

3. ¿Qué aspectos de la arquitectura mora pueden encontrarse en la arquitectura moderna de nuestro país, especialmente en la arquitectura del suroeste?

4. Escriba un ensayo breve sobre uno de los temas siguientes:

    a. El papel del hombre y el de la mujer en nuestra sociedad hoy día.
    b. El contraste entre el rol de la mujer en nuestra sociedad y su papel en Irán o en otra sociedad musulmana.

Orígenes de la cultura hispánica: América

))) *Esta estatua de oro es un ejemplo*
))) *del arte precolombino. ¿Qué*
))) *nos revela sobre la cultura que*
))) *la creó?*

▣ ENFOQUE

Hoy día, las impresionantes ruinas de México, Centroamérica y el Perú son mudos testigos de la grandeza alcanzada por las grandes civilizaciones precolombinas que existieron en América. De esas civilizaciones, sólo la de los aztecas en el valle de México y la de los incas en el Perú florecían en la época en que llegaron los conquistadores españoles. La civilización maya, que se desarrolló en el sureste de México, Honduras y Guatemala, decayó después del siglo X y los edificios de sus centros ceremoniales fueron cubiertos y escondidos por el bosque y la selva. Así como la naturaleza escondió la evidencia de los conocimientos tecnológicos y artísticos de los mayas, las acciones de los conquistadores durante y después de la Conquista dificultaron la apreciación del verdadero valor de las civilizaciones de los aztecas de México y de los incas y sus predecesores en el Perú. Muchas de las grandes estructuras fueron derrumbadas y se utilizaron sus materiales para construir edificios europeos, a veces sobre los cimientos de los antiguos templos y palacios. Los objetos artísticos de oro y plata fueron reducidos a barras que se transportaron fácilmente a Europa. Otros objetos aun más frágiles fueron destruidos por el hombre o por el tiempo y la naturaleza.

Sin embargo, no se perdió todo. Debido a la obra paciente de historiadores y arqueólogos hemos podido recobrar mucho del pasado. Se han restaurado muchos centros ceremoniales, y otra vez el hombre puede caminar por donde caminaban los mayas, aztecas e incas. Otros objetos que fueron salvados de las fuerzas destructivas—cerámicas, tejidos, esculturas, pinturas, objetos del orfebre—se encuentran en los museos más importantes del mundo, donde podemos apreciar la alta calidad del arte del hombre precolombino.

Así como la cultura de España refleja la asimilación de varias culturas, lo mismo puede observarse en muchos países hispanoamericanos, donde la contribución india es tan evidente como la española. Aquí presentamos obras que reflejan la cultura precolombina de México y del Perú: trozos de las *Cartas de relación* de Hernán Cortés y algunos ejemplos de la cerámica de los «mochicas» del Perú. La obra de Cortés nos permite compartir las experiencias del famoso conquistador y nos deja ver algo de la grandeza de Tenochtitlán, la gran ciudad de los aztecas. Por las extraordinarias cerámicas de los «mochicas» se pueden conocer muchísimos aspectos de la vida diaria de esa cultura que existió en el Perú mil años antes de establecerse el imperio inca.

▣ VOCABULARIO ÚTIL

Estudie estas palabras.

Verbos	Sustantivos
labrar to work (stone); to carve (wood)	**el ajedrez** chess
	el ave *f* bird

el barbero barber	**el oro** gold
el cabello hair	**el pescado** fish
la calle street	**la pestaña** eyelash
la canoa canoe	**la piedra** stone
la ceja eyebrow	**la plata** silver
el estanque pool, pond	**el platero** silversmith
el jardín garden	**el puente** bridge
la laguna lake, lagoon	**el rostro** face
la limpieza cleaning	
el, la mar sea	**Adjetivos**
el mercado market	**ancho, -a** wide
el mirador window, observation point	**derecho, -a** straight

ANTICIPACIÓN

I. La moderna capital de México está construida sobre las ruinas de Tenochtitlán, la antigua capital de los aztecas. El título de la obra que Ud. va a leer es «El español en Tenochtitlán». La obra fue escrita por Hernán Cortés, famoso conquistador de los aztecas. Antes de leer lo que escribió Cortés, haga con los compañeros de clase una lista de las cosas que probablemente aparecerán en la lectura.

II. En «El español en Tenochtitlán» hay muchas palabras que son idénticas o parecidas a palabras en inglés. ¿Puede Ud. adivinar *(guess)* lo que significan estas palabras?

admiración *f*	instrumento	persona	principal
corredor *m*	león *m*	plaza	servicio
deformidad *f*	medicinal	portal *m*	tigre *m*
imposible	patio	potable	

¿Hay otras palabras de este tipo en el **Vocabulario útil**?

III. Las siguientes frases describen algunos aspectos de México en la época cuando era la capital de los aztecas, Tenochtitlán. Complete cada frase con la forma correcta de estas palabras que son del **Vocabulario útil**.

ancho	jardín	oro
ave	laguna	plata
derecho	mercado	puente

1. Fundaron la ciudad de Tenochtitlán en una _____.
2. Las calles eran muy _____ y muy _____.
3. Había canales que atravesaban las calles y sobre esos canales había _____.
4. En las plazas de la ciudad había _____ donde vendían muchas cosas.

5. Moctezuma, el monarca del imperio azteca, tenía objetos artísticos que se hacían de plumas, de piedra, de _____ y de _____.

6. En una de las casas de Moctezuma había estanques de agua donde vivían diversas _____ domésticas.

IV. Aunque es posible que Ud. no sepa mucho de los aztecas y su capital, indique si cada frase es verdadera o falsa. Despúes de leer «El español en Tenochtitlán», corrija las frases que son falsas.

1. La población de Tenochtitlán no podía compararse con la de ciudades europeas del siglo XVI: Tenochtitlán era una ciudad mucho más pequeña.

2. Todas las ciudades aztecas, así como las de otras culturas precolombinas, eran centros religiosos y no eran centros comerciales.

3. Ya que los primeros conquistadores eran de otra cultura, no apreciaban las cosas que veían en Tenochtitlán.

4. Ciertos conceptos, como el del jardín zoológico, no existían en la cultura azteca.

5. A los aztecas les interesaban las personas que tenían ciertas deformidades o anormalidades.

Cartas de relación

El título completo de la colección de cinco cartas que mandó Hernán Cortés a Carlos V es *Cartas de relación sobre el descubrimiento y la conquista de la Nueva España*. En ellas el gran conquistador describe uno de los hechos más notables de la historia: la conquista de México por un grupo relativamente pequeño de españoles entre 1519 y 1521. Las cartas de Cortés también inician un nuevo género literario: la crónica de Indias.

Cortés nació en Medellín, España, en 1485. Estudió dos años en Salamanca. A los 29 años viajó a América, a Santo Domingo, donde conoció a Diego Velázquez y participó en la conquista de Cuba. Durante varios años Cortés fue secretario de Velázquez, que llegó a ser gobernador de Cuba. Éste le dio a Cortés una comisión para la conquista de México y en 1518 Cortés salió de Cuba para emprender la conquista que había de hacerle famoso. En sus cartas a Carlos V, Cortés describe lo que pasó después: la serie de hechos que culminaron en la conquista del imperio azteca y la destrucción de su capital, Tenochtitlán. Después de la conquista, el rey lo nombró Gobernador y Capitán General de Nueva España, pero Cortés tenía muchos enemigos y en 1528 tuvo que regresar a España para defenderse contra sus acusaciones. El rey reconoció la contribución de Cortés, confiriéndole un título, pero aunque Cortés regresó a México, no le gustaron las intrigas políticas y volvió a España. Allí dirigió una expedición a Argelia y murió en su país natal en 1547.

El lenguaje de las cartas de Cortés es directo y sencillo. En sus cartas Cortés informa al rey sobre los hechos de la conquista y también revela su interés y su admiración por la civilización india que encontró. Cortés describe las ciudades, los edificios, la religión y otros aspectos de la vida de los aztecas y es obvio que él se asombra ante el esplendor de esa civilización. Nos la describe con una viveza que hace que nosotros también seamos testigos de su grandeza.

El español en Tenochtitlán

… Esta gran ciudad de Temixtitan[1] está fundada en esta laguna salada, y desde la Tierra-Firme hasta el cuerpo de la dicha ciudad, por cualquiera parte que quisieren entrar a ella, hay dos leguas. Tiene cuatro entradas, todas de
5 calzada hecha a mano, tan ancha como dos lanzas jinetas. Es tan grande la ciudad como Sevilla y Córdoba. Son las calles de ella, digo las principales, muy anchas y muy derechas, y algunas de éstas y todas las demás son la mitad de tierra, y por la otra mitad es agua, por la cual
10 andan en sus canoas. Todas las calles de trecho en trecho están abiertas por donde atraviesa el agua de las unas a las otras, y en todas estas aberturas, que algunas son muy anchas, hay sus puentes de muy anchas y muy grandes vigas juntas y recias y bien labradas; y tales, que por
15 muchas de ellas pueden pasar diez de caballo juntos a la par… Tiene esta ciudad muchas plazas, donde hay continuos mercados y trato de comprar y vender. Tiene otra plaza tan grande como dos veces la de la ciudad de Salamanca, toda cercada de portales alrededor, donde hay
20 cotidianamente arriba de 60.000 ánimas comprando y vendiendo; donde hay todos los géneros de mercaderías que en todas las tierras se hallan, así de mantenimientos como de vituallas, joyas de oro y de plata, de plomo, de latón, de cobre, de estaño, de piedras, de huesos, de
25 conchas, de caracoles y de plumas. Véndese tal piedra labrada y por labrar, adobes, ladrillos, madera labrada y por labrar de diversas maneras. Hay calles de caza donde venden todo linaje de aves que hay en la tierra… Venden conejos, liebres, venados y perros pequeños, que crían
30 para comer. Hay calles de herbolarios, donde hay todas las raíces y yerbas medicinales que en esta tierra se hallan. Hay casas como de boticarios donde se venden las medicinas hechas, así potables como ungüentos y emplastos. Hay casas como de barberos, donde lavan y
35 rapan las cabezas. Hay casas donde dan de comer y beber por precio… Finalmente, que en los dichos mercados se venden todas cuantas cosas se hallan en la tierra, que demás de las que he dicho, son tantas y de tantas calidades, que por la prolijidad y por no me ocurrir tantas a la
40 memoria, y aun por no saber poner los nombres, no las expreso…

En lo del servicio de Moctezuma[2] y de las cosas de admiración que tenía por grandeza y estado, hay tanto que escribir, que certifico a vuestra alteza que yo no sé

Temixtitan *Tenochtitlán*

quisieren *they may wish*
leguas *leagues*
calzada… mano *handmade pavement* / lanzas jinetas *short lances*

de trecho en trecho *at intervals*

vigas *beams* / recias *strong*

diez… par *ten horsemen riding shoulder to shoulder*

cercada… alrededor *surrounded by porticos*
arriba de *more than*
géneros *types* / mercaderías *goods*
así de… vituallas *including both things for subsistence and for food*
Véndese *They sell*
labrada y por labrar *worked and unworked* / caza *game*
linaje *kind*

herbolarios *herbalists*
yerbas *herbs*
boticarios *druggists*
así… emplastos *drinkable ones as well as ointments and poultices*
rapan *they shave*

por la… memoria *because there are so many and I can't remember so many* / poner los nombres *give them a name*
En lo del *As for the*

45 por dónde pueda acabar de decir alguna parte de ellas.
Porque, como ya he dicho, ¿qué más grandeza puede ser
que un señor bárbaro como éste tuviese contrahechas de
oro y plata y piedras y plumas todas las cosas que debajo
del cielo hay en su señorío, tan al natural lo de oro y plata,
50 que no hay platero en el mundo que mejor lo hiciese; y
lo de las piedras, que no baste juicio comprender con qué
instrumentos se hiciese tan perfecto; y lo de pluma, que ni
de cera ni en ningún broslado se podría hacer tan maravi-
llosamente?... Tenía, así fuera de la ciudad como dentro,
55 muchas casas de placer, y cada una de su manera de pasatiempo, tan bien labradas cuanto se podría decir, y cuales
requerían ser para un gran príncipe y señor. Tenía dentro
de la ciudad sus casas de aposentamiento, tales y tan
maravillosas que me parecería casi imposible poder decir
60 la bondad y grandeza de ellas... Tenía una casa poco
menos buena que ésta, donde tenía un muy hermoso
jardín con ciertos miradores que salían sobre él, y los
mármoles y losas de ellos eran de jaspe, muy bien
obradas. Había en esta casa aposentamientos para se
65 aposentar dos muy grandes príncipes con todo su servicio. En esta casa tenía diez estanques de agua, donde
tenía todos los linajes de aves de agua que en estas partes
se hallan, que son muchos y diversos, todas domésticas;
y para las aves que se crían en la mar eran los estanques
70 de agua salada, y para las de ríos, lagunas de agua dulce;
la cual agua vaciaban de cierto a cierto tiempo por la
limpieza, y la tornaban a henchir por sus caños. A cada
género de aves se daba aquel mantenimiento que era
propio a su natural y con que ellas en el campo se mante-
75 nían. De forma que a las que comían pescado se lo daban,
y las que gusanos, gusanos, y las que maíz, maíz, y las
que otras semillas más menudas, por consiguiente se las
daban... Había para tener cargo de estas aves trescientos hombres, que en ninguna otra cosa entendían. Había
80 otros hombres que solamente entendían en curar las aves
que adolecían. Sobre cada alberca y estanque de estas
aves había sus corredores y miradores muy gentilmente
labrados, donde el dicho Moctezuma se venía a recrear
y a las ver. Tenía en esta casa un cuarto en que tenía
85 hombres, mujeres y niños, blancos de su nacimiento en el
rostro y cuerpo y cabellos y cejas y pestañas. Tenía otra
casa muy hermosa, donde tenía un gran patio losado de
muy gentiles losas, todo él hecho a manera de un juego de
ajedrez... Había en esta casa ciertas salas grandes, bajas,
90 todas llenas de jaulas grandes, de muy gruesos maderos,
muy bien labrados y encajados, y en todas o en las más

dónde pueda… ellas *how I can mention even a part of them*
qué más… que *what could be more grand than for* / contrahechas de *copied in*
al natural *naturally*
que… juicio *there is no understanding great enough*
broslado: bordado *embroidery*
de su manera de pasatiempo *with its own kind of pastimes* / cuales requerían ser *each suitable*
aposentamiento *lodging*

mármoles *marbles* / losas *tiles* / jaspe *colored stoneware*
para se aposentar *for lodging*

la tornaban a henchir *they would fill it again* / caños *pipes*
propio a su natural *suitable for its kind*
De forma que *So*
gusanos *worms*
menudas *small* / por… las daban *(fig) they gave them what was appropriate*
tener cargo de *to take care of*
que en… entendían *who were responsible for nothing else*
adolecían *were ill*
se venía… ver *came to amuse himself and see them*
losado *tiled*
jaulas *cages* / de muy gruesos maderos *of very thick wood*
encajados *fitted*

había leones, tigres, lobos, zorras y gatos de diversas maneras, y de todos en cantidad; a los cuales daban de comer gallinas cuantas les bastaban. Para estos animales
95 y aves había otros trescientos hombres, que tenían cargo de ellos. Tenía otra casa donde tenía muchos hombres y mujeres monstruos, en que había enanos, corcovados y contrahechos, y otros con otros deformidades, y cada manera de monstruos en su cuarto por sí; y también había
100 para éstos personas dedicadas a tener cargo de ellos. Las otras casas de placer que tenía en su ciudad dejo de decir, por ser muchas y de muchas calidades...

de.. maneras *of different kinds*
daban de comer... bastaban *they fed them all the hens they wanted*

enanos, corcovados y contrahechos *dwarfs, hunchbacks and deformed people*
en su cuarto por sí *in their own room*
dejo de decir *I omit*

Notas Culturales

[1] En 1519 Tenochtitlán era una de las ciudades más grandes del mundo y la capital de un imperio de unos once millones de habitantes. Se ha estimado que había unas 60.000 casas en la ciudad y se cree que unas 200.000 personas vivían allí, cuatro veces la población de Londres en aquella época. Ya que la ciudad estaba situada en un lago y había muchos canales, los españoles la comparaban con Venecia. En el centro de la ciudad se encontraba el recinto administrativo y religioso, con muchos edificios (pirámides y palacios) enormes y suntuosos. Cerca de ese recinto estaban los mercados, donde se vendía de todo. La grandeza y la riqueza de la ciudad asombraron a los españoles, que la comparaban favorablemente con las ciudades más importantes de Europa.

[2] Moctezuma II fue una de las figuras más trágicas de la historia. Monarca absoluto de un reino bastante grande, recibía Moctezuma tributo de las tribus conquistadas. Los aztecas lo consideraban como figura semi-religiosa y lo trataban como se trata a un dios. Al recibir noticias de la llegada de Cortés a la costa, creyó Moctezuma que el extraño desconocido de la barba rubia era Quetzalcóatl, dios antiguo de los toltecas, que había prometido volver para destruir a los aztecas. Se ha sugerido que la pasividad y la inacción de Moctezuma frente a los españoles se debía a que el monarca creía que era inútil oponerse y que era su destino reinar sobre la destrucción de su pueblo.

Comprensión

1. Según Cortés, ¿con cuáles ciudades españolas se podía comparar Tenochtitlán? 2. ¿Cómo eran las calles de la ciudad? 3. ¿Cuántas personas compraban y vendían cosas todos los días en uno de los mercados? 4. ¿Cuáles eran algunas de las cosas que se vendían en el mercado? 5. ¿Qué cosa comían los aztecas que normalmente no comeríamos nosotros? 6. ¿Cómo indica Cortés que algunas cosas eran tan nuevas que él no sabía describirlas? 7. ¿De qué se hacían las copias de las cosas que se encontraban en el reino de Moctezuma? 8. ¿Cómo era la casa donde había cuartos para príncipes? 9. ¿Dónde se encontraban las aves de agua? 10. ¿Qué les daban de comer a las aves? 11. ¿Cuántos hombres había para tener cargo de las aves? 12. ¿Desde dónde miraba Moctezuma las aves?

13. ¿Qué había en las jaulas de otra casa?   14. ¿Qué les daban de comer a esos animales?   15. ¿Qué cosa extraña había en otra casa?   16. ¿Por qué no describe Cortés las otras casas que vio?

EXPANSIÓN

I. Análisis literario

1. ¿Cuáles son las tres cosas que vieron los españoles que les sorprendieron?
2. Describa Ud. en sus propias palabras el mercado que vio Cortés.   3. Si Ud. fuera el conquistador que acababa de ver la casa de los estanques de agua, ¿cómo la describiría?   4. ¿Cómo indica Cortés que a los españoles les interesaban mucho las riquezas?   5. ¿Cuál parece ser la actitud de Cortés frente a lo que vio?

II. Resumen

Refiriéndose a la selección literaria, complete las frases siguientes para escribir un párrafo que describa la ciudad de Tenochtitlán.

1. Tenochtitlán era tan grande como…
2. Las calles principales de la ciudad eran…
3. En las plazas de la ciudad había…
4. En algunos mercados se vendían conejos, liebres, venados y…
5. Había otros mercados donde vendían…
6. Cortés no mencionó todas las cosas que vendían porque…

III. Minidrama

Con un(a) compañero(a) de clase, prepare Ud. un breve drama sobre dos personas que acaban de conocer por primera vez una cultura muy diferente de la suya. Algunas situaciones posibles son:

1. Dos soldados de Cortés comentan lo que ven en una de las casas de Moctezuma.
2. Dos norteamericanos de nuestros tiempos visitan Moscú.
3. Dos aztecas del siglo XVI hacen un viaje por el tiempo y visitan a una típica familia norteamericana.

IV. Opiniones y actitudes

Explique Ud. a la clase o escriba un párrafo sobre uno de los temas siguientes:

1. El doce de octubre: ¿el día del indígena o el día de Colón?
2. Un lugar inolvidable.
3. El choque de dos culturas: aspectos del problema de la incomprensión cultural entre norteamericanos y japoneses en nuestros días.

V. Situación

Con un(a) compañero(a) de clase, presente Ud. un diálogo entre dos personas que acaban de visitar un famoso sitio arqueológico. Ud. le pregunta al (a la) compañero(a) lo que más le ha interesado del sitio. La otra persona describe el aspecto que más le gustó y le pregunta si algún aspecto del sitio le ha sorprendido. Ud. dice que sí (o que no) y explica su contestación. Después, su compañero(a) menciona que ha encontrado un artefacto pequeño en el sitio y se lo llevó. Ud. dice que debe devolverlo al sitio y explica por qué. Los dos terminan su conversación mencionando otros sitios que les gustaría visitar en el futuro y por qué quieren ir a esos lugares.

El arte de los «mochicas»

Aunque los conquistadores españoles creían que el imperio de los incas era anti-quísimo, el hecho es que los incas sólo fueron tardíos participantes en la historia de aquella región. Durante más de tres mil años varias sociedades surgieron, florecieron y desaparecieron en el Perú. Por ejemplo, hay evidencia de la existencia de un gran estado religioso que apareció mil años antes de Cristo. Esa sociedad, que se llamó Chavín, floreció y desarrolló su propio estilo de arte. Pero en los últimos siglos antes de Cristo varias regiones empezaron a desarrollar otros estilos de arte muy distintos, lo que sugiere la pérdida de la unidad que había existido antes.

Una de las sociedades regionales más interesantes que aparece al decaer el antiguo estado era la de los mochicas. Éstos aparecen en el norte del Perú, en el llano árido que se encuentra entre los Andes y el mar. Allí, dos siglos antes de Cristo, los mochicas desarrollan sus pueblos en los valles de los ríos que nacen en las montañas y van al mar. Viven de la agricultura, de la caza y de lo que pueden pescar en el mar. Domestican varios animales, incluyendo las llamas y las alpacas. Construyen casas, templos y palacios de adobe y con frecuencia los decoran con pinturas muy vívidas. Saben tejer y utilizan una gran variedad de técnicas para producir tejidos elegantes. Entierran a sus muertos en hoyos debajo de la tierra, donde rodean al muerto con varias ofrendas cuya cantidad y calidad varían mucho, indicando la existencia de un sistema de clases sociales y una compleja división del trabajo.

Aunque los mochicas no sabían escribir, los artistas que fabricaron las cerámicas que se han encontrado en muchas tumbas nos han dejado un retrato muy detallado de su vida. En su excelente libro *Moche Art of Peru* (University of California, 1978), Christopher B. Donnan nota que la expresión artística que se encuentra en las cerámicas es muy variada. Hombres, mujeres, animales, plantas, demonios antropomorfos y dioses se pueden observar en sus actividades: la caza, la pesca, el combate, los castigos, los actos sexuales y las complejas ceremonias religiosas. También se observan detalles de la arquitectura de sus casas y templos y su modo de vestirse y adornarse. Algunas de las cerámicas ofrecen retratos de individuos, mientras otras parecen contar un cuento o ciertos aspectos de la vida de los mochicas. Muchas veces todo esto tiene valor simbólico. Por ejemplo, es posible que el ciervo, animal que aparece en muchas cerámicas, represente las cualidades de ese animal: su velocidad y su cualidad elusiva. Otra posible interpretación de esa figura puede encontrarse en la percepción del animal por los descendientes modernos de los mochicas. Los curanderos que viven actualmente en esa región utilizan la pata del ciervo para descubrir espíritus malos y para exorcizar a los que son poseídos por tales espíritus. Con frecuencia, cerca del ciervo se ve en las cerámicas cierto tipo de árbol. Los curanderos modernos mezclan las semillas de ese árbol con la chicha, una bebida alcohólica, y beben esta mezcla para poder adivinar lo que está pasando en lugares remotos. Obviamente, las semillas del árbol producen un efecto alucinógeno. Así es que lo que parece ser sólo una representación realista del artista mochica también puede tener un aspecto mágico o religioso.

Durante siete siglos los mochicas produjeron sus extraordinarias cerámicas y luego desaparecieron, tal vez conquistados por gente de otra región. Pero nos queda su arte como testimonio de la vitalidad de su cultura y del genio de sus artistas.

Un indio mochica

Sin duda esta vasija es una de las más hermosas de la cerámica mochica. La cara del indio está pintada y la faja que lleva tiene el motivo de la serpiente. Entre los curanderos modernos de la región la serpiente reconcilia fuerzas opuestas—lo bueno y lo malo, la luz y la oscuridad, el sol y el mar. No sabemos con seguridad si significaba lo mismo entre los mochicas, pero sin duda tenía un valor simbólico.

La gama

El zorro

Ya hemos mencionado el posible valor simbólico del ciervo. El zorro es el animal que se retrata con más frecuencia en el arte mochica. Para los curanderos peruanos, el zorro representa la desgracia y el peligro producidos por la decepción y el engaño. También puede simbolizar la capacidad de salvar obstáculos por medio de la astucia.

Muchas veces los animales que se representan en las cerámicas mochicas tienen cualidades humanas. Describa Ud. los aspectos humanos de la gama y del zorro.

Pared inca, Cuzco

Aunque sólo tenían herramientas primitivas de piedra o de bronce, los incas sabían cortar y pulir piedras con un alto grado de perfección. En las paredes de edificios reales juntaban las piedras tan perfectamente que apenas se puede meter un papel entre una piedra y otra, como se puede notar en esta pared.

¿Cuántos ángulos tiene la piedra que se ve en el centro de la foto?

PARA COMENTAR

1. Se ha mencionado que muchas veces los objetos que se retratan en las cerámicas mochicas tienen un valor simbólico. Con frecuencia parecen referirse a una parte de una ceremonia religiosa o a un concepto religioso. En nuestra sociedad también hay cosas simbólicas que forman parte de una ceremonia o de una tradición. Por ejemplo, todos reconocemos a cierto señor gordo, de barba blanca y muy larga, que lleva un traje rojo y botas negras. Sabemos cuál es la función de ese señor, cómo se relaciona con los niños y en qué estación del año aparece. ¿Cuáles son algunas otras cosas que tienen valor simbólico o tradicional en nuestra cultura?

2. ¿Es verdad que nosotros, como aparentemente lo hacían los mochicas, asociamos ciertas cualidades con ciertos animales? ¿Puede dar algunos ejemplos?

3. Escriba Ud. un ensayo breve sobre una obra de arte europea o norteamericana que tiene valor simbólico. Describa la obra (incluya una foto si es posible) y después explique los símbolos que se presentan en la obra.

3

La religión en el
mundo hispánico

*En los mercados al aire libre se
puede ver arte de toda clase. ¿Qué
clase de arte es ésto? ¿Piensa Ud.
que se venden muchas de estas
obras? Explique.*

▣ ENFOQUE

En los países hispánicos, todos los aspectos de la vida revelan la importancia de la religión cristiana. La Iglesia participa en los momentos más importantes de la vida del individuo: el bautismo, el matrimonio y la muerte. La mayoría de las fiestas populares son religiosas. Aun los que no creen en Dios usan expresiones como «Dios mío» o «Por Dios».

En España, el catolicismo llega con los romanos y cobra fuerza durante la Reconquista, la lucha entre cristianos y moros que duró casi ocho siglos. La importancia de la Iglesia durante ese período se revela de muchas maneras: en la arquitectura, la pintura, la escultura, la literatura. Para el hombre medieval—tanto el español como el de otros países europeos—la religión era el aspecto más importante de su vida. La vida para tal individuo era el camino para llegar al cielo y por eso era importante vivir bien para merecer la vida eterna. Aun en el Renacimiento, cuando se ponía más énfasis en el aspecto mundano de la vida, el arte y la literatura españoles de la época revelan que la religión seguía siendo importantísima.

Por la conquista de América se extendió el catolicismo al continente. En las regiones donde había grandes civilizaciones indígenas, las funciones de los dioses indígenas fueron absorbidas por santos cristianos que tenían funciones parecidas, y ciertas costumbres y actitudes de los indios llegaron a formar parte del tipo de catolicismo que se desarrolló allí. Es interesante notar, por ejemplo, que en la poesía española del siglo XV se expresa la idea de que la vida es transitoria y frágil, actitud que también aparece en poesías aztecas del mismo siglo, aunque esa observación les lleva a conclusiones diferentes.

En esta unidad se presentan varios testimonios de la importancia de la religión en el mundo hispánico: varios poemas de tema religioso y algunas pinturas magníficas de El Greco, el pintor que mejor supo captar la fe elevada y mística del español del siglo XVI.

▣ VOCABULARIO ÚTIL

Estudie estas palabras.

Verbos

acabar   to end, to finish
alegrarse   to be glad
dejar de   to cease, to stop
durar   to last
engañar (se)   to deceive (oneself)
juzgar   to judge
mover (ue)   to move
prestar   to lend
ser   to be; to exist
sospechar   to suspect
temer   to fear

Sustantivos

la cruz   cross
el dolor   pain
el infierno   hell
nahua   *adj; n m*   Nahuatl (Aztec language)
el placer   pleasure
el préstamo   loan
la voluntad   will

Adjetivos

dichoso, -a   blessed
duro, -a   hard

ANTICIPACIÓN

I. Complete Ud. con la forma correcta de una palabra apropiada del **Vocabulario útil**.

Ayer tuve que ir al dentista porque tenía un ＿＿＿＿＿ de muela *(molar)* muy malo. Para mí, ir al dentista no es un ＿＿＿＿＿ y el ir allí requiere mucha ＿＿＿＿＿. Dicen que ningún dolor ＿＿＿＿＿ mucho, pero siempre ＿＿＿＿＿ que el dentista es indiferente a mi sufrimiento. Como siempre, el dentista me dijo que no había nada que ＿＿＿＿＿. Tal vez para ＿＿＿＿＿ me dediqué a pensar en los ＿＿＿＿＿ santos, pero terminé pensando en el sufrimiento de Cristo en la ＿＿＿＿＿ y en las almas que sufrían en el ＿＿＿＿＿. ¡Cuánto ＿＿＿＿＿ cuando el dentista anunció que había ＿＿＿＿＿ su tarea!

II. El artículo neutro **lo** se usa en muchas expresiones. Es común usar **lo que** o **lo cual** para referirse a un antecedente no específico que es una idea o una situación.

No me habló, lo cual *(which)* me sorprendió.
Allí vimos a mis padres, lo que *(which)* me alegró bastante.

Lo que también se usa en el sentido de *what* cuando no se indica el antecedente.

Lo que *(what)* van a hacer es un secreto.
¿Quieres decirme lo que *(what)* piensas hacer?

También se usa **lo** con la forma neutra de un adjetivo para expresar un concepto abstracto.

Lo bueno *(the good thing, the good part)* es lo que pasó después.
Él siempre buscaba lo nuevo y lo perfecto *(the new and the perfect)*.

Pensando en los varios usos de **lo,** traduzca Ud. estas frases.

1. Lo que vio era extraño.
2. Quiero hacer lo mismo.
3. ¿Crees tú que Dios es todo lo que existe?
4. ¿Tienes miedo de lo que no conoces?
5. Lo único que hizo era salir sin decir nada.
6. Ella no se quedó, lo cual nos sorprendió.
7. En las pinturas de El Greco se presentan simultáneamente lo divino y lo humano.

III. Si Ud. no está de acuerdo con las siguientes afirmaciones, cámbielas para expresar su opinión personal.

1. Me parece que la vida hoy es más dura que en otras épocas.
2. La vida es breve y por eso debemos gozar de ella y no pensar en otra cosa.
3. Creo que existen el cielo y el infierno.

4. No puedo ni negar ni afirmar la existencia de Dios.
5. Es evidente que Dios controla lo que pasa en nuestras vidas.

IV. Lea Ud. los cinco poemas religiosos. Busque la idea principal de cada poema, sin preocuparse si no entiende cada una de las palabras. Después, indique el poema donde aparecen estos conceptos. (Puede ser que el concepto aparezca en más de un poema.)

1. La vida es breve.
2. No sabemos qué nos espera después de la muerte.
3. Lo importante es quererlo a Dios, no tratar de analizar cómo es Dios.

Cinco poemas religiosos o filosóficos

En casi todas las culturas del mundo (si no en todas), los seres humanos han querido saber el porqué de nuestra existencia. Ciertos temas se repiten a través del tiempo y del espacio: la vida es breve; la existencia es fugaz y frágil; debe existir alguna divinidad que dé sentido a la vida. Esos temas aparecen en las culturas indígenas antes del descubrimiento de América y también, por supuesto, en las varias culturas hispánicas después de la conquista. Aquí presentamos cinco momentos de la poesía religiosa y filosófica en América y en España donde también aparecen esos temas.

El primer poema es un poema nahua, coleccionado por Juan Bautista Pomar. Pomar vivía en Texcoco, una de las principales ciudades que se establecieron cerca del lago de Texcoco en la época del imperio azteca. Se cree que Pomar nació allí en 1535, quince años después de la destrucción de Tenochtitlán y la desolación de Texcoco. Por su madre, Pomar era bisnieto de Nezahualcóyotl, famoso rey de Texcoco en el siglo XV. Ya que Pomar sabía hablar nahuatl, pudo coleccionar poemas de los aztecas.

El trozo que se presenta del segundo poema, «Coplas por la muerte de su padre», de Jorge Manrique, tiene un tema parecido al tema del poema nahua. Como muchos nobles de su época, Manrique (1440?–1479) se dedicó a las armas y las letras. Murió en una batalla durante el reino de los Reyes Católicos. Aunque las ideas y los conceptos de las coplas son tradicionales, por su belleza y su perfección este poema es considerado como la elegía más perfecta que se ha escrito en español.

El soneto «No me mueve, mi Dios...» es de un autor desconocido del siglo XVI. Sin duda es el soneto más famoso de inspiración religiosa que se ha escrito en español. Hay muchos sonetos dedicados a Cristo en la cruz, pero la sinceridad de este poema y su lirismo son extraordinarios.

En las últimas décadas del siglo XIX, la poesía en Hispanoamérica goza de un florecimiento no conocido antes en el continente. La producción de obras líricas de gran calidad es extraordinaria. Aún más, es una poesía cosmopolita que incorpora elementos extranjeros (especialmente franceses) además de elementos americanos; elementos modernos además de elementos antiguos. El movimiento literario que resultó se llama el Modernismo y los escritores modernistas se consideraban como héroes del arte y rebeldes contra el mundo burgués que los rodeaba. Lograron renovar la forma y el lenguaje de la poesía e influyeron en la sensibilidad y la manera de pensar de los intelectuales de su época.

Aquí presentamos dos ejemplos de poesía modernista: «Lo fatal» de Rubén Darío y «¿Cómo es?» de Amado Nervo. Darío (1867–1916) era nicaragüense y se dedicó totalmente a la literatura. Es sin duda el poeta más importante del Modernismo, tanto por su propia producción literaria como por su influencia en otros poetas. Tal vez los libros más conocidos de él son *Azul* (1888), *Prosas profanas* (1896) y *Cantos de vida y esperanza* (1905). «Lo fatal» es de *Cantos de vida y esperanza* que, según muchos críticos, es su mejor libro, no sólo por la perfección de los varios poemas que en él se incluyen, sino también por su profundidad filosófica.

Un tema parecido al de «Lo fatal» aparece en «¿Cómo es?» del mexicano Amado Nervo (1870–1919). Muchos poemas de Nervo exaltan el amor humano, pero en otros poemas, especialmente en los de sus últimos años, el poeta expresa su profunda fe religiosa, como se puede notar en el poema que se incluye aquí.

POEMA NAHUA

No vivimos en nuestra casa
aquí en la tierra.
Así solamente por breve tiempo
la tomamos en préstamo.
5   ¡Adornaos, príncipes!   Adornaos *Adorn yourselves*

Solamente aquí
nuestro corazón se alegra:
por breve tiempo, amigos, estamos prestados unos a
    otros:
10 No es nuestra casa definitiva la tierra:
    ¡Adornaos, príncipes!

Nota Cultural

Un tema que aparece con frecuencia en la literatura europea es que la vida es breve y por eso debemos gozar de cada momento de ella. Es interesante notar que ese concepto también aparece en muchos poemas aztecas escritos antes del descubrimiento de América.

Comprensión

1. Según el poeta, ¿por cuánto tiempo es nuestra la tierra? 2. Ya que la vida es transitoria, ¿qué debemos hacer? 3. ¿Dónde podemos sentir la alegría? 4. ¿Son permanentes las amistades?

COPLAS POR LA MUERTE DE SU PADRE (TROZO)

Recuerde el alma dormida,   Recuerde *Awaken*
avive el seso y despierte   avive el seso *(fig.) be alert*
    contemplando
cómo se pasa la vida,
5 cómo se viene la muerte
    tan callando;   tan callando *so silently*
    cuán presto se va el placer;   presto *quickly*
cómo, después de acordado,   después de acordado *once it*
    da dolor;   *is remembered*
10 cómo, a nuestro parecer,   parecer *opinion*
cualquiera tiempo pasado
    fue mejor.

Pues si vemos lo presente
cómo en un punto se es ido
15   e acabado,
si juzgamos sabiamente,
daremos lo non venido
   por pasado.
 Non se engañe nadie, no,
20 pensando que ha de durar
   lo que espera
más que duró lo que vio,
pues que todo ha de pasar
   por tal manera.

25 Nuestras vidas son los ríos
que van a dar en la mar,
   que es el morir;
allí van los señoríos
derechos a se acabar
30   e consumir;
 allí los ríos caudales,
allí los otros medianos,
   e más chicos,
allegados, son iguales
35 los que viven por sus manos
   e los ricos.

*Glossary (right column):*

en un punto *in a flash*

daremos… pasado *we will regard the future as already past*

por tal manera *in the same way*

van a dar en *flow into*

señoríos *great lords*
derechos… consumir *straight to be ended and consumed*
caudales *large*
medianos *middling*

allegados *upon arriving*

Comprensión

1. Según Manrique, ¿es breve o larga la vida? 2. ¿Cuál es mejor según Manrique: el pasado, el presente o el futuro? 3. El poeta indica que el presente pasa rápidamente. ¿Dura más tiempo el futuro? 4. ¿Con qué compara el poeta nuestras vidas? 5. ¿Qué simboliza la mar? 6. ¿Cuándo son iguales los ricos y los pobres?

SONETO

 No me mueve, mi Dios, para quererte
el cielo que me tienes prometido,
ni me mueve el infierno tan temido
para dejar por eso de ofenderte.
5 Tú me mueves, Señor; muéveme el verte
clavado en esa cruz y escarnecido;
muéveme el ver tu cuerpo tan herido;
muévenme tus afrentas y tu muerte.
 Muéveme, en fin, tu amor de tal manera
10 que, aunque no hubiera cielo, yo te amara,
y, aunque no hubiera infierno, te temiera.
 No me tienes que dar porque te quiera;
que, aunque cuanto espero no esperara,
lo mismo que te quiero te quisiera.

*Glossary (right column):*

clavado *nailed* / escarnecido *mocked*
herido *wounded*
tus afrentas *the outrages done to you*

Nota Cultural

El hombre medieval creía que era necesario vivir bien porque esta vida sólo tenía importancia como medio de ganar la vida eterna después de la muerte: el que vivía bien iba al cielo y el que vivía mal podía ir al infierno. La actitud que se presenta en este soneto es mucho más íntima, ya que su autor sólo es movido por su amor a Cristo, por el sufrimiento de Cristo y por el amor de Cristo por los seres humanos.

Comprensión

1. ¿Qué es lo que le mueve al poeta a querer a Dios?   2. ¿Qué momento de la vida de Cristo le mueve especialmente?   3. ¿Pone el poeta condiciones para su amor?   4. ¿Qué pasaría si no existieran el infierno y el cielo?

LO FATAL

Dichoso el árbol, que es apenas sensitivo,
y más la piedra dura, porque ésa ya no siente,
pues no hay dolor más grande que el dolor de ser
    vivo,
5 ni mayor pesadumbre que la vida consciente.   pesadumbre *grief*
    Ser, y no saber nada, y ser sin rumbo cierto   rumbo *direction*
y el temor de haber sido, y un futuro terror…
Y el espanto seguro de estar mañana muerto,   espanto *horror*
y sufrir por la vida, y por la sombra, y por lo que no
10   conocemos y apenas sospechamos.
Y la carne que tienta con sus frescos racimos,   tienta *tempts* / racimos
y la tumba que aguarda con sus fúnebres ramos   *clusters*
¡y no saber a dónde vamos,   aguarda… ramos *awaits*
ni de dónde venimos…!   *with its dark branches*

Comprensión

1. ¿Por qué es especialmente dichosa la piedra?   2. ¿Qué cosas producen dolor?   3. ¿Qué dudas expresa Darío en cuanto a lo que significa la vida? 4. ¿Cree el poeta saber lo que nos espera después de la muerte?

¿CÓMO ES?

¿Es Dios personal?
¿Es impersonal?
¿Tiene forma?
¿No tiene forma?
5 ¿Es esencia?
¿Es substancia?

¿Es uno?
¿Es múltiple?
¿Es la conciencia del Universo?
10 ¿Es Voluntad sin conciencia y sin fin?
¿Es todo lo que existe?
¿Es distinto de todo lo que existe?
¿Es como el alma de la naturaleza?
¿Es una ley?
15 ¿Es simplemente la armonía de las fuerzas?
¿Está en nosotros mismos?
¿Es nosotros mismos?
¿Está fuera de nosotros?
Alma mía, hace tiempo que tú ya no te preguntas estas
20   cosas. Tiempo ha que estas cosas ya no te interesan.
Lo único que tú sabes es que Le amas…

Nota Cultural

«¿Cómo es?» aparece en uno de los últimos libros de Nervo, *Plenitud* (1918). En otros poemas el poeta expresa su interés por el panteísmo y el budismo. En éste, las preguntas se refieren a conceptos que se encuentran en varias religiones. Abandona Nervo el aspecto intelectual de la religión a favor de una creencia más simple y personal.

Comprensión

1. ¿Cree Ud. en algunos de los conceptos de Dios que se presentan en el poema? ¿Cuáles?   2. ¿Qué es lo que sabe Nervo sobre Dios?

EXPANSIÓN

I. Análisis literario

1. El uso de la repetición es una característica de la poesía nahua. ¿Cuál es un ejemplo de la repetición en el poema nahua que Ud. ha leído?   2. Tanto en el poema nahua como en las «Coplas» de Jorge Manrique se indica que la vida es breve. Sin embargo, las conclusiones de los dos poetas son diferentes. ¿Qué diferencia hay?   3. ¿Se puede decir que la última estrofa del poema de Manrique tiene comentario social? ¿Cuál es?   4. ¿Cómo se usa la repetición en el soneto que Ud. ha leído? ¿Cuáles son algunas palabras que se repiten? ¿Cuál es el efecto de la repetición?   5. El cristiano medieval sabía exactamente cómo era la relación entre él y Dios. ¿Cómo se puede contrastar las creencias de un hombre como Jorge Manrique y las de Rubén Darío?   6. En «¿Cómo es?», la primera pregunta y la segunda representan conceptos opuestos de cómo es Dios. ¿Continúa ese tipo de contraste en las otras preguntas del poema?

II. *Entrevista*

Hágale algunas preguntas a otra persona de la clase sobre sus creencias religiosas o filosóficas. Después, escriba Ud. un párrafo, indicando lo que Ud. ha llegado a saber. Algunas preguntas posibles son:

¿Crees en alguna divinidad? ¿Cuál? ¿Cómo es?

¿Es necesario asistir a la iglesia o al templo para ser religioso? ¿Por qué sí o por qué no?

¿Influye la religión en las decisiones que haces? ¿Cómo?

¿Cuáles son dos valores que te parecen ser muy importantes en la vida?

¿?

III. *Minidrama*

Con un(a) compañero(a) de la clase, prepare Ud. un breve drama sobre el tema de la religión. Algunas situaciones posibles son:

1. Una persona que siempre hizo lo que le dio la gana *(whatever he or she fancied)* se muere. Después se encuentra ante San Pedro en la puerta del cielo.
2. Un individuo viejo y otro joven discuten cuáles son las cosas más importantes de la vida.
3. Dos jóvenes quieren casarse, pero son de diferentes religiones. Los dos discuten los problemas que van a tener que enfrentar.

IV. *Opiniones y actitudes*

Explique Ud. a la clase o escriba un párrafo sobre uno de los temas siguientes:

1. La religión y la educación pública.
2. Conceptos religiosos que se deben incorporar en la vida diaria.
3. La religión y la política.

V. *Situación*

Con un(a) compañero(a) de clase, presente Ud. un diálogo entre dos personas que tienen diferentes actitudes hacia la vida. Una de las personas cree que todo tiene explicación científica, mientras la otra cree que algunas cosas no se pueden explicar así. En el diálogo, uno de Uds. le pregunta al otro su actitud hacia la religión. El otro contesta que no cree en la religión: cree que todo tiene explicación científica. El primero hace una serie de preguntas sobre las creencias «científicas» del otro y después expresa su propia opinión sobre la importancia de la fe religiosa.

El Greco

La Reforma, iniciada en Alemania en la primera mitad del siglo XVI, produjo en España la Contrarreforma, un nuevo despertar del sentimiento religioso y un retorno al misticismo y a la espiritualidad de la Edad Media. La influencia de la nueva actitud sobre el arte fue notable. Tal vez el que mejor supo expresar ese misticismo fue el pintor barroco *El Greco* (1541–1614).

El Greco nació en la isla de Creta—que pertenecía a Grecia en aquellos tiempos—y su nombre verdadero era Domenico Theotocopuli. De su vida no se sabe mucho. Parece que pasó su juventud en Venecia, donde posiblemente estudió con Ticiano y fue influenciado por las pinturas de Tintoreto. Después visitó Roma, pero no le impresionó ni el orden ni la armonía del verdadero arte renacentista. A la edad de 34 años viajó a España donde esperaba trabajar en la decoración de El Escorial, el gran palacio que hizo construir Felipe II—el enérgico monarca que encabezó la Contrarreforma. Pero a Felipe no le gustó el estilo de El Greco y rehusó darle la comisión. Así se produjo una de las grandes paradojas de la vida: el pintor más religioso fue rechazado por el monarca más religioso. Fue entonces El Greco a Toledo, una ciudad-isla a orillas del río Tajo. Como la percibió El Greco, era ésta una ciudad gris, oscura, en cuyo cielo se movían nubes verduscas; una ciudad cosmopolita, de grandes mezquitas, sinagogas e iglesias. Era el lugar que siempre había buscado el genio nada común de El Greco y allí se quedó el resto de su vida.

En Toledo El Greco creó un arte propio, único, que armonizaba perfectamente con el carácter y el alma españoles. Nos presenta un mundo místico. Sus figuras alargadas, con caras blancas y extenuadas, siempre parecen anhelar subir al cielo. Todo en ellas es rítmico y reflejan un éxtasis espiritual. Nadie como El Greco ha podido captar el misterio del fervor religioso.

La pintura de El Greco goza actualmente de gran popularidad y sus cuadros pueden verse en los mejores museos del mundo. Por ejemplo, hay siete obras suyas en el Museo Metropolitano de Nueva York, incluyendo su *Vista de Toledo*, uno de los primeros ejemplos de la pintura paisajista occidental. En España, su famosa pintura *El espolio* todavía se halla en la catedral de Toledo y *El entierro del Conde de Orgaz* también puede verse en esa ciudad, en la Iglesia de Santo Tomé.

El entierro del Conde de Orgaz

En los cuadros religiosos de El Greco siempre hay una mezcla de lo humano y lo
divino. Para el pintor, lo que está ocurriendo en la parte superior del cuadro es
tan real como lo que está pasando en la tierra y no separa los dos niveles. El
pintor se identifica aquí con esta expresión de su fe al incluirse a sí mismo en el
cuadro (la séptima cabeza, empezando desde la izquierda, es autorretrato del
pintor). ¿Quiénes son las personas que se ven en el centro de la parte superior
del cuadro? ¿Qué hace el ángel en el centro del cuadro? ¿Hacia dónde mira la
mayoría de la gente que rodea al Conde? ¿Cuál parece ser la actitud de los vivos
hacia la muerte?

The Metropolitan Museum of Art. Bequest of Mrs. H. O. Havemeyer, 1929. The H. O. Havemeyer Collection.

Vista de Toledo

En este famoso cuadro El Greco no sólo nos presenta uno de los primeros ejemplos de la pintura de paisaje en el arte occidental, sino que logra indicar la cualidad espiritual y religiosa que se asocia con la ciudad de Toledo. Lo hace mediante el uso de luz y de color—matices de verde y de gris—y el movimiento rítmico tanto de la tierra como de las nubes. Aunque la ciudad ha cambiado mucho en los últimos siglos, todavía pueden verse allí el río, los cerros y las cúspides de la catedral que se ven en la pintura. ¿Por qué puede describirse Toledo como una *ciudad-isla*? ¿Hay alargamiento de formas en esta pintura? ¿Qué efecto produce el juego de la luz y de la sombra? ¿Le parece a Ud. que esta pintura tiene valor espiritual?

El espolio

En este cuadro también se ve la mezcla de lo humano y lo divino. En la figura de Cristo hay cierta paz y resignación que contrastan con la violencia y el ritmo agitado de las figuras que lo rodean. ¿Qué contraste hay entre la expresión de la cara de Cristo y la de las otras figuras que se presentan en el cuadro? ¿Quiénes son las mujeres que se ven a la derecha? ¿Qué hace el hombre de la izquierda? ¿Son de tamaño normal las figuras?

PARA COMENTAR

1. ¿Se puede comparar una de las pinturas de El Greco con uno de los poemas que Ud. ha leído? Indique cuáles son algunas comparaciones que se pueden hacer.

2. ¿Cómo reflejan las pinturas religiosas de El Greco el aspecto dramático que busca la persona hispánica en la religión?

3. Por lo general, en la Edad Media los grandes escritores y artistas pertenecían a la clase adinerada o eran patrocinados por el estado o la Iglesia. ¿Cree Ud. que el estado debe patrocinar las artes en nuestros tiempos? ¿Por qué?

4. Escriba un ensayo breve sobre uno de los temas siguientes:

    a. Un ejemplo de la influencia de la arquitectura y el arte modernos en los edificios religiosos (templos o iglesias).
    b. El arte norteamericano del siglo XX como reflejo de nuestros valores culturales.

UNIDAD

4

Aspectos de la familia en el mundo hispánico

Una madre y su hija en un pueblo ecuatoriano. ¿Puede Ud. describirlas?

▣ ENFOQUE

En los países hispánicos no hay institución más importante que la de la familia. La familia típica incluye no sólo a los padres y sus hijos, sino también a los parientes—abuelos, tíos, primos, etc. Las estrechas relaciones que se mantienen entre varias generaciones de la familia se reflejan en las ocasiones sociales—en las que participan todos—y también en la unidad de la familia frente a la sociedad.

Para el niño, este concepto de la unidad es muy importante. Desde muy pequeño, él participa en las actividades sociales de la familia y así aprende a portarse con personas de varias generaciones. No depende tanto de sus padres y hermanos, ya que en su vida diaria hay otros parientes que lo pueden cuidar y guiar. Los adultos tienen mucho contacto personal con los niños y jóvenes y les ofrecen su protección, cariño y ejemplo.

El interés por el niño en el mundo hispánico ha resultado en una copiosa literatura acerca del mundo del niño y del adolescente. Esta literatura sólo puede apreciarla completamente quien ha experimentado los aspectos cómicos y trágicos, crueles y tiernos, de esa época de la vida. Ya en el siglo XVI se publica *La vida del Lazarillo de Tormes,* obra anónima que fue muy popular. Trata de las aventuras de un muchacho pobre que tiene que usar su inteligencia y su astucia para no morirse de hambre. En el siglo XX, también, los niños y los jóvenes son el tema de una literatura rica y variada. En España, este tema se encuentra en obras tan distintas como *Platero y yo* de Juan Ramón Jiménez y en la novela *Juego de manos* de Juan Goytisolo. En Hispanoamérica, Gabriela Mistral, poetisa chilena que ganó el Premio Nobel en 1945, ha sabido expresar el mundo infantil con sus poemas sobre el amor materno y el sufrimiento del niño.

En esta unidad se presenta un cuento de Ana María Matute, donde la autora española revela el fantástico mundo de la imaginación de los niños. También se presentan unas pinturas de Picasso en las que el gran pintor logra expresar la relación íntima que existe entre el niño y el adulto.

▣ VOCABULARIO ÚTIL

Estudie estas palabras.

Verbos	Sustantivos
acabar de to have just	**la cara** face
acababa de comer I had just eaten	**la cebolla** onion
	la cuchara spoon (tablespoon)
acercarse to approach	**el dedo** finger, toe
callarse to be quiet	**la finca** property; farm
cocinar to cook	**la frente** forehead
correr to run	**la garganta** throat
llorar to cry, weep	**el labio** lip
mentir (ie) to lie	**la mejilla** cheek
saltar to jump, leap	

la negrura blackness	verde green

la negrura blackness
la patata potato (in Spain)
el payaso clown
el pecho chest
la voz voice

verde green
verdoso, -a greenish

Otras palabras y expresiones

ponerse de pie to stand up
en voz alta aloud
en voz baja in a whisper

Adjetivos

negro, -a black

ANTICIPACIÓN

I. Complete Ud. con la palabra o expresión en español equivalente a la indicada entre paréntesis.

Cuando yo tenía cuatro años, mi familia y yo fuimos a un circo. Nunca había visto un circo antes y por eso no sabía cómo eran los *(clowns)* _____. *(We had just sat down)* _____ cuando se nos acercó un hombre. Me miró e indicó con el *(finger)* _____ que yo debía *(be quiet)* _____. Pero no era un hombre ordinario: mientras hablaba *(he would jump)* _____. Además, tenía el cabello azul, los *(lips)* _____ eran verdosos, y la *(forehead)* _____ y las *(cheeks)* _____ eran muy blancas. Empecé a *(cry)* _____ y *(I stood up)* _____ porque quería escaparme. Desde entonces no puedo ver a los payasos sin sentir algún miedo.

II. Ud. ya sabe que se usa el imperfecto del verbo para indicar acciones que se repetían en el pasado o que eran habituales. También se usa ese tiempo verbal para describir una condición que existía en el pasado y para indicar el estado mental, emocional o físico de una persona en el pasado. Pensando en esos usos, complete Ud. el siguiente párrafo, usando la forma correcta de los verbos entre paréntesis.

En aquellos tiempos nosotros (ser) _____ niños. En el verano (vivir) _____ en el campo en la casa de mi abuelo. Allí conocimos al hombre que, para nosotros, (ser) _____ el hombre más extraordinario del mundo. Las personas mayores (creer) _____ que don Pedro no (ser) _____ más que un simple campesino, pero nosotros (saber) _____ que en realidad (ser) _____ un tipo mágico. Nos (acompañar) _____ cuando (ir) _____ al bosque y allí, entre los árboles misteriosos, nos (contar) _____ historias terribles: de monstruos, de seres de otros mundos, de animales que (devorar) _____ a los niños. Don Pedro murió hace muchos años, pero todavía me acuerdo del maravilloso miedo que (sentir) _____ en aquellas ocasiones.

III. El cuento «Don Payasito» de Ana María Matute tiene que ver con las actitudes de los niños. Antes de leer el cuento, indique qué opina de las siguientes observaciones. Ponga «sí» si está de acuerdo y «no» si no está de acuerdo y explique sus razones. Después, lea el cuento e indique cómo reaccionaría la autora a las observaciones y por qué reaccionaría ella así.

	La reacción de Ud.	La reacción de Matute
1. A los niños les gustan los payasos, pero también sienten cierto temor cuando están cerca de ellos.	_____	_____
2. Casi todos los niños, en algún momento, creen que los mayores pueden adivinarles el pensamiento.	_____	_____
3. Por instinto, los niños tienen miedo de las cosas muertas.	_____	_____
4. La imaginación de los niños es más fuerte que la de las personas mayores.	_____	_____

Don Payasito

Ana María Matute (n. 1926). Después de la Guerra Civil (1936–1939), aparece en España una nueva generación de escritores, muchos de los cuales habían sido—de niños—testigos de aquella horrenda época de la historia española. Esa generación, influida por la guerra, se ha preocupado por las cuestiones económicas y sociales que España ha confrontado en las últimas décadas. Dentro de este grupo se hallan algunas novelistas de gran importancia: Carmen Laforet, Dolores Medio, Elena Quiroga y Ana María Matute, para mencionar sólo unas cuantas. Estas mujeres han presentado al mundo una producción literaria de primera calidad y han asegurado la posición femenina dentro de las artes españolas.

Ana María Matute nació en Barcelona. De niña siempre pasaba sus vacaciones en la casa de su madre en Mansilla de la Sierra, un pueblo pequeño situado en las montañas de Castilla. Mansilla, que aparece en su obra bajo el nombre de «Artámila» o «Hegroz», es el escenario de sus obras literarias más importantes. Descripciones de la casa de su madre y del paisaje de esa región aparecen con frecuencia en sus ficciones. La escritora tenía diez años de edad cuando empezó la Guerra Civil. Llegó a conocer el hambre y fue testiga de la violencia, la crueldad y la muerte. Esta experiencia, sin duda, explica su interés por la pobreza y el sufrimiento, especialmente de los niños, temas muy importantes en su obra.

Publicó Matute su primera novela a los diecisiete años. Entre sus novelas se destacan *Los hijos muertos* (1958), en la que estudia la «generación perdida» que aparece después de la Guerra Civil, y la gran trilogía *Los mercaderes* (*Primera memoria*, 1959; *Los soldados lloran de noche*, 1963; y *La trampa*, 1969), en donde no sólo critica la burguesía, sino que eleva las circunstancias de la Guerra Civil a un nivel universal. También ha publicado más de siete colecciones de cuentos, entre ellas la colección *Historias de la Artámila*, cuentos sobre el mundo de los niños adolescentes.

El cuento «Don Payasito» tiene lugar en Mansilla de la Sierra (Artámila). Como en todos los cuentos de Matute, la realidad exterior—el mundo físico de los niños, el mundo de don Lucas—lleva a comprender la realidad interior o imaginada de algunos personajes: el mundo de don Payasito[1] percibido por la imaginación de los complejos niños de Ana María Matute.

En la finca del abuelo, entre los jornaleros, había uno muy viejo llamado Lucas de la Pedrería. Este Lucas de la Pedrería decían todos que era un pícaro y un marrullero, pero mi abuelo le tenía gran cariño y siempre contaba cosas suyas, de hacía tiempo:

5 —Corrió mucho mundo—decía—. Se arruinó siempre. Estuvo también en las islas de Java...

Las cosas de Lucas de la Pedrería hacían reír a las personas mayores. No a nosotros, los niños. Porque Lucas era el ser más extraordinario de la tierra. Mi

10

jornaleros *day laborers*

pícaro *rogue* / marrullero *deceiver, wheedler*

de hacía tiempo *from long ago*

Corrió mucho mundo *He travelled a lot (saw a lot of the world)* hermano y yo sentíamos hacia él una especie de amor, admiración y temor, que nunca hemos vuelto a sentir.

Lucas de la Pedrería habitaba la última de las barracas, ya rozando los bosques del abuelo. Vivía solo,
15 y él mismo cocinaba sus guisos de carne, cebollas y patatas, de los que a veces nos daba con su cuchara de hueso, y él se lavaba su ropa, en el río, dándole grandes golpes con una pala. Era tan viejo que decía perdió el último año y no lo podía encontrar. Siempre que
20 podíamos nos escapábamos a la casita de Lucas de la Pedrería, porque nadie, hasta entonces, nos habló nunca de las cosas que él nos hablaba.

—¡Lucas, Lucas!—le llamábamos, cuando no le veíamos sentado a la puerta de su barraca.
25 Él nos miraba frotándose los ojos. El cabello, muy blanco, le caía en mechones sobre la frente. Era menudo, encorvado, y hablaba casi siempre en verso. Unos extraños versos que a veces no rimaban mucho, pero que nos fascinaban:
30 —Ojitos de farolito—decía—. ¿Qué me venís a buscar…?[2]

Nosotros nos acercábamos despacio, llenos de aquel dulce temor cosquilleante que nos invadía a su lado (como rodeados de mariposas negras, de viento, de las
35 luces verdes que huían sobre la tierra grasienta del cementerio…).

—Queremos ver a don Payasito—decíamos, en voz baja, para que nadie nos oyera. Nadie que no fuera él, nuestro mago.
40 El se ponía el dedo, retorcido y oscuro como un cigarro, a través sobre los labios:

—¡A callar, a bajar la voz, muchachitos malvados de la isla del mal!

Siempre nos llamaba «muchachitos malvados de la
45 isla del mal». Y esto nos llenaba de placer. Y decía: «Malos, pecadores, cuervecillos», para referirse a nosotros. Y algo se nos hinchaba en el pecho, como un globo de colores, oyéndole.

Lucas de la Pedrería se sentaba y nos pedía las
50 manos:

—Acá las «vuesas» manos, acá pa «adivinasus» todito el corazón…

Tendíamos las manos, con las palmas hacia arriba. Y el corazón nos latía fuerte. Como si realmente allí, en las
55 manos, nos lo pudiera ver: temblando, riendo.

Acercaba sus ojos y las miraba y remiraba, por la palma y el envés, y torcía el gesto:

especie *kind*
nunca hemos vuelto a sentir *we never felt again*
barracas *cabins, huts* / rozando *bordering on* / guisos *stews*
hueso *bone*
golpes *blows* / pala *paddle*
perdió… año *lost track of the time (his age)* / Siempre que *Whenever*

frotándose *rubbing*
mechones *locks, curls* / menudo *small*
encorvado *bent over*

Ojitos de farolito *Little lantern eyes*

cosquilleante *thrilling*
mariposas *butterflies*
grasienta *oily, greasy*

Nadie que no fuera él *No one except him*
mago *magician*
retorcido *twisted*

A callar *Be quiet* / malvados *wicked*

placer *pleasure*
pecadores *sinners* / cuervecillos *little crows, ravens*
se… pecho *swelled in our chests* / globo *balloon*

«vuesas» (vuestras) *your* / pa «adivinasus» (para adivinaros)… corazón *so that I can guess everything in your heart*

envés *back* / torcía el gesto *made a face*

—Manitas de «pelandrín», manitas de cayado, ¡ay de las tus manitas, cuitado…!

60 Así, iba canturreando, y escupía al suelo una vez que otra. Nosotros nos mordíamos los labios para no reír.

—¡Tú mentiste tres veces seguidas, como San Pedro!—le decía, a lo mejor, a mi hermano. Mi hermano se ponía colorado y se callaba. Tal vez era cierto, tal vez
65 no. Pero, ¿quién iba a discutírselo a Lucas de la Pedrería?

—Tú, golosa, corazón egoísta, escondiste pepitas de oro en el fondo del río, como los malos pescadores de la isla de Java…

Siempre sacaba a cuento los pescadores de la isla de
70 Java. Yo también callaba, porque ¿quién sabía si realmente había yo escondido pepitas de oro en el lecho del río? ¿Podría decir acaso que no era verdad? Yo no podía, no.

—Por favor, por favor, Lucas, queremos ver a don
75 Payasito…

Lucas se quedaba pensativo, y, al fin, decía:

—¡Saltad y corred, diablos, que allá va don Payasito, camino de la gruta…! ¡Ay de vosotros, si no le alcanzáis a tiempo!
80 Corríamos mi hermano y yo hacia el bosque, y en cuanto nos adentrábamos entre los troncos nos invadía la negrura verdosa, el silencio, las altas estrellas del sol acribillando el ramaje. Hendíamos el musgo, trepábamos sobre las piedras cubiertas de líquenes, junto al torrente.
85 Allá arriba, estaba la cuevecilla de don Payasito, el amigo secreto.

Llegábamos jadeando a la boca de la cueva. Nos sentábamos, con todo el latido de la sangre en la garganta, y esperábamos. Las mejillas nos ardían y nos llevábamos
90 las manos al pecho para sentir el galope del corazón.

Al poco rato, aparecía por la cuestecilla don Payasito. Venía envuelto en su capa encarnada, con soles amarillos. Llevaba un alto sombrero puntiagudo de color azul, el cabello de estopa, y una hermosa, una maravi-
95 llosa cara blanca, como la luna. Con la diestra se apoyaba en un largo bastón, rematado por flores de papel encarnadas, y en la mano libre llevaba unos cascabeles dorados que hacía sonar.

Mi hermano y yo nos poníamos de pie de un salto y
100 le hacíamos una reverencia. Don Payasito entraba majestuosamente en la gruta, y nosotros le seguíamos.

Dentro olía fuertemente a ganado, porque algunas veces los pastores guardaban allí sus rebaños, durante la noche. Don Payasito encendía parsimoniosamente el

«pelandrín» (pelantrín)
  farmer / cayado
  shepherd's crook
cuitado *poor thing*
canturreando *humming* /
  escupía *he used to spit*
a lo mejor *perhaps*
se ponía colorado *blushed,*
  turned red
golosa *glutton* / egoísta
  selfish / pepitas *nuggets*

sacaba a cuento *dragged in,*
  mentioned

lecho *bed*

Saltad *Jump (up)*
gruta *cavern*
alcanzáis *overtake* / a
  tiempo *in time*
nos adentrábamos *we*
  entered, went in
acribillando *piercing* /
  Hendíamos *We cut*
  through, went through /
  trepábamos *climbed*
cuevecilla *little cave*
jadeando *panting*

ardían *burned*

cuestecilla *little slope*
envuelto *wrapped* /
  encarnada *red*
puntiagudo *pointed*
cabello de estopa *yarn or*
  hemp wig
diestra *right hand*
  bastón *cane* / rematado
  topped
cascabeles dorados *gilded*
  bells
reverencia *bow*

a ganado *like livestock*
rebaños *flocks*
parsimoniosamente *frugally*
  (not using too much fuel)

105　farol enmohecido, que ocultaba en un recodo de la gruta. Luego se sentaba en la piedra grande del centro, quemada por las hogueras de los pastores.

　　　—¿Qué traéis hoy?—nos decía, con una rara voz, salida de tenebrosas profundidades.

110　Hurgábamos en los bolsillos y sacábamos las pecadoras monedas que hurtábamos para él. Don Payasito amaba las monedillas de plata. Las examinaba cuidadosamente, y las guardaba en lo profundo de la capa. Luego, también de aquellas mágicas profundidades, extraía un

115　pequeño acordeón.

　　　—¡El baile de la bruja Timotea!—le pedíamos. Don Payasito bailaba. Bailaba de un modo increíble. Saltaba y gritaba, al son de su música. La capa se inflaba a sus vueltas y nosotros nos apretábamos contra la pared de la

120　gruta, sin acertar a reírnos o a salir corriendo. Luego, nos pedía más dinero. Y volvía a danzar, a danzar, «el baile del diablo perdido». Sus músicas eran hermosas y extrañas, y su jadeo nos llegaba como un raro fragor de río, estremeciéndonos. Mientras había dinero había bailes

125　y canciones. Cuando el dinero se acababa don Payasito se echaba en el suelo y fingía dormir.

　　　—¡Fuera, fuera, fuera!—nos gritaba. Y nosotros, llenos de pánico, echábamos a correr bosque abajo; pálidos, con un escalofrío pegado a la espalda como una

130　culebra.

　　　Un día—acababa yo de cumplir ocho años—fuimos escapados a la cabaña de Lucas, deseosos de ver a don Payasito. Si Lucas no le llamaba, don Payasito no vendría nunca.

135　La barraca estaba vacía. Fue inútil que llamáramos y llamáramos y le diéramos la vuelta, como pájaros asustados. Lucas no nos contestaba. Al fin, mi hermano, que era el más atrevido, empujó la puertecilla de madera, que crujió largamente. Yo, pegada a su espalda, miré también

140　hacia adentro. Un débil resplandor entraba en la cabaña, por la ventana entornada. Olía muy mal. Nunca antes estuvimos allí.

　　　Sobre su camastro estaba Lucas, quieto, mirando raramente al techo. Al principio no lo entendimos. Mi

145　hermano le llamó. Primero muy bajo, luego muy alto. También yo le imité.

　　　—¡Lucas, Lucas, cuervo malo de la isla del mal!…

　　　Nos daba mucha risa que no nos respondiera.

　　　Mi hermano empezó a zarandearle de un lado a otro.

150　Estaba rígido, frío, y tocarlo nos dio un miedo vago pero irresistible. Al fin, como no nos hacía caso, le dejamos. Empezamos a curiosear y encontramos un baúl negro,

---

farol enmohecido *rusty lamp, lantern* / **recodo** *corner, angle*
quemada *scorched, burned* / **hogueras** *fires*
rara *strange*
tenebrosas *gloomy*
Hurgábamos *We poked* / **pecadoras** *ill-gotten*
hurtábamos *we stole*

bruja *witch*

son *sound* / **se inflaba** *swelled, became inflated*
vueltas *turns, spins* / **nos apretábamos** *pressed ourselves*
acertar a *being able to decide whether*
fragor *din, loud noise* / **estremeciéndonos** *making us tremble*
fingía *pretended*
Fuera *Out*
echábamos a correr *began to run* / **bosque abajo** *down through the woods*
escalofrío… espalda *chill down our backs*
culebra *snake*
fuimos escapados *we sneaked away* / **cabaña** *hut*

le diéramos la vuelta *circle it (go around it)*
asustados *frightened*
atrevido *bold, daring* / **empujó** *pushed*
crujió *creaked*
resplandor *light, ray of light*
entornada *half-opened*

camastro *miserable bed*

Nos… risa *It made us laugh hard*
zarandearle *turn him (move him to and fro)*
no nos hacía caso *he paid no attention to us*
curiosear *poke around* / **baúl** *trunk*

muy viejo. Lo abrimos. Dentro estaba la capa, el gorro y la cara blanca, de cartón triste, de don Payasito. También
155 las monedas, nuestras pecadoras monedas, esparcidas como pálidas estrellas por entre los restos.

 Mi hermano y yo nos quedamos callados, mirándonos. De pronto, rompimos a llorar. Las lágrimas nos caían por la cara, y salimos corriendo al campo.
160 Llorando, llorando con todo nuestro corazón, subimos la cuesta. Y gritando entre hipos:

 —¡Que se ha muerto don Payasito, ay, que se ha muerto don Payasito...!

 Y todos nos miraban y nos oían, pero nadie sabía qué
165 decíamos ni por quién llorábamos.

cartón *cardboard*
esparcidas *scattered*
restos *remains*

rompimos a llorar *we burst out crying* / lágrimas *tears*

hipos *sobs (hiccups)*

Historias de la Artámila, 1961.

Notas Culturales

[1] El payaso es el personaje del circo más querido y estimado por los niños—y también por muchas personas mayores. El uso del diminutivo en el título de este cuento ya indica el cariño que le tienen los dos hermanos. El uso del «don» revela la mezcla de admiración, amor y respeto que sienten por el payaso. Ana María Matute, de niña, sentía las mismas emociones, como lo confesó en una entrevista:

Siempre pensé en que sería escritora, pero confieso que durante un tiempo mi gran ilusión hubiera sido poder llegar a ser payaso. ¡Cómo influyeron para esto los carros de titiriteros que llegaban al pueblo! Cada vez que oigo la trompeta y el tambor, tal como se anunciaban ellos, siento en la espalda el mismo cosquilleo de entonces. Todos los seres que salen a un escenario, que cuentan historias, que representan algo, me han fascinado.

[2] La manera de hablar de Lucas sugiere el lenguaje de los cuentos de hadas (*fairy tales*), en los que siempre existe lo extraordinario y lo mágico. Con frases como «muchachitos malvados de la isla del mal», Lucas les da a entender a los niños que sabe muchas cosas extrañas y que de una manera secreta ha podido penetrar en sus mentes y sabe lo que piensan y lo que han hecho.

Comprensión

1. ¿Quién era Lucas?   2. ¿Qué sentían los niños por este hombre?   3. ¿Qué expresiones usaba Lucas con los niños?   4. ¿Creían ellos que Lucas sabía adivinar cosas?   5. ¿Adónde corrían para ver a don Payasito?   6. ¿Cómo se vestía don Payasito y cómo era su cara?   7. ¿Qué debían traerle a don Payasito los niños?   8. ¿Qué hacía don Payasito después de recibir su pago?   9. ¿Qué encontraron un día los niños al entrar en la barraca de Lucas?   10. ¿Cómo reaccionaron al darse cuenta de que Lucas estaba muerto?   11. ¿Qué hallaron en un baúl?   12. ¿Cómo reaccionaron al ver esas cosas?

EXPANSIÓN

I. Análisis literario

1. ¿Dónde tiene lugar la primera parte del cuento? ¿la segunda? ¿la conclusión? 2. ¿Con quién estaban los niños en la primera parte del cuento? ¿en la segunda? ¿en la conclusión? 3. Compare Ud. las cualidades de Lucas con las de don Payasito. 4. ¿Cuál de los dos (Lucas y don Payasito) es el más fantástico y mágico? Explique Ud. su respuesta. 5. ¿Qué sugiere el hecho de que los niños no lloran al saber que Lucas está muerto, pero sí lloran al ver lo que contiene al baúl? 6. Para los niños, ¿es más importante la realidad o la fantasía?

II. Descripción

El uso de adjetivos, adverbios o de otras expresiones descriptivas añade color y vida a un texto. Por ejemplo, compare Ud. estas versiones de algunas frases del texto de Matute que Ud. acaba de leer. La primera versión tiene pocos elementos descriptivos; la segunda es de Matute.

1. Lucas era viejo.
   (Matute) Lucas era «tan viejo que decía perdió el último año y no lo podía encontrar».
2. Al encontrarnos con él sentíamos miedo.
   (Matute) «Nosotros nos acercábamos despacio, llenos de aquel dulce temor cosquilleante que nos invadía a su lado (como rodeados de mariposas negras, de viento, de las luces verdes que huían sobre la tierra grasienta del cementerio…)».

Busque Ud. en el texto el equivalente de estas frases.

1. Don Payasito aparecía. Estaba vestido como un payaso.
2. Las músicas y el jadeo de don Payasito nos impresionaban.

Ahora, describa Ud. algún aspecto de una persona. La persona puede ser real o imaginaria. Incluya elementos descriptivos.

III. Minidrama

Con un(a) compañero(a) de clase, prepare Ud. un breve drama sobre el tema del cuento. El drama puede tratar de un aspecto del cuento o uno puede usar la imaginación y presentar una idea que se relacione al tema. Algunas ideas posibles son:

1. Lo que pasaba cuando los niños del cuento iban a la cueva de don Payasito.
2. Dos jóvenes tienen dificultades con el automóvil y tienen que pasar la noche en una casa abandonada.
3. Dos niños encuentran una persona muerta en la playa. Los dos no saben nada de la muerte.

IV. Opiniones y actitudes

Explique Ud. a la clase o escriba un párrafo sobre uno de los temas siguientes:

1. La televisión y los niños.
2. El problema de cuidar a los niños en la actualidad.
3. La actitud de Ud. sobre el aborto *(abortion)*.

V. Situación

Con un(a) compañero(a) de clase, presente Ud. un diálogo sobre el tema de la literatura para niños. Si quiere, puede incluir algunas de las ideas siguientes. ¿Le contaban sus padres cuentos de hadas cuando era niño(a)? ¿Cómo reaccionaba ante esos cuentos? (¿Había alguno que le asustó? ¿Por qué?) ¿Leyó obras del Dr. Seuss? ¿Cuál de las obras de él le gustó más? ¿Qué pasa en esa obra? ¿Por qué le gustó?

Pablo Ruiz Picasso

Pablo Ruiz Picasso (1881–1973), el pintor español más conocido de nuestro siglo, nació en Málaga, España. Picasso visitó París por primera vez a los dieciocho años y después pasó casi toda su larga vida en Francia, visitando España u otros países europeos muy raramente. Entre los dieciocho y los cuarenta años, Picasso estableció su reputación como el pintor más extraordinario de Europa. Su pintura pasó por varias épocas: la época azul, con su énfasis en el conflicto entre la vida y la muerte; la época rosa, una etapa más serena, con un mundo de gente joven, adolescente, frágil, solitaria; y, por último, la del cubismo, con un nuevo concepto estético que le ganó fama mundial. Pero Picasso no se limitó a esos estilos: también hizo obras impresionistas, algunas de tipo puntillista y otras muchas de línea clásica en su forma y en su expresión.

Aunque vivía en Francia, Picasso nunca perdió su españolismo. Pintaba ambientes y tipos puramente españoles. También fue grande la influencia ejercida sobre su arte por los pintores españoles que más admiraba: El Greco, Velázquez, Goya y otros. Su versión cubista del famoso cuadro *Las Meninas* de Velázquez es un sincero homenaje al gran maestro, y la tremenda pintura *Guernica*, que resume todo el horror de la Guerra Civil en España, expresa la misma tragedia universal que se encuentra en los *Desastres de la Guerra* de Goya.

Picasso dominaba todos los medios de expresión artística, y las obras de su vejez fueron tan revolucionarias e imaginativas como las de su juventud. Aunque famoso y millonario, no dejó de crear nuevos estilos y técnicas, transformando lo bello y lo feo en una visión personal y penetrante del mundo.

En su obras pictóricas Picasso nos presenta todo un mundo de seres reales, imaginarios y míticos: desde toreros a mendigos, minotauros a ninfas, inocentes campesinas a prostitutas—todos retratados con las más variadas técnicas y formas. Se presentan aquí tres ejemplos de sus obras que tratan el tema de la familia.

Familia de saltimbanques

El cuadro de la página 63 es de la «época rosa», cuando Picasso visitaba con frecuencia el Cirque Medrano en París y pintó los diversos tipos del circo que observó allí. Es importante la relación que existe entre la figura grande, sólida, casi grosera del payaso y la figura frágil, indefensa, etérea del niño. El payaso está vestido de rosa, color que sugiere cariño; el cabello y el vestido del niño son de un azul pálido y ese color da énfasis a su fragilidad. Los dos son del circo y pertenecen al mundo de los artistas, un mundo incierto y, a veces, peligroso. ¿Cuál parece ser la relación entre el muchacho y el adulto?

Pablo Picasso, Study for
''Family of saltim-
banques'' *1905. Water-
color, pastel, and char-
coal. 23⅝″ × 18½″. The
Baltimore Museum of Art,
Cone Collection.*

Mother and Child. *Courtesy of The Art Institute of Chicago.*

Madre e hijo

Durante su época neoclásica, Picasso pintó una serie de cuadros cuyo tema es la madre, tal como la percibiría un niño pequeño. En estos cuadros la madre es el símbolo de la vida, de la tierra, de la fecundidad. Es una diosa—enorme, serena, fuerte, cuyas dimensiones sugieren una escultura grande y pesada. En este cuadro, ¿cómo percibe el niño a su madre? ¿No es, para él, como un gigante?

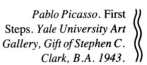

Pablo Picasso. **First Steps.** *Yale University Art Gallery, Gift of Stephen C. Clark, B.A. 1943.*

Los primeros pasos

El tema de la maternidad siempre le ha interesado a Picasso. La madre, para él, es símbolo de la vida y la fecundidad, y con frecuencia es una figura grande cuyas dimensiones sugieren tanto la percepción que tiene el niño de ella como la seguridad que siente en su presencia. En este cuadro, ¿qué siente la madre al mirar a su niño? ¿Se comunica la incertidumbre del niño que da sus primeros pasos?

PARA COMENTAR

1. ¿Cómo reflejan los cuadros el tema de esta unidad?

2. En las tres obras de Picasso se ve al adulto desde el punto de vista del niño. Comente Ud. esta observación, indicando cómo parece percibir el niño a la persona mayor y qué es lo que ésta le ofrece al niño.

3. ¿Qué contraste hay entre el estilo de los tres cuadros?

4. Compare Ud. el cuento de Matute con los cuadros de Picasso. ¿Qué tienen en común?

5. Escriba Ud. un ensayo breve sobre uno de los temas siguientes:

    a. La contribución de Sesame Street a nuestra cultura.
    b. Los juguetes *(toys)* para niños como reflejo de los valores de nuestra cultura.
    c. La obra de Picasso que más le gusta. (Incluya Ud. una foto de la obra si es posible.)

5

El hombre y la mujer en la sociedad hispánica

Esta pareja madrileña pasa la tarde en un parque. ¿Qué hacen allí? ¿Qué otras actividades puede Ud. hacer en un parque?

▣ ENFOQUE

Esta unidad trata del tema del hombre y de la mujer, junto al tema de la vejez, época de la vida retratada en el drama que se presenta aquí, *Mañana de sol*. Los ideales, los entusiasmos y las pasiones que hemos conocido en la juventud nunca desaparecen del todo en la vejez. Puede ser que la experiencia disminuya su intensidad, pero los viejos todavía sienten su presencia, con nostalgia o con ironía. Por eso es que a veces un viejo se enamora de una joven, olvidándose de su vejez y del qué dirán, al pensar en la belleza de la mujer.

La manera en que los viejos recuerdan las ardientes pasiones de la juventud aparece en el breve drama de los hermanos Álvarez Quintero, *Mañana de sol*. Con un realismo fino e irónico, los Álvarez Quintero presentan un conflicto de tipo «Romeo y Julieta», así como lo recuerdan los que estaban enamorados en una época de su vida. La solución del conflicto es, a la vez, cómica y realista.

Diego Rodríguez de Silva y Velázquez, famoso pintor español del siglo XVII, también dejó testimonios del efecto de la vejez sobre el individuo en sus retratos de personas humildes o poderosas, pintadas con un realismo intransigente pero también con una gran comprensión de la condición humana.

▣ VOCABULARIO ÚTIL

Estudie estas palabras.

Verbos

alejarse   to move away, withdraw
charlar   to chat
presentar   to introduce

Sustantivos

el apellido   (family) name, surname
la arena   sand
el cura   priest
la gana   desire
el gorrión   sparrow
la marea   tide
la nariz   nose
el nombre   (first or given) name
la ola   wave
la playa   beach, shore
el provecho   benefit; profit

el sol   sun
la tontería   foolishness; foolish act
la vez   time; occasion; turn

Adjetivos

junto, -a   united; together

Otras palabras y expresiones

a veces   sometimes, at times
alguna vez   sometime
buen provecho   enjoy (yourself; your meal); bon appétit
dos veces   twice
en seguida   at once, immediately
hace sol   it is sunny
mañana de sol   sunny morning
no me da la gana   I don't feel like it
tener ganas de   to feel like
varias veces   several times

ANTICIPACIÓN

I. Complete Ud. el siguiente diálogo. Use palabras o expresiones del **Vocabulario útil** equivalentes a las que aparecen entre paréntesis.

MIGUEL ¿Qué hacemos hoy?

SUSANA No sé. Laura y Gonzalo querían que los acompañáramos al teatro, pero *(I don't feel like it)* _____. Ya fuimos al teatro *(twice)* _____ esta semana y me parece que es bastante.

MIGUEL Yo no *(feel like going)* _____ tampoco. ¿Qué te parece si los invitamos para ir a *(the beach)* _____?

SUSANA Creo que no van a querer ir. Laura dice que en el teatro van a presentar una obra que se llama *(It's Sunny)* _____ o *(Sunny Morning)* _____ o algo así. Ellos han visto la obra *(several times)* _____, pero les gusta y quieren verla *(again)* _____.

MIGUEL Bueno. Que vayan ellos. Yo siempre he preferido ir a la playa para ver subir *(the tide)* _____, jugar en *(the waves)* _____ y construir castillos de *(sand)* _____.

SUSANA De acuerdo. Voy a llamar a Laura y después podemos ir *(at once)* _____.

II. Lea el siguiente trozo *(excerpt)* del drama que van a leer en esta unidad. Subraye *(Underline)* las palabras o las expresiones que Ud. no conoce o que no entiende. Después, con otras dos personas, discuta lo subrayado para saber si pueden adivinar *(guess)* lo que quiere decir.

Mi amiga esperó noticias un día, y otro, y otro… y un mes, y un año… y la carta no llegaba nunca. Una tarde, a la puesta del sol, con el primer lucero de la noche, se la vio salir resuelta camino de la playa… de aquella playa donde el predilecto de su corazón se jugó la vida. Escribió su nombre en la arena—el nombre de él,—y se sentó luego en una roca, fija la mirada en el horizonte… Las olas murmuraban su monólogo eterno… e iban poco a poco cubriendo la roca en que estaba la niña… ¿Quiere usted saber más?… Acabó de subir la marea… y la arrastró consigo…

III. Complete Ud. las siguientes frases para expresar su opinión.

1. Cuando uno llega a ser viejo, los ideales de la juventud…
2. El amor entre viejos…
3. Los viejos piensan que los jóvenes de hoy…
4. Al pensar en cosas que ocurrieron hace mucho tiempo, a veces nosotros…
5. Es una lástima que los viejos…

Mañana de sol

Los hermanos *Serafín y Joaquín Álvarez Quintero* nacieron en Andalucía, Serafín en el año 1871 y Joaquín en 1873. En 1888 cuando ya era obvio su talento como dramaturgos, se mudaron con su familia a Madrid. Entre 1888 y 1938 escribieron más de 200 piezas teatrales, de gran variedad. Aunque pasaron casi toda la vida en la capital, nunca olvidaron su origen andaluz y gran parte de su obra refleja el ambiente y el dialecto andaluces. Desde jóvenes trabajaron juntos, estableciéndose entre ellos una armonía intelectual muy rara. Describieron su método de composición como una conversación continua: por la mañana discutían sus dramas, formando un plan para la trama y comentando el diálogo y los personajes. Cuando ya habían desarrollado verbalmente toda la obra, con muchos detalles, Serafín la escribía. Mientras así lo hacía se la leía a su hermano, quien la comentaba y corregía. De esta manera, el drama completo parece ser el producto de un solo hombre y no el resultado de una colaboración.

Aunque escribieron dramas de dos, tres y cuatro actos, son más conocidos por su obra dentro del «género chico»: el sainete o entremés y el paso de comedia. Los primeros son breves cuadros dramáticos que describen costumbres y otros aspectos de la vida entre la clase baja. El paso de comedia también es una obra breve, pero los personajes no representan a la clase baja, hablan castellano en vez de andaluz, y hay más énfasis en la sicología de los personajes que en la presentación de las costumbres regionales.

El paso de comedia más famoso de los Álvarez Quintero es el que se incluye aquí, *Mañana de sol* (1905). Tiene muchas características de los otros pasos de los hermanos: la trama es esencialmente sencilla y no hay gran conflicto; el diálogo es muy natural y animado; y al dibujar los personajes principales, doña Laura y don Gonzalo, los cuales representan la clase cómoda de comienzos del siglo, los hermanos mezclan lo filosófico con lo humorístico y lo real con lo poético. Nos presentan un retrato de dos viejos que llegan a simbolizar el eterno amor juvenil.

PASO DE COMEDIA

PERSONAJES

Doña Laura	**Don Gonzalo**
Petra	**Juanito**

Lugar apartado de un paseo público, en Madrid. Un banco a la izquierda del actor. Es una mañana de otoño templada y alegre.

Doña Laura y Petra salen por la derecha. Doña Laura es una viejecita setentona, muy pulcra, de cabellos muy blancos y
5 manos muy finas y bien cuidadas. Aunque está en la edad de chochear, no chochea. Se apoya de una mano en una sombrilla, y de la otra en el brazo de Petra, su criada.

apartado *out-of-the-way, remote* / banco *bench* templada *temperate, fair* setentona *in her seventies* / pulcra *neat* chochear *to be in one's dotage, to be getting senile* / Se apoya *She leans* sombrilla *parasol*

	DOÑA LAURA	Ya llegamos… Gracias a Dios. Temí que me hubieran quitado el sitio. Hace una mañanita tan templada…	
10			
	PETRA	Pica el sol.	Pica *Burns, is hot*
	DOÑA LAURA	A ti, que tienes veinte años. *(Siéntase en el banco.)* ¡Ay!… Hoy me he cansado más que otros días. *(Pausa. Observando a Petra, que parece impaciente.)* Vete, si quieres, a charlar con tu guarda.	
15			
	PETRA	Señora, el guarda no es mío; es del jardín.	
	DOÑA LAURA	Es más tuyo que del jardín. Anda en su busca, pero no te alejes.	Anda en su busca *Go look for him*
20	PETRA	Está allí esperándome.	
	DOÑA LAURA	Diez minutos de conversación, y aquí en seguida.	
	PETRA	Bueno, señora.	
	DOÑA LAURA	*(Deteniéndola.)* Pero escucha.	
25	PETRA	¿Qué quiere usted?	
	DOÑA LAURA	¡Que te llevas las miguitas de pan!	miguitas *crumbs*
	PETRA	Es verdad; ni sé dónde tengo la cabeza.	
	DOÑA LAURA	En la escarapela del guarda.	escarapela *cockade, badge*
	PETRA	Tome usted. *(Le da un cartucho de papel pequeñito y se va por la izquierda.)*	cartucho *roll*
30			
	DOÑA LAURA	Anda con Dios. *(Mirando hacia los árboles de la derecha.)* Ya están llegando los tunantes. ¡Cómo me han cogido la hora!… *(Se levanta, va hacia la derecha y arroja adentro, en tres puñaditos, las migas de pan.)* Éstas, para los más atrevidos… Éstas, para los más glotones… Y éstas, para los más granujas, que son los más chicos… Je… *(Vuelve a su banco y desde él observa complacida el festín de los pájaros.)* Pero, hombre, que siempre has de bajar tú el primero. Porque eres el mismo: te conozco. Cabeza gorda, boqueras grandes… Igual a mi administrador. Ya baja otro. Y otro. Ahora dos juntos. Ahora tres. Ese chico va a llegar hasta aquí. Bien; muy bien; aquél coge su miga y se va a una rama a comérsela. Es un filósofo. Pero ¡qué nube! ¿De dónde salen tantos? Se conoce que ha corrido la voz… Je, je… Gorrión habrá que venga desde la Guindalera. Je, je… Vaya, no pelearse, que hay para todos. Mañana traigo más.	tunantes *rascals* ¡Cómo… hora! *How quickly they have learned when I come!* arroja *throws* puñaditos *little handfuls* granujas *rascally* boqueras *corners of the mouth* ha corrido la voz *the word has spread* Guindalera *suburb of Madrid* no pelearse *don't fight*
35			
40			
45			
50			
55		*(Salen don Gonzalo y Juanito por la izquierda del foro. Don Gonzalo es un viejo contemporáneo de doña Laura, un poco cascarrabias. Al andar arrastra los pies. Viene*	foro *back of the stage* cascarrabias *irritable /* arrastra *drags*

		de mal temple, del brazo de Juanito, su criado.)	de mal temple *in a bad humor*
	DON GONZALO	Vagos, más que vagos… Más valía que estuvieran diciendo misa…	vagos *loafers*
60	JUANITO	Aquí se puede usted sentar: no hay más que una señora.	
		(Doña Laura vuelve la cabeza y escucha el diálogo.)	
	DON GONZALO	No me da la gana, Juanito. Yo quiero un banco	
65		solo.	
	JUANITO	¡Si no lo hay!	
	DON GONZALO	¡Es que aquél es mío!	
	JUANITO	Pero si se han sentado tres curas…	
	DON GONZALO	¡Pues que se levanten!… ¿Se levantan,	
70		Juanito?	
	JUANITO	¡Qué se han de levantar! Allí están de charla.	¡Qué… levantar! *Of course they haven't gotten up!*
	DON GONZALO	Como si los hubieran pegado al banco… No; si cuando los curas cogen un sitio… ¡cualquiera los echa! Ven por aquí, Juanito, ven por aquí.	¡cualquiera los echa! *no one can throw them out!*
75		(Se encamina hacia la derecha resueltamente. Juanito lo sigue.)	
	DOÑA LAURA	(Indignada.) ¡Hombre de Dios!	
	DON GONZALO	(Volviéndose.) ¿Es a mí?	
	DOÑA LAURA	Sí señor; a usted.	
80	DON GONZALO	¿Qué pasa?	
	DOÑA LAURA	¡Que me ha espantado usted los gorriones, que estaban comiendo miguitas de pan!	espantado *frightened*
	DON GONZALO	¿Y yo qué tengo que ver con los gorriones?	qué… con *what do I have to do with*
	DOÑA LAURA	¡Tengo yo!	
85	DON GONZALO	¡El paseo es público!	
	DOÑA LAURA	Entonces no se queje usted de que le quiten el asiento los curas.	no se queje usted *don't complain*
	DON GONZALO	Señora, no estamos presentados. No sé por qué se toma usted la libertad de dirigirme la	no estamos presentados *we haven't been introduced*
90		palabra. Sígueme, Juanito.	
		(Se van los dos por la derecha.)	
	DOÑA LAURA	¡El demonio del viejo! No hay como llegar a cierta edad para ponerse impertinente. (Pausa.) Me alegro; le han quitado aquel banco	No hay como *There's nothing like*
95		también. ¡Anda! para que me espante los pajaritos. Está furioso… Sí, sí; busca, busca. Como no te sientes en el sombrero… ¡Pobrecillo! Se limpia el sudor… Ya viene, ya viene… Con los pies levanta más polvo que un	para… pajaritos *serves him right for frightening my birds* Como… sombrero *But unless you sit on your hat*
100		coche.	polvo *dust*
	DON GONZALO	(Saliendo por donde se fue y encaminándose a la izquierda.) ¿Se habrán ido los curas, Juanito?	

JUANITO	No sueñe usted con eso, señor. Allí siguen.	
105 DON GONZALO	¡Por vida…! *(Mirando a todas partes perplejo.)* Este Ayuntamiento, que no pone más bancos para estas mañanas de sol… Nada, que me tengo que conformar con el de la vieja. *(Refunfuñando, siéntase al otro extremo que*	Ayuntamiento *city government*
110	*doña Laura, y la mira con indignación.)* Buenos día	Refunfuñando *Grumbling*
DOÑA LAURA	¡Hola! ¿Usted por aquí?	
DON GONZALO	Insisto en que no estamos presentados.	
DOÑA LAURA	Como me saluda usted, le contesto.	
115 DON GONZALO	A los buenos días se contesta con los buenos días, que es lo que ha debido usted hacer.	
DOÑA LAURA	También usted ha debido pedirme permiso para sentarse en este banco que es mío.	
DON GONZALO	Aquí no hay bancos de nadie.	
120 DOÑA LAURA	Pues usted decía que el de los curas era suyo.	
DON GONZALO	Bueno, bueno, bueno… se concluyó. *(Entre dientes.)* Vieja chocha… Podía estar haciendo calceta…	Entre dientes. *Muttering. /* chocha *senile* haciendo calceta *knitting*
DOÑA LAURA	No gruña usted, porque no me voy.	No gruña usted *Don't growl*
125 DON GONZALO	*(Sacudiéndose las botas con el pañuelo.)* Si regaran un poco más, tampoco perderíamos nada.	regaran *they would water*
DOÑA LAURA	Ocurrencia es: limpiarse las botas con el pañuelo de la nariz.	Ocurrencia es *That's a new idea*
130 DON GONZALO	¿Eh?	
DOÑA LAURA	¿Se sonará usted con un cepillo?	Se sonará usted *I suppose you blow your nose /* cepillo *brush*
DON GONZALO	¿Eh? Pero, señora, ¿con qué derecho…?	
DOÑA LAURA	Con el de vecindad.	
DON GONZALO	*(Cortando por lo sano.)* Mira, Juanito, dame el	Cortando por lo sano. *Getting on safe ground.*
135	libro; que no tengo ganas de oír más tonterías.	
DOÑA LAURA	Es usted muy amable.	
DON GONZALO	Si no fuera usted tan entremetida…	entremetida *nosy, meddlesome*
DOÑA LAURA	Tengo el defecto de decir todo lo que pienso.	
DON GONZALO	Y el de hablar más de lo que conviene. Dame	conviene *is proper*
140	el libro, Juanito.	
JUANITO	Vaya, señor. *(Saca del bolsillo un libro y se lo entrega. Paseando luego por el foro, se aleja hacia la derecha y desaparece.*	Vaya *Here it is* entrega *hands over*
145	*Don Gonzalo, mirando a doña Laura siempre con rabia, se pone unas gafas prehistóricas, saca una gran lente, y con el auxilio de toda esa cristalería se dispone a leer.)*	rabia *rage, fury /* gafas *spectacles* lente *magnifying glass* cristalería *glassware*
DOÑA LAURA	Creí que iba usted a sacar ahora un telescopio.	
DON GONZALO	¡Oiga usted!	
150 DOÑA LAURA	Debe usted de tener muy buena vista.	
DON GONZALO	Como cuatro veces mejor que usted.	

DOÑA LAURA		Ya, ya se conoce.	
DON GONZALO		Algunas liebres y algunas perdices lo pudieran atestiguar.	liebres *hares, rabbits* / perdices *partridges*
155	DOÑA LAURA	¿Es usted cazador?	
	DON GONZALO	Lo he sido… Y aún… aún…	atestiguar *bear witness*
	DOÑA LAURA	¿Ah, sí?	
	DON GONZALO	Sí, señora. Todos los domingos, ¿sabe usted? cojo mi escopeta y mi perro, ¿sabe usted? y me	cazador *hunter*
160		voy a una finca de mi propiedad, cerca de Aravaca… A matar el tiempo, ¿sabe usted?	escopeta *shotgun*
	DOÑA LAURA	Sí, como no mate usted el tiempo… ¡lo que es otra cosa!	como… otra cosa *if you don't kill time, you won't kill anything*
	DON GONZALO	¿Conque no? Ya le enseñaría yo a usted una	
165		cabeza de jabalí que tengo en mi despacho.	jabalí *wild boar*
	DOÑA LAURA	¡Toma! y yo a usted una piel de tigre que tengo en mi sala. ¡Vaya un argumento!	¡Vaya un argumento! *What a story!*
	DON GONZALO	Bien está, señora. Déjeme usted leer. No estoy por darle a usted más palique.	No… palique. *I don't feel like going on with the conversation (chit-chat).*
170	DOÑA LAURA	Pues con callar, hace usted su gusto.	
	DON GONZALO	Antes voy a tomar un polvito. *(Saca una caja de rapé.)* De esto sí le doy. ¿Quiere usted?	
	DOÑA LAURA	Según. ¿Es fino?	polvito *pinch of snuff*
	DON GONZALO	No lo hay mejor. Le agradará.	rapé *snuff*
175	DOÑA LAURA	A mí me descarga mucho la cabeza.	Según. *It depends.*
	DON GONZALO	Y a mí.	A… cabeza. *It clears my head a lot.*
	DOÑA LAURA	¿Usted estornuda?	
	DON GONZALO	Sí, señora: tres veces.	¿Usted estornuda? *Do you sneeze?*
	DOÑA LAURA	Hombre, y yo otras tres: ¡qué casualidad!	
180		*(Después de tomar cada uno su polvito, aguardan los estornudos haciendo visajes, y estornudan alternativamente.)*	casualidad *coincidence*
	DOÑA LAURA	¡Ah… chis!	visajes *faces*
	DON GONZALO	¡Ah… chis!	
185	DOÑA LAURA	¡Ah… chis!	
	DON GONZALO	¡Ah… chis!	
	DOÑA LAURA	¡Ah… chis!	
	DON GONZALO	¡Ah… chis!	
	DOÑA LAURA	¡Jesús!	
190	DON GONZALO	Gracias. Buen provechito.	
	DOÑA LAURA	Igualmente. (Nos ha reconciliado el rapé.)	
	DON GONZALO	Ahora me va usted a dispensar que lea en voz alta.	
	DOÑA LAURA	Lea usted como guste: no me incomoda.	
195	DON GONZALO	*(Leyendo.)* «Todo en amor es triste; mas, triste y todo, es lo mejor que existe.» De Campoamor,[1] es de Campoamor.	mas *yet* triste… mejor *sad as it is, it's the best thing*
	DOÑA LAURA	¡Ah!	

	DON GONZALO	(*Leyendo.*) «Las niñas de las madres que amé
200		tanto, me besan ya como se besa a un santo.»
		Éstas son humoradas.
	DOÑA LAURA	Humoradas, sí.
	DON GONZALO	Prefiero las doloras.
	DOÑA LAURA	Y yo.
205	DON GONZALO	También hay algunas en este tomo. (*Busca las*
		doloras y lee.) Escuche usted ésta: «Pasan
		veinte años: vuelve él…»
	DOÑA LAURA	No sé qué me da verlo a usted leer con tantos
		cristales…
210	DON GONZALO	¿Pero es que usted, por ventura, lee sin gafas?
	DOÑA LAURA	¡Claro!
	DON GONZALO	¿A su edad?… Me permito dudarlo.
	DOÑA LAURA	Déme usted el libro. (*Lo toma de mano de don*
		Gonzalo y lee:) «Pasan veinte años; vuelve él,
215		y al verse, exclaman él y ella: (—¡Santo Dios!
		¿y éste es aquél?…) (—Dios mío ¿y ésta es
		aquélla?…).» (*Le devuelve el libro.*)
	DON GONZALO	En efecto: tiene usted una vista envidiable.
	DOÑA LAURA	(¡Como que me sé los versos de memoria!)
220	DON GONZALO	Yo soy muy aficionado a los buenos versos…
		Mucho. Y hasta los compuse en mi mocedad.
	DOÑA LAURA	¿Buenos?
	DON GONZALO	De todo había. Fui amigo de Espronceda, de
		Zorrilla, de Bécquer[2]… A Zorrilla lo conocí en
225		América.
	DOÑA LAURA	¿Ha estado usted en América?
	DON GONZALO	Varias veces. La primera vez fui de seis años.
	DOÑA LAURA	¿Lo llevaría a usted Colón en una carabela?
	DON GONZALO	(*Riéndose.*) No tanto, no tanto… Viejo soy,
230		pero no conocí a los Reyes Católicos…
	DOÑA LAURA	Je, je…
	DON GONZALO	También fui gran amigo de éste: de Cam-
		poamor. En Valencia nos conocimos… Yo soy
		valenciano.
235	DOÑA LAURA	¿Sí?
	DON GONZALO	Allí me crié; allí pasé mi primera juventud…
		¿Conoce usted aquello?
	DOÑA LAURA	Sí, señor. Cercana a Valencia, a dos o tres
		leguas de camino, había una finca que si aún
240		existe se acordará de mí. Pasé en ella algunas
		temporadas. De esto hace muchos años;
		muchos. Estaba próxima al mar, oculta entre
		naranjos y limoneros… Le decían… ¿cómo le
		decían?… *Maricela.*
245	DON GONZALO	¿*Maricela?*

Glosses:

humoradas *humorous poems*
doloras *sad poems*
No… da *I can't tell you what it does to me*
cristales *glasses*
por ventura *by any chance*
Y… compuse *And I even composed them* / mocedad *youth*
De todo había. *There were all kinds.*
carabela *caravel (sailing vessel, especially the type of the 15th and 16th centuries)*
me crié *grew up*
juventud *youth*
aquello *that region*
algunas temporadas *some length of time*
De… mucho años *Many years ago now*
naranjos *orange trees* / limoneros *lemon trees* / Le decían *They called it*

DOÑA LAURA	*Maricela.* ¿Le suena a usted el nombre?	¿Le… nombre? *Does the name* *sound familiar* *to you?*
DON GONZALO	¡Ya lo creo! Como si yo no estoy trascordado—con los años se va la cabeza,—allí vivió la mujer más preciosa que nunca he visto. ¡Y ya he visto algunas en mi vida!… Deje usted, deje usted… Su nombre era Laura. El apellido no lo recuerdo… *(Haciendo memoria.)* Laura. Laura… ¡Laura Llorente!	trascordado *mistaken* *(forgetful)* Deje usted *Wait* Haciendo memoria. *Searching his* *memory.*

250

DOÑA LAURA	Laura Llorente…	
DON GONZALO	¿Qué?	

255

(Se miran con atracción misteriosa.)

DOÑA LAURA	Nada… Me está usted recordando a mi mejor amiga.
DON GONZALO	¡Es casualidad!

DOÑA LAURA	Sí que es peregrina casualidad. La *Niña de Plata.*	peregrina *strange*

260

DON GONZALO	La *Niña de Plata*… Así le decían los huertanos y los pescadores. ¿Querrá usted creer que la veo ahora mismo, como si la tuviera presente, en aquella ventana de las campanillas azules?… ¿Se acuerda usted de aquella ventana?…	huertanos *farmers* campanillas azules *bluebells*

265

DOÑA LAURA	Me acuerdo. Era la de su cuarto. Me acuerdo.	
DON GONZALO	En ella se pasaba horas enteras… En mis tiempos, digo.	digo *I mean*

270

DOÑA LAURA	*(Suspirando.)* Y en los míos también.

DON GONZALO	Era ideal, ideal… Blanca como la nieve… Los cabellos muy negros… Los ojos muy negros y muy dulces… De su frente parecía que brotaba luz… Su cuerpo era fino, esbelto, de curvas muy suaves…	brotaba *flowed* esbelto *slender*

275

	«¡Qué formas de belleza soberana modela Dios en la escultura humana!» Era un sueño, era un sueño…	soberana *sovereign*

280

DOÑA LAURA	(¡Si supieras que la tienes al lado, ya verías lo que los sueños valen!) Yo la quise de veras, muy de veras. Fue muy desgraciada. Tuvo unos amores muy tristes.	desgraciada *unlucky, unfor-* *tunate*
DON GONZALO	Muy tristes.	

285

(Se miran de nuevo.)

de nuevo *again*

DOÑA LAURA	¿Usted lo sabe?
DON GONZALO	Sí.
DOÑA LAURA	(¡Qué cosas hace Dios! Este hombre es aquél.)

DON GONZALO	Precisamente el enamorado galán, si es que nos referimos los dos al mismo caso…	¿Al del duelo? *To* *the one in the* *duel?*

290

DOÑA LAURA	¿Al del duelo?	Justo *Just so* *(exactly)*
DON GONZALO	Justo: al del duelo. El enamorado galán era…	

	era un pariente mío, un muchacho de toda mi predilección.
295 DOÑA LAURA	Ya vamos, ya. Un pariente... A mí me contó ella en una de sus últimas cartas, la historia de aquellos amores, verdaderamente románticos.
DON GONZALO	Platónicos. No se hablaron nunca.
DOÑA LAURA	Él, su pariente de usted, pasaba todas las mañanas a caballo por la veredilla de los rosales, y arrojaba a la ventana un ramo de flores, que ella cogía.
DON GONZALO	Y luego, a la tarde, volvía a pasar el gallardo jinete, y recogía un ramo de flores que ella le echaba. ¿No es esto?
DOÑA LAURA	Eso es. A ella querían casarla con un comerciante... un cualquiera, sin más títulos que el de enamorado.
DON GONZALO	Y una noche que mi pariente rondaba la finca para oírla cantar, se presentó de improviso aquel hombre.
DOÑA LAURA	Y le provocó.
DON GONZALO	Y se enzarzaron.
DOÑA LAURA	Y hubo desafío.
315 DON GONZALO	Al amanecer: en la playa. Y allí se quedó malamente herido el provocador. Mi pariente tuvo que esconderse primero, y luego que huir.
DOÑA LAURA	Conoce usted al dedillo la historia.
DON GONZALO	Y usted también.
320 DOÑA LAURA	Ya le he dicho a usted que ella me la contó.
DON GONZALO	Y mi pariente a mí... (Esta mujer es Laura... ¡Qué cosas hace Dios!)
DOÑA LAURA	(No sospecha quién soy: ¿para qué decírselo? Que conserve aquella ilusión...)
325 DON GONZALO	(No presume que habla con el galán... ¿Qué ha de presumirlo?... Callaré.)
	(Pausa.)
DOÑA LAURA	¿Y fue usted, acaso, quien le aconsejó a su pariente que no volviera a pensar en Laura? (¡Anda con ésa!)
330 DON GONZALO	¿Yo? ¡Pero si mi pariente no la olvidó un segundo!
DOÑA LAURA	Pues ¿cómo se explica su conducta?
DON GONZALO	¿Usted sabe?... Mire usted, señora: el muchacho se refugió primero en mi casa— temeroso de las consecuencias del duelo con aquel hombre, muy querido allá;—luego se trasladó a Sevilla; después vino a Madrid... Le escribió a Laura ¡qué sé yo el número

Glossary (margin):

de toda mi predilección *of whom I was very fond*

Ya *To be sure*

veredilla *path*
rosales *rosebushes* /
ramo *bouquet*

jinete *horseman*

un cualquiera *a nobody*

rondaba *was making the rounds of*
de improviso *unexpectedly*
se enzarzaron *they quarreled*
desafío *challenge*
Al amanecer *At dawn*
herido *wounded*
al dedillo *perfectly, down to the last detail*

¡Anda con ésa! *Take that!*

temeroso *fearful*
se trasladó *he moved*

340		de cartas!—algunas en verso, me consta… —Pero sin duda las debieron de interceptar los padres de ella, porque Laura no contestó… Gonzalo, entonces, desesperado, desenga-ñado, se incorporó al ejército de África, y allí, en una trinchera, encontró la muerte, abrazado a la bandera española y repitiendo el nombre de su amor: Laura… Laura… Laura…	me consta *I happen to know*
345			desengañado *disillusioned* ejército *army* trinchera *trench* bandera *flag*
	DOÑA LAURA	(¡Qué embustero!)	embustero *faker, cheat*
350	DON GONZALO	(No me he podido matar de un modo más gallardo.)	a par del alma *to the bottom of your heart*
	DOÑA LAURA	¿Sentiría usted a par del alma esa desgracia?	
355	DON GONZALO	Igual que si se tratase de mi persona. En cambio, la ingrata, quién sabe si estaría a los dos meses cazando mariposas en su jardín, indiferente a todo…	En cambio *On the other hand*
	DOÑA LAURA	Ah, no señor; no, señor…	
	DON GONZALO	Pues es condición de mujeres…	es condición de mujeres *women are like that*
360	DOÑA LAURA	Pues aunque sea condición de mujeres, la *Niña de Plata* no era así. Mi amiga esperó noticias un día, y otro, y otro… y un mes, y un año… y la carta no llegaba nunca. Una tarde, a la puesta del sol, con el primer lucero de la noche, se la vio salir resuelta camino de la playa… de aquella playa donde el predilecto de su corazón se jugó la vida. Escribió su nombre en la arena—el nombre de él,—y se sentó luego en una roca, fija la mirada en el horizonte… Las olas murmuraban su monólogo eterno… e iban poco a poco cubriendo la roca en que estaba la niña… ¿Quiere usted saber más?… Acabó de subir la marea… y la arrastró consigo…	puesta del sol *sunset* lucero *star* resuelta *resolutely* / camino de *in the direction of* predilecto *favorite* se jugó la vida *gambled his life*
365			
370			poco a poco *little by little* arrastró *dragged away*
	DON GONZALO	¡Jesús!	
375	DOÑA LAURA	Cuentan los pescadores de la playa que en mucho tiempo no pudieron borrar las olas aquel nombre escrito en la arena. (¡A mí no me ganas tú a finales poéticos!)	borrar *erase* ¡A mí… poéticos! *You can't beat me in poetic endings!*
	DON GONZALO	(¡Miente más que yo!)	
		(Pausa.)	
	DOÑA LAURA	¡Pobre Laura!	
380	DON GONZALO	¡Pobre Gonzalo!	a los dos años *two years later*
	DOÑA LAURA	(¡Yo no le digo que a los dos años me casé con un fabricante de cervezas!)	fabricante de cervezas *brewer*
	DON GONZALO	(¡Yo no le digo que a los tres meses me largué a París con una bailarina!)	me largué a *I went off to*
385	DOÑA LAURA	Pero, ¿ha visto usted cómo nos ha unido la casualidad, y cómo una aventura añeja ha	añeja *ancient*

	hecho que hablemos lo mismo que si fuéramos amigos antiguos?	
DON GONZALO	Y eso que empezamos riñendo.	eso que *in spite of the fact that*
390 DOÑA LAURA	Porque usted me espantó los gorriones.	
DON GONZALO	Venía muy mal templado.	
DOÑA LAURA	Ya, ya lo vi. ¿Va usted a volver mañana?	
DON GONZALO	Si hace sol, desde luego. Y no sólo no espantaré los gorriones, sino que también les traeré miguitas…	
395		
DOÑA LAURA	Muchas gracias, señor… Son buena gente; se lo merecen todo. Por cierto que no sé dónde anda mi chica… *(Se levanta.)* ¿Qué hora será ya?	
400 DON GONZALO	*(Levantándose.)* Cerca de las doce. También ese bribón de Juanito… *(Va hacia la derecha.)*	bribón *rascal*
DOÑA LAURA	*(Desde la izquierda del foro, mirando hacia dentro.)* Allí la diviso con su guarda… *(Hace señas con la mano para que se acerque.)*	señas *signals*
405 DON GONZALO	*(Contemplando mientras a la señora.)* (No… no me descubro… Estoy hecho un mamarracho tan grande… Que recuerde siempre al mozo que pasaba al galope y le echaba las flores a la ventana de las campanillas azules…)	no me descubro *I won't reveal myself* / Estoy… grande *I have become such an old scarecrow*
410 DOÑA LAURA	¡Qué trabajo le ha costado despedirse! Ya viene.	
DON GONZALO	Juanito, en cambio… ¿Dónde estará Juanito? Se habrá engolfado con alguna niñera. *(Mirando hacia la derecha primero, y haciendo señas como doña Laura después.)* Diablo de muchacho…	engolfado *involved* / niñera *nursemaid*
415		
DOÑA LAURA	*(Contemplando al viejo.)* (No… no me descubro… Estoy hecha una estantigua… Vale más que recuerde siempre a la niña de los ojos negros, que le arrojaba las flores cuando él pasaba por la veredilla de los rosales…)	estantigua *old witch, spook*
420		
	(Juanito sale por la derecha y Petra por la izquierda. Petra trae un manojo de violetas.)	manojo *bunch*
DOÑA LAURA	Vamos, mujer; creí que no llegabas nunca.	
425 DON GONZALO	Pero, Juanito, ¡por Dios! que son las tantas…	son las tantas *it's so late*
PETRA	Estas violetas me ha dado mi novio para usted.	
DOÑA LAURA	Mira qué fino… Las agradezco mucho… *(Al cogerlas se le caen dos o tres al suelo.)* Son muy hermosas…	
430 DON GONZALO	*(Despidiéndose.)* Pues, señora mía, yo he tenido un honor muy grande… un placer inmenso…	
DOÑA LAURA	*(Lo mismo.)* Y yo una verdadera satisfacción…	

	DON GONZALO	¿Hasta mañana?	
435	DOÑA LAURA	Hasta mañana.	
	DON GONZALO	Si hace sol…	
	DOÑA LAURA	Si hace sol… ¿Irá usted a su banco?	
	DON GONZALO	No, señora; que vendré a éste.	
	DOÑA LAURA	Este banco es muy de usted.	
440		*(Se ríen.)*	
	DON GONZALO	Y repito que traeré miga para los gorriones.	
		(Vuelven a reírse.)	
	DOÑA LAURA	Hasta mañana.	
	DON GONZALO	Hasta mañana.	

445 *(Doña Laura se encamina con Petra hacia la derecha. Don Gonzalo, antes de irse con Juanito hacia la izquierda, tembloroso y con gran esfuerzo se agacha a coger las violetas caídas. Doña Laura vuelve naturalmente el*   **se agacha** *stoops*

450 *rostro y lo ve.)*

JUANITO ¿Qué hace usted, señor?

DON GONZALO Espera, hombre, espera…

DOÑA LAURA (No me cabe duda: es él…)   **No me cabe duda** *I have no doubt*

DON GONZALO (Estoy en lo firme: es ella…)   **Estoy en lo firme** *I'm sure*

455 *(Después de hacerse un nuevo saludo de despedida.)*

DOÑA LAURA (¡Santo Dios! ¿y éste es aquel?…)

DON GONZALO (¡Dios mío! ¿y ésta es aquélla?…)

460 *(Se van, apoyado cada uno en el brazo de su servidor y volviendo la cara sonrientes, como si él pasara por la veredilla de los rosales y ella estuviera en la ventana de las campanillas azules.)*

Notas Culturales

[1] Ramón del Campoamor (1871–1901) era un famoso poeta español cuya poesía favorecía «el arte por la idea». Es decir, las ideas son el elemento más importante del arte y todo lo demás debe ser secundario. Según la definición de Campoamor, la humorada es «en rasgo intencionado» y la dolora es «una humorada convertida en drama».

[2] José de Espronceda (1808–1842), José Zorrilla y Moral (1817–1893) y Gustavo Adolfo Bécquer (1836–1870) eran otros famosos poetas españoles del siglo XIX.

Comprensión

1. ¿Por qué trae doña Laura unas miguitas de pan al parque?   2. ¿Qué hace Petra mientras se divierte su señora?   3. ¿Por qué se enoja don Gonzalo?

4. ¿Dónde se sienta don Gonzalo por fin?   5.   ¿Cómo se sabe que don Gonzalo no puede ver bien?   6.   ¿Es buena la vista de doña Laura? (¿Cómo le engaña ella a don Gonzalo?)   7.   ¿Cuál de los dos menciona primero el nombre de un lugar que ambos habían conocido en la juventud?   8.   ¿Qué clase de amores existían entre Laura y don Gonzalo cuando eran jóvenes?   9.   Al darse cuenta de lo que ha pasado, ¿por qué no quieren confesárselo el uno al otro?   10.   Según don Gonzalo, ¿qué le pasó al joven galán? ¿Qué le pasó en realidad?   11.   Según doña Laura, ¿qué hizo la joven cuando no recibió noticias del galán? ¿Qué hizo ella en realidad?   12.   ¿Qué piensan hacer los viejos al día siguiente?   13.   ¿Existe todavía un eco de sus antiguos amores? (¿Cómo se sabe?)

EXPANSIÓN

I. Análisis literario

1.   Los dos últimos versos del poema de Campoamor son paralelos:

—¡Santo Dios! ¿y éste es aquél?…
—¡Dios mío! ¿y ésta es aquélla?…

Indique Ud. tres ejemplos de acciones o comentarios paralelos en el drama. 2.   ¿Son paralelas las acciones de los criados?   3.   Para Ud., ¿cuál de los viejos es más inteligente y astuto?   4.   Según lo que se percibe en el drama, ¿es verdad que el concepto del amor sentimental sólo puede existir entre jóvenes?   5.   Se puede definir la ironía como el dar a entender lo contrario de lo que se dice. Cite y comente Ud. un ejemplo del uso de ironía en este drama.

II. Descripción

A continuación se presenta una serie de frases cortas que describen a doña Laura. Después se combinan esas frases para hacer una sola frase larga que tiene el mismo sentido. Por el momento, vea Ud. este ejemplo:

Doña Laura es viejecita.
Tiene unos setenta años.
Es muy pulcra.
Tiene los cabellos blancos.
Sus manos son muy finas.
También son bien cuidadas.

La combinación: Doña Laura es una viejecita setentona, muy pulcra, de cabellos blancos y manos muy finas y bien cuidadas.

Ahora, combine Ud. estas frases para hacer una sola frase que describa a don Gonzalo.

Don Gonzalo es viejo.
Es contemporáneo de doña Laura.
Es un poco cascarrabias.

La combinación: ¿?

Finalmente, haga lo mismo con estas frases. Después, Ud. puede comparar sus frases con las del texto del drama.

> Don Gonzalo mira a doña Laura.
> Lo hace siempre con rabia.
> Se pone unas gafas prehistóricas.
> Saca un gran lente.
> Con el auxilio de toda esa cristalería se dispone a leer.

La combinación: ¿?

III. *Minidrama*

Con otra persona de la clase, prepare Ud. un breve drama sobre algún aspecto o concepto del drama de los Álvarez Quintero. Algunos temas posibles son:

1. Petra y Juanito observan y comentan lo que hacen los viejos.
2. Volvemos al pasado para ver lo que pasó la noche del desafío *(challenge, duel)*.
3. Llegamos a saber lo que hacían y decían Petra y Juanito mientras los viejos conversaban.

IV. *Opiniones y actitudes*

Explique Ud. a la clase o escriba un párrafo sobre uno de los temas siguientes:

1. El problema de las relaciones entre hombres y mujeres en el trabajo.
2. El problema más grande de los de mi generación.
3. Lo que se debe hacer en los casos de violación (rape).

V. *Situación*

Con un(a) compañero(a) de clase, presente Ud. un diálogo entre dos personas que discuten un caso de importunación *(harassment)* sexual en la oficina o en la universidad. Algunas de las cosas que pueden comentar en el diálogo son: ¿Qué pasó entre las dos personas (la víctima y su jefe)? ¿Debe la víctima indicar lo que pasó a las autoridades? ¿Por qué sí o por qué no? ¿Qué recursos existen para ayudar a las víctimas de la importunación sexual? ¿Por qué no quieren muchas personas indicar que han sido víctimas de la importunación? ¿Es más difícil que un hombre indique que ha sido víctima de la importunación sexual? ¿Por qué?

Diego Rodríquez de Silva y Velázquez

El famoso pintor, *Diego Rodríquez de Silva y Velázquez,* nació en Sevilla en 1599. Su padre era portugués y su madre sevillana, y ambos pertenecían a la aristocracia, hecho de bastante importancia puesto que Velázquez iba a ser no sólo pintor, sino también persona de mucha influencia en la corte de Felipe IV. A los once años Velázquez fue aprendiz de Francisco Pacheco, famoso profesor de pintura en Sevilla y consejero para la Inquisición en materia de arte. Aprendió mucho de su maestro, quien le impuso una disciplina severa aunque también dejó que el joven manifestara su originalidad y talento. Al terminar su aprendizaje, Diego se casó con la hija de Pacheco, Juana, y se estableció en Sevilla como padre de familia y pintor de retratos y de cuadros religiosos.

En aquella época ocurrieron hechos históricos que influyeron radicalmente en la vida de Velázquez. Llegó al trono Felipe IV, quien, como su padre, prefería dejar el gobierno del país en manos de otro. Así llegó al poder un noble sevillano, Don Gaspar de Guzmán, Conde-Duque de Olivares, y en poco tiempo se estableció en Madrid un grupo de sevillanos, muchos de los cuales eran amigos de Pacheco. Éste supo aprovechar la situación: en 1622 su yerno visitó Madrid por primera vez, llegó a conocer a algunos amigos de Olivares y pintó un retrato del famoso poeta Luis de Góngora. Un año más tarde, Olivares le mandó volver a la corte, lo presentó al Rey y le hizo pintar un retrato del soberano. De ahí en adelante, durante más de treinta y un años, Velázquez gozó de la protección y de la amistad del Rey, quien no sólo lo empleó como pintor, sino también como diplomático, y le confirió grandes honores. Aunque Velázquez recibió muchos favores reales durante su vida, nunca se envaneció por eso. El testimonio de sus contemporáneos confirma que era un amigo leal, buen padre de familia y un hombre noble, orgulloso, generoso y que sabía gozar de la vida. Cuando murió en 1660, a los sesenta y un años, el Rey escribió que se sentía abrumado por la pérdida de tan fiel vasallo y amigo.

Si las pinturas de El Greco reflejan su fervor místico y su pasión religiosa, las de Velázquez revelan su interés por el instante, la realidad inmediata y su deseo de fijarlos para siempre. Fiel a su concepto del realismo, el artista no lisonjea a sus modelos, sean nobles o humildes. Sin embargo, todos tienen una dignidad que hace que sus retratos sean una afirmación de la vida. Al captarlos en el instante, Velázquez los inmortaliza, así como al pintar las cosas más humildes y reales, las eleva al nivel de lo perdurable y eterno.

La vieja cocinera (1618)

Una de las contribuciones originales de Velázquez al arte fue su manera de dar
énfasis a las cosas que están en el primer plano de un cuadro al presentarlas
desde una perspectiva en la que se las ve desde arriba. En esta pintura, por
ejemplo, se ven desde arriba los objetos que están en la mesa o cerca de la cocinera, mientras lo demás—las dos figuras y lo que está detrás—se ve desde otra
perspectiva. ¿Cómo describiría Ud. a la cocinera? ¿Cuál sería la actitud del
pintor hacia ella? ¿Qué es lo que queda mejor definido en el cuadro—las cosas
o los seres humanos? ¿Puede nombrar algunas de las cosas que Ud. ve en el
retrato?

Esopo (1637–1640)

Según fuentes antiguas, el creador de las *Fábulas* era esclavo. También se decía que era feo y algo deformado. Según Vico en su *Scienza Nuova* (1725), Esopo representaba a los que eran compañeros y ayudantes de los héroes.

En la pintura se ve a la izquierda el cubo que se usaba para curtir pieles, una alusión a una de las fábulas en la que un rico llega a aceptar con ecuanimidad algo que le molesta—el olor de una curtiduría que se encuentra al lado de su casa. El libro que tiene Esopo en la mano es un ejemplar de las *Fábulas*.

En esta pintura Velázquez usa los matices de tres colores: el gris, el verde y el café. El rostro de Esopo es asimétrico, pero esto aumenta el interés cuando examinamos la magnífica ejecución del artista: es como si Velázquez quisiera definir el espíritu del personaje en la honestidad brutal de su retrato. El rostro de Esopo revela su sufrimiento, pero también su nobleza y, sobre todo, su dignidad.

¿Cómo compararía Ud. la cara de Esopo con la de la vieja cocinera? ¿Qué cualidades tienen en común?

Las Meninas (1656)

Sin duda *Las Meninas* es la pintura más famosa de Velázquez. Esta obra maestra presenta a la infanta Margarita rodeada de las meninas (las jóvenes nobles que la acompañaban), criadas, y otras personas. Velázquez mismo aparece a la izquierda, delante de un lienzo grande, y parece mirar al espectador, aunque en realidad está mirando a los reyes, cuyos retratos aparecen en un espejo en el fondo. Es una pintura compleja y enigmática y es más real que la realidad misma. Con razón se ha dicho que tal vez es la obra maestra de toda la pintura de todos los tiempos.

PARA COMENTAR

1. ¿Cuál de las pinturas de Velázquez le gusta más? ¿Por qué? (Describa lo que significa esa pintura para Ud.)

2. Muchos artistas han preferido pintar a los viejos. ¿Por qué les ha interesado pintar personas de edad?

3. ¿Puede Ud. comparar las pinturas de Velázquez con las que hemos visto de El Greco?

4. Escriba Ud. un ensayo sobre uno de los temas siguientes:

    a. Otra pintura de Velázquez que le gusta mucho. Incluya Ud. una foto de la pintura, analice el tema del cuadro y comente la técnica que ha empleado el artista.
    b. El problema de la barrera generacional *(generation gap)*.
    c. El uso de fondos públicos para apoyar las artes.

Costumbres y creencias

Una fiesta religiosa en Puno, Perú. Describa lo que está pasando en esta fiesta.

◱ ENFOQUE

Es probable que no haya tema tan fascinante para la mente y la imaginación del hombre como el de la muerte. Tanto en las tribus primitivas como en las sociedades más complejas se hallan explicaciones y teorías sobre el significado del fin de la vida. Los ritos, las supersticiones, las costumbres y las prácticas que se asocian con la muerte son tan innumerables como las canciones, las poesías y otras expresiones verbales que se dedican a ella.

En algunas sociedades se percibe la muerte como parte de un ciclo vinculado a la vida. Así la entendieron los aztecas, cuya cosmología y teología eran bastante complejas. En otras sociedades, como en la anglosajona, se trata de esconder o negar la muerte. Se emplean cosméticos de todo tipo para evitar enfrentar la realidad. (Se dice, por ejemplo, que una persona muerta «ya no está con nosotros», que «se ha ido».) En general, se puede decir que aunque todos los países cristianos comparten ciertos conceptos relacionados con la muerte (el concepto de la inmortalidad del alma, la esperanza de la redención por Cristo, etc.), la presencia de la muerte como cosa tangible y real en la vida es mucho más notable en los países hispánicos que en los anglosajones. A veces, en aquellos países, se hace presente la muerte en la vida diaria de una forma directa y simple. Por ejemplo, en México en el Día de los Muertos (el dos de noviembre), se ven dulces, pan y juguetes en forma de calaveras o esqueletos.

Como tema literario, la muerte y la inmortalidad son de suma importancia en el mundo hispánico. Aquí se incluyen dos ejemplos ilustrativos de la vitalidad de ese tema: algunas pinturas del gran pintor español Francisco de Goya y Lucientes y un cuento de Jorge Luis Borges, uno de los prosistas más brillantes de la América Hispana.

◱ VOCABULARIO ÚTIL

Estudie estas palabras.

Verbos

cerrar (ie)   to close
graduarse   to graduate
hallar   to find
instruir   to instruct
jugar (ue)   to play
veranear   to spend the summer

Sustantivos

el atardecer   dusk, twilight
el azúcar   sugar
el calor   heat
el capítulo   chapter
el colegio   school (usually a private school)

la cruz   cross
el, la estudiante   student
el hallazgo   discovery
la huelga   strike
el juego   game; gambling
el jugador   player
el lugar   place
la tarea   task, job
la taza   cup
   la tacita   little cup
el techo   roof
el trueno   thunder
el verano   summer

Otras palabras y expresiones

cerrar con llave   to lock

ANTICIPACIÓN

I. Complete Ud. con la forma correcta de una palabra apropiada del **Vocabulario útil**.

En los años cuando estaba en el _____, Baltasar era muy buen _____. Mientras los otros jóvenes _____ al fútbol, él _____ su puerta con llave y se preparaba una _____ de café con _____. No lo visitábamos mientras estaba en ese _____ porque sabíamos que estaba preparando sus _____ para el día siguiente. A pesar del calor del _____, no salía hasta el _____. No sé por qué no participó en los deportes: decían que era buen _____, pero no le gustaban los _____. Ya que se dedicó totalmente a sus estudios, _____ cuando sólo tenía quince años.

II. A continuación hay dos párrafos. Cada uno contiene una frase que no se relaciona directamente al tema del párrafo. Elimine Ud. la frase que no es necesaria, para que todas las frases sean coherentes y relacionadas al tema. Después, indique por qué ha eliminado la frase.

1. Espinosa expresaba ideas contradictorias. Veneraba a Francia, pero no le gustaban los franceses. Hablaba mal de los Estados Unidos y admiraba los rascacielos *(skyscrapers)* de Buenos Aires. No conocía otro país, pero eso no le importaba. Criticaba la Argentina, pero no quería que otros hicieran lo mismo.

2. Los Gómez vivían en un rancho y estaban tan aislados del resto del mundo que no tenían concepto de la geografía, la historia ni el tiempo. Además, eran analfabetos y por eso no podían aprender nada de los libros. Con frecuencia los viejos pierden la memoria o sólo tienen un concepto vago de las fechas. Los Gómez no sabían el año en que nacieron ni la distancia entre el rancho y la capital del país. Tampoco sabían nada del gobierno ni de la historia de su región.

III. Si Ud. no está de acuerdo con las siguientes afirmaciones, cámbielas para expresar su opinión personal.

1. Lo que dice la Biblia no es alegórico: se debe aceptarlo al pie de la letra *(literally)*.
2. Algunas ideas están en la sangre de uno: no son parte de la cultura, sino parte de la herencia biológica.
3. Si existe el cielo, uno lo gana por las buenas obras, no simplemente por la fe.
4. Lo que comunica un libro no depende del lector ni de otros factores exteriores: un libro es una cosa absoluta.
5. A veces lo mágico y lo milagroso tienen una base científica.

El Evangelio según Marcos

Jorge Luis Borges (1899–1987), escritor argentino que ha sido comparado con Kafka, Poe y Wells, crea en sus obras literarias un mundo fantástico e imaginario, independiente de un tiempo o un espacio específicos. Borges ha dicho que necesita alejar sus cuentos, situarlos en tiempos y espacios algo lejanos para liberar su imaginación y obrar con mayor libertad. Es un hombre sumamente intelectual para quien las ideas tienen vida y son capaces de provocar el asombro y el deleite del lector a través de sus ficciones.

Borges nació en Buenos Aires, de padres intelectuales de la clase media. Educado en la capital y en Ginebra, pasa luego tres años en España antes de regresar a Buenos Aires en 1921. En los años siguientes se distingue como poeta, pero es probable que la verdadera originalidad de Borges no esté ni en las poesías ni en la crítica literaria que publica en esos años, sino en las breves narraciones que aparecen en los años siguientes—entre 1930 y 1955—, especialmente en dos colecciones: *Ficciones* y *El Aleph*. Aunque en aquellos años los dos tomos no atrajeron mucha atención, después gozaron de fama mundial y situaron a Borges entre los escritores más importantes de nuestro tiempo.

En los cuentos de esa época Borges explora los temas que, según él, son básicos en toda literatura fantástica: la obra dentro de la obra, la contaminación de la realidad por el sueño, el viaje a través del tiempo y el concepto del doble. En ellos el orden se encuentra en la mente humana, mientras que la realidad exterior tiene cualidades caóticas y peligrosas. También se manifiesta, en esos cuentos, la condición absurda y tal vez heroica del hombre que lucha por imponer orden sobre el caos del mundo físico que lo rodea.

En este capítulo se presenta «El Evangelio según Marcos», cuento que, según Borges, se debe a un sueño y, como toda literatura, es un «sueño dirigido». En este caso, el sueño se basa en un pasaje de la Biblia, y en la narración que allí se hace del sacrificio de Cristo en la cruz, acto que asegura la salvación del alma del creyente y que se ha establecido como parte de la «intrahistoria» de los pueblos occidentales. Es un cuento que debe leerse con cuidado. Sólo el lector cuidadoso y detallista tendrá el placer de anticipar el fin dramático e inevitable que el autor ha preparado mediante la acumulación de indicios.

El hecho sucedió en la estancia La Colorada, en el partido de Junín, hacia el sur, en los últimos días del mes de marzo de 1928. Su protagonista fue un estudiante de medicina, Baltasar Espinosa. Podemos definirlo por ahora como uno de tantos muchachos porteños, sin otros rasgos dignos de nota que esa facultad oratoria que le había hecho merecer más de un premio en el colegio inglés de Ramos Mejía y que una casi ilimitada bondad. No le gustaba discutir; prefería que el interlocutor tuviera razón y no él. Aunque los azares del juego le interesaban, era un mal jugador, porque le desagradaba ganar. Su abierta inteligencia era perezosa; a los treinta y tres años le faltaba rendir una materia para graduarse, la que más

sucedió   *took place* /
partido   *township*

porteños   *from Buenos Aires*
rasgos   *characteristics*

discutir   *to argue*
azares   *risks*

perezosa   *lazy (undirected)*
rendir una materia   *to take
an exam on a course*

lo atraía. Su padre, que era librepensador, como todos los
15 señores de su época, lo había instruido en la doctrina de
Herbert Spencer,[1] pero su madre, antes de un viaje a
Montevideo, le pidió que todas las noches rezara el
Padrenuestro e hiciera la señal de la cruz. A lo largo de los
años no había quebrado nunca esa promesa. No carecía de
20 coraje; una mañana había cambiado, con más indiferencia
que ira, dos o tres puñetazos con un grupo de compañeros
que querían forzarlo a participar en una huelga universitaria. Abundaba, por espíritu de aquiescencia, en opiniones o hábitos discutibles; el país le importaba menos
25 que el riesgo de que en otras partes creyeran que usamos
plumas; veneraba a Francia pero menospreciaba a los
franceses; tenía en poco a los americanos, pero aprobaba
el hecho de que hubiera rascacielos en Buenos Aires;
creía que los gauchos de la llanura son mejores jinetes que
30 los de las cuchillas o los cerros. Cuando Daniel, su primo,
le propuso veranear en La Colorada, dijo inmediatamente
que sí, no porque le gustara el campo sino por natural
complacencia y porque no buscó razones válidas para
decir que no.[2]

35   El casco de la estancia era grande y un poco abandonado; las dependencias del capataz, que se llamaba Gutre,
estaban muy cerca. Los Gutres eran tres: el padre, el hijo,
que era singularmente tosco, y una muchacha de incierta
paternidad. Eran altos, fuertes, huesudos, de pelo que
40 tiraba a rojizo y de caras aindiadas. Casi no hablaban. La
mujer del capataz había muerto hace años.

    Espinosa, en el campo, fue aprendiendo cosas que no
sabía y que no sospechaba. Por ejemplo, que no hay que
galopar cuando uno se está acercando a las casas y que
45 nadie sale a andar a caballo sino para cumplir con una
tarea. Con el tiempo llegaría a distinguir los pájaros por
el grito.

    A los pocos días, Daniel tuvo que ausentarse a la
capital para cerrar una operación de animales. A lo sumo,
50 el negocio le tomaría una semana. Espinosa, que ya
estaba un poco harto de las *bonnes fortunes* de su primo y
de su infatigable interés por las variaciones de la sastrería,
prefirió quedarse en la estancia, con sus libros de texto. El
calor apretaba y ni siquiera la noche traía un alivio. En el
55 alba, los truenos lo despertaron. El viento zamarreaba las
casuarinas. Espinosa oyó las primeras gotas y dio gracias
a Dios. El aire frío vino de golpe. Esa tarde, el Salado se
desbordó.

    Al otro día, Baltasar Espinosa, mirando desde la
60 galería los campos anegados, pensó que la metáfora que
equipara la pampa[3] con el mar no era por lo menos esa

No... coraje He was not lacking in courage
ira anger / *puñetazos* punches
Abundaba... en He was full of
discutibles questionable
usamos plumas we wear feathers (we are Indians)
menospreciaba he scorned
tenía en poco he despised, thought little of
jinetes riders
cuchillas mountains

casco main house
dependencias quarters / *capataz* foreman
tosco uncouth
huesudos bony, big-boned / *que... rojizo* which had a reddish tinge / *aindiadas* Indian-looking

grito cry, call
operación deal / *A lo sumo* At most
harto tired, fed up / *bonnes fortunes* good fortune (with women)
sastrería men's fashions
apretaba was oppressive / *alivio* respite, relief
zamarreaba las casuarinas shook the Australian pines
de golpe suddenly / *el Salado* the Salado ("Salty") River / *se desbordó* overflowed
anegados flooded
equipara compares

mañana, del todo falsa, aunque Hudson[4] había dejado escrito que el mar nos parece más grande, porque lo vemos desde la cubierta del barco y no desde el caballo o
65 desde nuestra altura. La lluvia no cejaba; los Gutres, ayudados o incomodados por el pueblero, salvaron buena parte de la hacienda, aunque hubo muchos animales ahogados. Los caminos para llegar a La Colorada eran cuatro: a todos los cubrieron las aguas. Al tercer día, una
70 gotera amenazó la casa del capataz; Espinosa les dio una habitación que quedaba en el fondo, al lado del galpón de las herramientas. La mudanza los fue acercando; comían juntos en el gran comedor. El diálogo resultaba difícil; los Gutres, que sabían tantas cosas en materia de campo, no
75 sabían explicarlas. Una noche, Espinosa les preguntó si la gente guardaba algún recuerdo de los malones, cuando la comandancia estaba en Junín. Le dijeron que sí, pero lo mismo hubieran contestado a una pregunta sobre la ejecución de Carlos Primero. Espinosa recordó que su padre
80 solía decir que casi todos los casos de longevidad que se dan en el campo son casos de mala memoria o de un concepto vago de las fechas. Los gauchos suelen ignorar por igual el año en que nacieron y el nombre de quien los engendró.
85   En toda la casa no había otros libros que una serie de la revista *La Chacra,* un manual de veterinaria, un ejemplar de lujo de *Tabaré,* una *Historia del Shorthorn en la Argentina,* unos cuantos relatos eróticos o policiales y una novela reciente: *Don Segundo Sombra.*[5] Espinosa,
90 para distraer de algún modo la sobremesa inevitable, leyó un par de capítulos a los Gutres, que eran analfabetos. Desgraciadamente, el capataz había sido tropero y no le podían importar las andanzas de otro. Dijo que ese trabajo era liviano, que llevaban siempre un carguero con todo lo
95 que se precisa y que, de no haber sido tropero, no habría llegado nunca hasta la Laguna de Gómez, hasta el Bragado y hasta los campos de los Núñez, en Chacabuco. En la cocina había una guitarra; los peones, antes de los hechos que narro, se sentaban en rueda; alguien la tem-
100 plaba y no llegaba nunca a tocar. Esto se llamaba una guitarreada.
        Espinosa, que se había dejado crecer la barba, solía demorarse ante el espejo para mirar su cara cambiada y sonreía al pensar que en Buenos Aires aburriría a los
105 muchachos con el relato de la inundación del Salado. Curiosamente, extrañaba lugares a los que no iba nunca y no iría: una esquina de la calle Cabrera en la que hay un buzón, unos leones de mampostería en un portón de la calle Jujuy, a unas cuadras del Once, un almacén con piso

cubierta *deck*
cejaba *let up*
pueblero *city man*
hacienda *herd*
ahogados *drowned*

gotera *leak*
galpón de las herramientas *tool shed*
La... acercando *The move brought them closer together*

guardaba *held, kept* /
malones *Indian raids*
comandancia *frontier command*

chacra *farm*
de lujo *deluxe*

sobremesa *after-dinner conversation*
analfabetos *illiterate*
tropero *cattle driver*
andanzas *doings, activities*
carguero *packhorse*

en rueda *in a circle*
templaba *tuned*
guitarreada *guitarfest*

demorarse *linger, stop*

mampostería *concrete* /
portón *gateway*
almacén *store* / baldosa *tile*

110 de baldosa que no sabía muy bien donde estaba. En cuanto a sus hermanos y a su padre, ya sabrían por Daniel que estaba aislado—la palabra, etimológicamente, era justa[6]—por la creciente.

Explorando la casa, siempre cercada por las aguas,
115 dio con una Biblia en inglés. En las páginas finales los Guthrie—tal era su nombre genuino—habían dejado escrita su historia. Eran oriundos de Inverness, habían arribado a este continente, sin duda como peones, a principios del siglo diecinueve, y se habían cruzado con
120 indios. La crónica cesaba hacia mil ochocientos setenta y tantos; ya no sabían escribir. Al cabo de unas pocas generaciones habían olvidado el inglés; el castellano, cuando Espinosa los conoció, les daba trabajo. Carecían de fe, pero en su sangre perduraban, como rastros oscuros, el
125 duro fanatismo del calvinista[7] y las supersticiones del pampa. Espinosa les habló de su hallazgo y casi no escucharon.

Hojeó el volumen y sus dedos lo abrieron en el comienzo del Evangelio según Marcos. Para ejercitarse
130 en la traducción y acaso para ver si entendían algo, decidió leerles ese texto después de la comida. Le sorprendió que lo escucharan con atención y luego con callado interés. Acaso la presencia de las letras de oro en la tapa le diera más autoridad. Lo llevan en la sangre,
135 pensó. También se le ocurrió que los hombres, a lo largo del tiempo, han repetido siempre dos historias: la de un bajel perdido que busca por los mares mediterráneos una isla querida, y la de un dios que se hace crucificar en Gólgota.[8] Recordó las clases de elocución en Ramos
140 Mejía y se ponía de pie para predicar las parábolas.

Los Gutres despachaban la carne asada y las sardinas para no demorar el Evangelio.

Una corderita que la muchacha mimaba y adornaba con una cintita celeste se lastimó con un alambrado de
145 púa. Para parar la sangre, querían ponerle una telaraña; Espinosa la curó con unas pastillas. La gratitud que esa curación despertó no dejó de asombrarlo. Al principio, había desconfiado de los Gutres y había escondido en uno de sus libros los doscientos cuarenta pesos que llevaba
150 consigo; ahora, ausente el patrón, él había tomado su lugar y daba órdenes tímidas, que eran inmediatamente acatadas. Los Gutres lo seguían por las piezas y por el corredor, como si anduvieran perdidos. Mientras leía, notó que le retiraban las migas que él había dejado sobre
155 la mesa. Una tarde los sorprendió hablando de él con respeto y pocas palabras. Concluido el Evangelio según Marcos, quiso leer otro de los tres que faltaban; el padre

creciente *floodwaters*

dio con *he came across*

oriundos *natives*

Al cabo de *After*

perduraban *survived, remained*

pampa (m) *pampa Indian*

Hojeó *He leafed through*

tapa *cover*

a lo largo del *throughout*

bajel *ship*

predicar las parábolas *preach the parables*
despachaban *gulped down, dispatched*
corderita *lamb* / mimaba *pampered*
cintita celeste *light blue ribbon* / un… púa *strand of barbed wire*
telaraña *cobweb*
pastillas *pills*
desconfiado *distrusted*

acatadas *obeyed*

migas *crumbs*

le pidió que repitiera el que ya había leído, para entenderlo bien. Espinosa sintió que eran como niños, a
160 quienes la repetición les agrada más que la variación o la novedad. Una noche soñó con el Diluvio, lo cual no es de extrañar; los martillazos de la fabricación del arca lo despertaron y pensó que acaso eran truenos. En efecto, la lluvia, que había amainado, volvió a recrudecer. El frío
165 era intenso. Le dijeron que el temporal había roto el techo del galpón de las herramientas y que iban a mostrárselo cuando estuvieran arregladas las vigas. Ya no era un forastero y todos lo trataban con atención y casi lo mimaban. A ninguno le gustaba el café, pero había
170 siempre una tacita para él, que colmaban de azúcar.

El temporal ocurrió un martes. El jueves a la noche lo recordó un golpecito suave en la puerta que, por las dudas, él siempre cerraba con llave. Se levantó y abrió: era la muchacha. En la oscuridad no la vio, pero por los
175 pasos notó que estaba descalza y después, en el lecho, que había venido desde el fondo, desnuda. No lo abrazó, no dijo una sola palabra; se tendió junto a él y estaba temblando. Era la primera vez que conocía a un hombre. Cuando se fue, no le dio un beso; Espinosa pensó que ni
180 siquiera sabía cómo se llamaba. Urgido por una íntima razón que no trató de averiguar, juró que en Buenos Aires no le contaría a nadie esa historia.

El día siguiente comenzó como los anteriores, salvo que el padre habló con Espinosa y le preguntó si Cristo se
185 dejó matar para salvar a todos los hombres. Espinosa, que era librepensador pero que se vio obligado a justificar lo que les había leído, le contestó:

—Sí. Para salvar a todos del infierno.

Gutre le dijo entonces:
190 —¿Qué es el infierno?

—Un lugar bajo tierra donde las ánimas arderán y arderán.

—¿Y también se salvaron los que le clavaron los clavos?
195 —Sí—replicó Espinosa, cuya teología era incierta.

Había temido que el capataz le exigiera cuentas de lo ocurrido anoche con su hija. Después del almuerzo, le pidieron que releyera los últimos capítulos.

Espinosa durmió una siesta larga, un leve sueño
200 interrumpido por persistentes martillos y por vagas premoniciones. Hacia el atardecer se levantó y salió al corredor. Dijo como si pensara en voz alta:

—Las aguas están bajas. Ya falta poco.

—Ya falta poco—repitió Gutre, como un eco.
205 Los tres lo habían seguido. Hincados en el piso de

---

el Diluvio *the (biblical) Flood*
no es de extrañar *is not surprising* / martillazos *hammer blows*
acaso *maybe*
amainado *let up* / recrudecer *fall harder*
arregladas *fixed* / vigas *beams* / forastero *stranger*

colmaban de *(they) heaped with*
recordó *awakened*

pasos *footsteps* / lecho *bed*
fondo *back (of the house)*

Urgido *Motivated*

ánimas *souls* / arderán *will burn*
le... clavos *hammered in the nails*

le... ocurrido *would demand an accounting from him of what had taken place*

Ya falta poco *It won't be long now*
Hincados *Kneeling*

piedra le pidieron la bendición. Después lo maldijeron, lo escupieron y lo empujaron hasta el fondo. La muchacha lloraba. Espinosa entendió lo que le esperaba del otro lado de la puerta. Cuando la abrieron, vio el firmamento. 210 Un pájaro gritó; pensó: Es un jilguero. El galpón estaba sin techo; habían arrancado las vigas para construir la Cruz.

lo… empujaron *they cursed him, spat on him and shoved him*

jilguero *goldfinch* / galpón *shed* / arrancado *pulled down*

El informe de Brodie, 1970.

Notas Culturales

1   Herbert Spencer (1820–1903), filósofo inglés, fundador de la filosofía evolucionista. Postuló el concepto del darwinismo social, la sobrevivencia del más apto. Influido por Spencer, el filósofo francés Henri Bergson sugiere que ciertos mitos o ideas pueden perdurar en la sangre, en la raza. El hecho de que el fanatismo calvinista perdura en la sangre de los Gutres confirma las ideas de Bergson.

2   Normalmente los dueños de las grandes estancias viven en Buenos Aires y visitan sus estancias sólo de vez en cuando. Aparentemente Daniel y Baltasar tenían esa costumbre.

3   La pampa es un llano enorme, parecida a los «Great Plains» de los Estados Unidos. El gaucho se parece al «cowboy» norteamericano.

4   William Henry Hudson (1840–1922) escribió su obra en inglés, pero es famoso en la Argentina por la evocación nostálgica de la pampa bonaerense, escenario de los relatos y las obras autobiográficas del autor. Hudson nació en la pampa y pasó su infancia y adolescencia allí.

5   Esta lista de obras es típica de la técnica de Borges de vincular la «realidad» de la trama con la del mundo de las ideas. Cinco de las obras se relacionan con el ambiente de la pampa y la estancia, y reflejan varias actitudes hacia ese ambiente: la revista *La Chacra* refleja las actitudes y preocupaciones del estanciero; el manual de veterinaria, las actitudes de los científicos; *Tabaré* de Juan Zorrilla de San Martín, el punto de vista romántico, con su característico fatalismo; la *Historia del Shorthorn en la Argentina,* la perspectiva de los historiadores; y *Don Segundo Sombra* de Ricardo Güiraldes, la evocación del gaucho ideal.

6   La etimología de «aislado» sugiere la idea de «isla» y describe el estado del casco de la estancia después del diluvio.

7   Calvinista es el que acepta la teología de Jean Calvin (1509–1564), teólogo francés que mantuvo que la Biblia es la única fuente verdadera de la ley de Dios y que el deber del hombre es interpretarla y mantener el orden en el mundo. Según Calvin, sólo los elegidos de Dios pueden redimirse: la redención no puede ganarse por buenas obras. En el cuento, los Gutres aceptan al pie de la letra lo que dice la Biblia y creen que Espinosa es un elegido de Dios.

8 Las dos historias son: la *Odisea* de Homero, modelo de toda la poesía épica posterior, que sugiere la idea de la búsqueda del hombre, y la historia de Cristo, que se hace crucificar en el monte Gólgota para redimir a la humanidad, y que constituye, desde entonces, el ejemplo y prototipo ideal del hombre que se sacrifica por los demás.

Comprensión

1. ¿Dónde y cuándo tienen lugar los sucesos del cuento?   2. ¿Qué actitudes básicas de los padres de Baltasar Espinosa influyeron en su formación intelectual?   3. ¿Por qué viajó Espinosa a la estancia?   4. ¿Cómo eran los Gutres? 5. ¿Cómo llegó a aislarse la estancia?   6. ¿Por qué se mudaron los Gutres a la habitación que quedaba al lado del galpón de las herramientas?   7. ¿Qué sabían los Gutres de su pasado?   8. ¿Qué clase de libros y revistas había en la casa? 9. ¿Qué encontró Espinosa en las páginas finales de la Biblia de los Guthrie? 10. ¿Qué clase de creencia religiosa tenían los Gutres?   11. ¿Cómo reaccionaron los Gutres cuando Espinosa les leyó el Evangelio según Marcos? 12. ¿Cómo cambió la relación entre los Gutres y Espinosa?   13. ¿Qué pasó el jueves por la noche?   14. ¿Qué preguntas le hizo el padre de los Gutres a Espinosa al día siguiente?   15. ¿Qué le hicieron los Gutres a Espinosa cuando salió después de dormir la siesta?   16. ¿Qué le esperaba a Espinosa en el galpón?

EXPANSIÓN

I. Análisis literario

1. Con frecuencia, Borges indica en sus cuentos que las ideas que se expresan en un libro son capaces de cambiar el mundo real. ¿Refleja este cuento tal concepto?   2. ¿Cómo influyeron en las acciones de los Gutres los rastros del «duro fanatismo del calvinista y las supersticiones del pampa» que perduraban en su sangre?   3. Comente Ud. los paralelos que pueden establecerse entre la vida de Espinosa y la de Cristo.   4. Contraste Ud. la actitud religiosa de Espinosa con la de los Gutres.   5. ¿Cuál es el tema principal del cuento?

II. Reportaje

Ud. es periodista de Buenos Aires. Acaba de entrevistar a los Gutres sobre la muerte de Espinosa. Escriba un reportaje sobre lo que pasó, incluyendo:

1. una descripción de los Gutres.
2. cómo reaccionaron los Gutres al comienzo, cuando conocieron a Espinosa por primera vez.
3. por qué llegaron a respetar a Espinosa.
4. el «milagro» que vieron.
5. qué hicieron después de ver el milagro.
6. por qué el padre le hizo a Espinosa la pregunta sobre los que le clavaron los clavos a Cristo.
7. qué hicieron después de la siesta el día de la muerte de Espinosa.

8. cómo reaccionó Ud. como periodista y ciudadano *(citizen)* frente a los hechos que acaba de describir.

III. Minidrama

Con otra(s) persona(s) de la clase, presente un breve drama que se relacione al tema del cuento de Borges. Algunos temas posibles son:

1. En vez de decir que «sí», Espinosa contesta «no» cuando el padre de los Gutres le pregunta si los que le clavaron los clavos a Cristo también se salvaron. ¿Qué pasaría después?
2. El primo de Espinosa, Daniel, vuelve inesperadamente en el momento cuando van a crucificar a Espinosa.
3. Una familia que siempre ha vivido en un lugar remotísimo de Alaska, sin ninguna comunicación con el mundo exterior, toma al pie de la letra algo que un explorador les cuenta.

IV. Opiniones y actitudes

Explique Ud. a la clase o escriba un párrafo sobre uno de los temas siguientes:

1. El libro que más le ha gustado o influido.
2. Una idea que ha cambiado el mundo.
3. Un fenómeno sicológico que le interesa.

V. Situación

Con un(a) compañero(a) de clase, presente Ud. un diálogo entre dos personas. Una de las personas tiene hermano(a) gemelo(a) *(twin),* o conoce a unos gemelos. La otra persona le hace preguntas sobre ciertos fenómenos sicológicos que se han asociado con hermanos gemelos. Algunas preguntas posibles son: ¿Son idénticos(as) físicamente? ¿Tienen igual capacidad intelectual? ¿Se interesan por las mismas cosas o por cosas distintas? ¿Ha habido alguna clase de comunicación telepática entre Uds. o ellos? ¿Qué pasó en esas ocasiones? ¿Crees que los dos comparten *(share)* ciertas ideas o preferencias? Es decir, ¿crees que esas ideas o preferencias están en la sangre?

Francisco de Goya y Lucientes

Algunos creadores—músicos, pintores, escritores—producen sus mejores obras en su juventud y después repiten lo ya expresado o presentan obras de calidad inferior. Otros, en cambio, crean sus mejores obras en los últimos años de su vida: Shakespeare, Goethe, Beethoven, Verdi y El Greco, para citar sólo algunos ejemplos. A este grupo pertenece uno de los artistas más extraordinarios de todos los tiempos: *Francisco de Goya y Lucientes* (1746–1828).

Las primeras décadas de la vida de Goya son años de aprendizaje. Estudia con artistas conocidos, copia la obra de grandes pintores del pasado, viaja a Madrid y a Roma, se hace conocer entre la gente más influyente de la capital y recibe algunas comisiones que lo establecen como pintor de cierta importancia. En esta época su obra es esencialmente convencional y armoniza con la perspectiva de la realidad del siglo XVIII. Sin embargo, su continuo esfuerzo le hace ganar una competencia ante el rey y Goya se convierte en el retratista de las personas más importantes de la corte. Aunque llega a recibir todos los favores de la corte real, no se deja intimidar por el rango social de las personas que pinta: las retrata así como las ve su ojo penetrante y agudo. Lo curioso es que sus protectores no se dan por ofendidos y nunca le niegan su amparo, tal vez porque reconocen su genio.

Durante algunos años Goya vive como un típico cortesano, pero luego dos acontecimientos le transforman la vida: estalla la Revolución Francesa en 1789, y en 1792 una enfermedad inesperada por poco lo mata y lo deja sordo. Su obra, entonces, refleja el cambio producido por estos sucesos: en el futuro ya no será el pintor burgués de la corte sino el pintor del pueblo español. Así, ha sabido representar mejor que nadie los mitos y supersticiones y también comunicar la decadencia de una sociedad junto al tremendo sufrimiento del pueblo. Goya vuelve a sus raíces campesinas aragonesas para pintar lo español y lo universal.

En los últimos años de su vida Goya produce las obras que han de asegurarle su inmortalidad. En 1799 publica los famosos *Caprichos,* una serie de grabados cuyos temas son las supersticiones, la brujería, la corrupción y las pasiones diabólicas del pueblo. Cuando ya tiene más de setenta años, el artista da a conocer otra serie de grabados igualmente fuertes, los *Disparates.* En varias pinturas y en otra serie de grabados, *Los desastres de la guerra,* publicados en 1820, Goya muestra su reacción frente a la invasión de España por Napoleón en 1808. Su denuncia de la guerra, de un realismo horripilante, es la mejor expresión de la crueldad y del sufrimiento humanos. En los mismos años de su vida, su angustia personal le hace pintar en su casa del campo (Quinta del Sordo) una serie de «pinturas negras» en las que expresa todo el pesimismo, el nihilismo y lo absurdo en la vida del hombre. En todas estas obras, fruto de su vejez, Goya mejora su técnica y logra expresarse con una fuerza y originalidad incomparables.

La familia real de Carlos IV (1800)

En esta pintura Goya logra captar la esencia de la personalidad de cada uno de los miembros de la familia real. Por ejemplo, la reina María Luisa domina la pintura, así como supo dominar a su familia y a su país durante su vida. El rey, al contrario, se presenta como un hombre banal y su retrato casi es una caricatura. Como Velázquez en su pintura *Las Meninas,* Goya incluye a sí mismo, a la izquierda del cuadro. El autorretrato del artista está a la sombra, para que los espectadores no lo confundan con la familia real. La pintura es extraordinaria, no sólo por su composición, sino por la brillantez y la armonía de los colores.

El tres de mayo de 1808 en Madrid (circa 1814)

Tal vez no existe mayor protesta contra la crueldad de la guerra que esta pintura de Goya. El dos de mayo había rebelión en Madrid contra las tropas de Murat y la noche del tres de mayo las fuerzas francesas ejecutaron a muchos prisioneros rebeldes. Se cree que Goya era testigo de lo que pasó el tres de mayo. En la pintura se presentan varias reacciones y movimientos de los rebeldes que están para morirse. El horror es aumentado por las expresiones de los que esperan su turno y por la presencia de los cadáveres de los ya ejecutados. Por no mostrar la cara de los soldados franceses y por unificar el ritmo de sus cuerpos, Goya hace que el horror sea más impersonal e inhumano.

Saturno devorando a uno de sus hijos (1819–1823)

Esta pintura representa el mito romano de Saturno que devora a sus hijos. Saturno simboliza el Tiempo. En este cuadro su crueldad es obvia. ¿A quién devora el Tiempo? ¿Se puede decir que la pintura tiene valor alegórico? ¿Cuál sería la actitud del viejo Goya hacia el tiempo y hacia la muerte?

PARA COMENTAR

1. Refiriéndose a la pintura *El tres de mayo de 1808 en Madrid,* describa Ud. la diferencia entre las reacciones de las personas que están para morirse o que esperan su turno. ¿Cómo reaccionaría Ud. en tal circunstancia?

2. Picasso admiraba mucho la pintura *El tres de mayo de 1808 en Madrid.* Busque Ud. una foto de la pintura *Guernica* de Picasso y compárela con la pintura de Goya. Por ejemplo, ¿cómo logra Picasso mostrar el horror impersonal de la guerra?

3. Escriba Ud. un ensayo breve sobre uno de los temas siguientes:

   a. La crueldad y el horror de la guerra en los grabados *(engravings)* de *Los desastres de la guerra* de Goya. (Busque un ejemplar de esa obra en la biblioteca e incluya fotocopias de los grabados que Ud. va a analizar.)

   b. Como lo hizo Goya, muchos artistas o escritores han criticado la sociedad y han tratado de reformarla o cambiarla por medio de sus obras. ¿Qué artista o escritor ha hecho algo así en nuestros tiempos? ¿Qué criticó?

UNIDAD

7

Aspectos económicos de Hispanoamérica

Aunque el nivel de vida en Hispanoamérica se ha mejorado en la última década, todavía existe mucha pobreza. Describa las condiciones bajo las cuales la gente vive en este barrio.

▣ ENFOQUE

Hispanoamérica es riquísima en materias primas. Sin embargo, por varias razones históricas, hay muchos problemas económicos que todavía no se han resuelto y que siguen amenazando la estabilidad de muchas regiones.

Uno de los problemas más obvios es el de la pobreza. Este problema se manifiesta en lo que el antropólogo Oscar Lewis ha descrito como la «cultura de la pobreza», cultura que tiene ciertas características comunes y que se encuentra en casi todos los centros metropolitanos. La misma pobreza se encuentra en muchas regiones rurales, donde su efecto sobre el individuo no es menos desastroso.

Los factores que pueden explicar la pobreza de la gente del campo son diversos: la falta de tierra cultivable, la concentración de la tierra en manos de unos pocos propietarios, las adversas condiciones climáticas, la falta de educación de los campesinos, la poca variedad agrícola, la falta de capital para comprar maquinarias, los malos gobiernos, etc. El hecho es que, con pocas excepciones, el campesino todavía sufre la misma pobreza que sus padres y su situación de miseria provee campo fértil para los que proponen soluciones revolucionarias.

En México, el problema de la pobreza rural se hizo evidente en la Revolución de 1910, cuando los campesinos, especialmente los peones que siguieron a Emiliano Zapata, se rebelaron en favor de «pan y tierra». Esta lucha no terminó con la Revolución: todavía se presentan nuevos planes para distribuir la tierra y mejorar la condición de los hombres que viven en ella. Pero muchos campesinos, desilusionados ante la miseria que caracteriza la vida rural, han abandonado sus campos para ir a la ciudad (en donde, irónicamente, muchos han encontrado condiciones aún peores). Así es que la creación de una política que pueda aliviar la pobreza del campesino todavía es uno de los problemas que afrontan México y otros países de la América Hispana.

En México, primer país que en se siglo produjo una verdadera revolución social, los intelectuales se han dedicado a la investigación de las raíces de los problemas económicos y sociales y a la representación literaria y pictórica de las condiciones actuales. Buscan en el pasado la explicación del presente. El resultado ha sido la creación de una literatura y un arte principalmente dedicados al mejoramiento de la condición del obrero y del campesino. Su gran calidad y originalidad han merecido el aplauso universal.

Como ejemplos de esta labor extraordinaria se han seleccionado un cuento de Juan Rulfo que trata del tema de la pobreza y varios ejemplos de las pinturas murales de Diego Rivera, fecundo creador de la conciencia nacional mexicana.

▣ VOCABULARIO ÚTIL

Estudie estas palabras.

Verbos

abrazar   to embrace, hug

despertarse (ie)   to wake up, awaken

entretenerse   to entertain oneself

llevarse   to carry away, carry off

regalar   to give (a present)

Sustantivos

la cama   bed

la cuenta   account

el cuerno   horn (of an animal)

la gallina   hen

la inundación   flood

la madrugada   dawn

la oreja   ear

la orilla   bank (of a river, sea)

la pata   foot (of an animal)

la raíz   root

el ruido   noise

el seno   breast

el sonido   sound

el sueño   sleep

el vestido   dress

Otras palabras y expresiones

darse cuenta de   to realize

cumplir... años   to turn . . . (years old)

de repente   suddenly

poco a poco   little by little

ANTICIPACIÓN

I. Complete Ud. el siguiente diálogo, usando la forma correcta de palabras del **Vocabulario útil**.

PEPE   ¿Y cuándo supiste que hubo una inundación?

TACHA   Acababa de _____ diez años. Muy temprano por la mañana, a la _____, algo me despertó. También _____ mi hermano.

PEPE   ¿Qué te despertó?

TACHA   Era el _____ del agua del río. Mi hermano y yo _____ de que no era el sonido de siempre.

PEPE   ¿Qué hicieron Uds.?

TACHA   Saltamos de la _____ y fuimos a la _____ del río. Las _____ de mi tía habían desaparecido y desde la orilla vi las _____ de un animal que era llevado por la corriente. No le vi los _____ ni las _____ ni otra parte de la cabeza: solamente _____. Mañana _____ doce años y creo que mi padre me va a _____ una vaca. ¡Ojalá que a ella no le pase lo mismo!

II. En el siguiente párrafo las palabras subrayadas indican el orden de los acontecimientos. Sin entender lo que significan esas palabras, sería difícil comprender correctamente lo que pasa. Lea el párrafo y después, de la lista que se presenta a continuación, sustituya un sinónimo por cada palabra subrayada.

Sinónimos

de pronto	inmediatamente	primero
después	luego	un rato después
en aquel momento	mientras	tan pronto como
finalmente	por un rato	

Me desperté a las cinco de la mañana. En aquel instante (1) estaba soñando con mi tía, que murió la semana pasada. Unos minutos después (2) salí a la calle. Estaba oscuro; no se veía nada. Luego que (3) se acostumbraron mis ojos a la oscuridad, vi a algunos hombres que parecían buscar algo. Al mismo tiempo que (4) los miraba, me di cuenta de que alguien me hablaba. Reconocí la voz en seguida (5): era mi hermana. Me dijo que había desaparecido la vaca que mi padre le regaló para su cumpleaños. Al comienzo (6), no sabíamos qué hacer. Entonces (7) empezamos a buscarla en todas partes. Por último (8) llegamos a la orilla del río. De repente (9) mi hermana se puso a gritar: había visto la vaca en las aguas del río. Estaba muerta. Por algún tiempo (10) nos quedamos allí, abrazados, mirando las aguas sucias. Más tarde (11) volvimos a casa.

1. _____   5. _____   9. _____
2. _____   6. _____   10. _____
3. _____   7. _____   11. _____
4. _____   8. _____

III. Complete las frases siguientes expresando su opinión personal.

1. En los Estados Unidos, la pobreza se nota más…
2. La causa más importante de la pobreza es…
3. Uno de los aspectos de la pobreza es que…
4. Para aliviar *(alleviate)* la pobreza en nuestro país debemos…
5. En cuanto a los problemas económicos de los países del Tercer Mundo, creo que…

Es que somos muy pobres[1]

Juan Rulfo (1918–1986), nació durante la Revolución Mexicana, y de niño vivió en el pueblo de San Gabriel, estado de Jalisco. En la época colonial San Gabriel había gozado de alguna prosperidad, pero después empezó a decaer. Este proceso, visible también en muchos pueblos de la misma región, se aceleró después de la revolución. Rulfo indica que la región en que está San Gabriel es árida y desolada. La mayoría de la gente de esa región ha emigrado y la que todavía vive en los pequeños pueblos es gente pobre que se ha quedado para acompañar a sus muertos.

Uno de sus primeros recuerdos de niño fue una rebelión campesina (1926–1928) en la que murió su padre. Habían mandado al niño a Guadalajara para hacer sus estudios primarios. Seis años después, cuando murió su madre, fue enviado a un orfanato donde pasó varios años. Después de terminar sus estudios primarios, Rulfo estudió contabilidad, pero su progreso en esta carrera quedó interrumpido por una huelga general que clausuró las escuelas. Entonces, Rulfo tuvo que trasladarse a México (en 1933) para continuar sus estudios. Los dos años siguientes fueron difíciles. Sin dinero y sin nadie que lo ayudara, Rulfo vivía en la pobreza. Manteniéndose lo mejor que podía, estudió jurisprudencia y literatura. Finalmente, consiguió un empleo en el Departamento de Inmigración, puesto que ocupó hasta 1947, cuando pasó a la oficina de ventas de Goodrich Rubber. Después Rulfo trabajó para el gobierno, la televisión y el cine, hasta conseguir empleo en el Instituto Nacional Indigenista.

La obra literaria de Rulfo empezó en 1940, cuando escribió una novela extensa sobre la vida en la capital. El lenguaje retórico de la novela no le gustó y resolvió destruirla. Entonces se dedicó a crear un estilo simple, libre de afectación literaria. El resultado fue la colección de cuentos que publicó en 1953, *El llano en llamas*. El escenario de los cuentos es Jalisco, con todo su calor, aridez y soledad. Los personajes son la gente que recuerda Rulfo de su niñez, gente que conocía el sufrimiento, el amor, la violencia y la pobreza. Rulfo describe con profunda comprensión y simpatía su lucha perpetua contra la pobreza y la humillación.

Aquí todo va de mal en peor. La semana pasada se murió mi tía Jacinta, y el sábado, cuando ya la habíamos enterrado y comenzaba a bajársenos la tristeza, comenzó a llover como nunca. A mi papá eso le dio coraje, porque
5   toda la cosecha de cebada estaba asoleándose en el solar. Y el aguacero llegó de repente, en grandes olas de agua, sin darnos tiempo ni siquiera a esconder aunque fuera un manojo; lo único que pudimos hacer, todos los de mi casa, fue estarnos arrimados debajo del tejabán, viendo
10   cómo el agua fría que caía del cielo quemaba aquella cebada amarilla tan recién cortada.

Y apenas ayer, cuando mi hermana Tacha acababa de cumplir doce años, supimos que la vaca que mi papá le regaló para el día de su santo se la había llevado el río.

de mal en peor   *from bad to worse*

comenzaba… tristeza   *our sadness was beginning to go away*
le dio coraje   *made him mad*

aunque… manojo   *even a handful*

estarnos arrimados   *take shelter together* /
tejabán   *roof*

el día de su santo   *patron saint's day*

15   El río comenzó a crecer hace tres noches, a eso de la
madrugada. Yo estaba muy dormido y, sin embargo, el
estruendo que traía el río al arrastrarse me hizo despertar
en seguida y pegar el brinco de la cama con mi cobija en
la mano, como si hubiera creído que se estaba derrum-
20 bando el techo de mi casa. Pero después me volví a
dormir, porque reconocí el sonido del río y porque ese
sonido se fue haciendo igual hasta traerme otra vez el
sueño.
       Cuando me levanté, la mañana estaba llena de nubla-
25 zones y parecía que había seguido lloviendo sin parar. Se
notaba en que el ruido del río era más fuerte y se oía más
cerca. Se olía, como se huele una quemazón, el olor a
podrido del agua revuelta.
       A la hora en que me fui a asomar, el río ya había
30 perdido sus orillas. Iba subiendo poco a poco por la calle
real, y estaba metiéndose a toda prisa en la casa de esa
mujer que le dicen *La Tambora*. El chapaleo del agua se
oía al entrar por el corral y al salir en grandes chorros por
la puerta. *La Tambora* iba y venía caminando por lo que
35 era ya un pedazo de río, echando a la calle sus gallinas
para que se fueran a esconder a algún lugar donde no les
llegara la corriente.
       Y por el otro lado, por donde está el recodo, el río se
debía de haber llevado, quién sabe desde cuándo, el tama-
40 rindo que estaba en el solar de mi tía Jacinta, porque ahora
ya no se ve ningún tamarindo. Era el único que había en
el pueblo, y por eso nomás la gente se da cuenta de que la
creciente esta que vemos es la más grande de todas las que
ha bajado el río en muchos años.
45   Mi hermana y yo volvimos a ir por la tarde a mirar
aquel amontonadero de agua que cada vez se hace más
espesa y oscura y que pasa ya muy por encima de donde
debe estar el puente. Allí nos estuvimos horas y horas sin
cansarnos viendo la cosa aquella. Después nos subimos
50 por la barranca, porque queríamos oír bien lo que decía la
gente, pues abajo, junto al río, hay un gran ruidazal y sólo
se ven las bocas de muchos que se abren y se cierran y
como que quieren decir algo; pero no se oye nada. Por eso
nos subimos por la barranca, donde también hay gente
55 mirando el río y contando los perjuicios que ha hecho.
Allí fue donde supimos que el río se había llevado a *la
Serpentina*, la vaca esa que era de mi hermana Tacha
porque mi papá se la regaló para el día de su cumpleaños
y que tenía una oreja blanca y otra colorada y muy bonitos
60 ojos.
       No acabo de saber por qué se le ocurriría a *la Serpen-
tina* pasar el río este, cuando sabía que no era el mismo

crecer	*rise*
estruendo	*clamor* / al arras-
trarse	*as it dragged by*
pegar el brinco	*jump, leap* /
cobija	*blanket*
derrumbando	*falling in*
nublazones	*big, dark clouds*
quemazón	*fire* / el…
podrido	*the rotten smell* /
revuelta	*stirred up*
asomar	*take a look*
perdido sus orillas	*over-*
	flowed its banks
real	*main* / a toda prisa
	rapidly
tambora	*bass drum* /
chapaleo	*splashing*
chorros	*streams*
recodo	*bend*
tamarindo	*tamarind tree*
por eso nomás	*from that*
	alone
la creciente esta	*this flood*
amontonadero	*enormous*
	pile, hoard
espesa	*thick* / muy… de
	high above
barranca	*ravine*
ruidazal	*roaring*
perjuicios	*damage*
No… saber	*I still don't*
	know

río que ella conocía de a diario. *La Serpentina* nunca fue
tan atarantada. Lo más seguro es que ha de haber venido
65 dormida para dejarse matar así nomás por nomás. A mí
muchas veces me tocó despertarla cuando le abría la
puerta del corral, porque si no, de su cuenta, allí se
hubiera estado el día entero con los ojos cerrados, bien
quieta y suspirando, como se oye suspirar a las vacas
70 cuando duermen.

Y aquí ha de haber sucedido eso de que se durmió.
Tal vez se le ocurrió despertar al sentir que el agua pesada
le golpeaba las costillas. Tal vez entonces se asustó y trató
de regresar; pero al volverse se encontró entreverada y
75 acalambrada entre aquella agua negra y dura como tierra
corrediza. Tal vez bramó pidiendo que la ayudaran.
Bramó como sólo Dios sabe cómo.

Yo le pregunté a un señor que vio cuando la arrastraba el río si no había visto también al becerrito que
80 andaba con ella. Pero el hombre dijo que no sabía si lo
había visto. Sólo dijo que la vaca manchada pasó patas
arriba muy cerquita de donde él estaba y que allí dio una
voltereta y luego no volvió a ver ni los cuernos ni las patas
ni ninguna señal de vaca. Por el río rodaban muchos
85 troncos de árboles con todo y raíces y él estaba muy
ocupado en sacar leña, de modo que no podía fijarse si
eran animales o troncos los que arrastraba.

Nomás por eso, no sabemos si el becerro está vivo, o
si se fue detrás de su madre río abajo. Si así fue, que Dios
90 los ampare a los dos.

La apuración que tienen en mi casa es lo que pueda
suceder el día de mañana, ahora que mi hermana Tacha se
quedó sin nada. Porque mi papá con muchos trabajos
había conseguido a *la Serpentina,* desde que era una
95 vaquilla, para dársela a mi hermana, con el fin de que ella
tuviera un capitalito y no se fuera a ir de piruja como lo
hicieron mis otras dos hermanas las más grandes.

Según mi papá, ellas se habían echado a perder
porque éramos muy pobres en mi casa y ellas eran muy
100 retobadas. Desde chiquillas ya eran rezongonas. Y tan
luego que crecieron les dio por andar con hombres de lo
peor, que les enseñaron cosas malas. Ellas aprendieron
pronto y entendían muy bien los chiflidos, cuando las
llamaban a altas horas de la noche. Después salían hasta
105 de día. Iban cada rato por agua al río y a veces, cuando
uno menos se lo esperaba, allí estaban en el corral, revolcándose en el suelo, todas encueradas y cada una con un
hombre trepado encima.

Entonces mi papá las corrió a las dos. Primero les
110 aguantó todo lo que pudo; pero más tarde ya no pudo

---

de a diario *from everyday life*

atarantada *silly*

así… nomás *just like that*

me tocó *it was my lot, I had to*

de su cuenta *on her own*

quieta *still* / suspirando *sighing*

Y… durmió. *And what must have happened is that she fell asleep.*

costillas *ribs* / se asustó *she got scared*

entreverada y acalambrada *bogged down and with a cramp*

corrediza *moving* / bramó *(she) bellowed*

becerrito *little calf*

manchada *spotted*

patas arriba *legs up*

dio una voltereta *it turned over*

rodaban *rolled*

con… raíces *roots and all*

leña *firewood*

Nomás por eso *Just for that reason*

ampare *protect*

apuración *concern*

vaquilla *heifer*

capitalito *little bit of money* / ir de piruja *go out as a prostitute*

se… perder *they had become bad, were ruined*

retobadas *wild* / rezongonas *sassy*

les dio por andar *they took to going around*

chiflidos *whistles*

altas *late*

revolcándose *rolling*

encueradas *naked*

trepado encima *mounted on top*

las corrió *chased them away*

aguantarlas más y les dio carrera para la calle. Ellas se fueron para Ayutla o no sé para dónde; pero andan de pirujas.

115 Por eso le entra la mortificación a mi papá, ahora por la Tacha, que no quiere vaya a resultar como sus otras dos hermanas, al sentir que se quedó muy pobre viendo la falta de su vaca, viendo que ya no va a tener con qué entretenerse mientras le da por crecer y pueda casarse con un hombre bueno, que la pueda querer para siempre. Y
120 eso ahora va estar difícil. Con la vaca era distinto, pues no hubiera faltado quién se hiciera el ánimo de casarse con ella, sólo por llevarse también aquella vaca tan bonita.

La única esperanza que nos queda es que el becerro
125 esté todavía vivo. Ojalá no se le haya ocurrido pasar el río detrás de su madre. Porque si así fue, mi hermana Tacha está tantito así de retirado de hacerse piruja. Y mamá no quiere.

Mi mamá no sabe por qué Dios la ha castigado tanto
130 al darle unas hijas de ese modo, cuando en su familia, desde su abuela para acá, nunca ha habido gente mala. Todos fueron criados en el temor de Dios y eran muy obedientes y no le cometían irreverencias a nadie. Todos fueron por el estilo. Quién sabe de dónde les vendría a ese
135 par de hijas suyas aquel mal ejemplo. Ella no se acuerda. Le da vuelta a todos sus recuerdos y no ve claro dónde estuvo su mal o el pecado de nacerle una hija tras otra con la misma mala costumbre. No se acuerda. Y cada vez que piensa en ellas, llora y dice: «Que Dios las ampare a las
140 dos».

Pero mi papá alega que aquello ya no tiene remedio. La peligrosa es la que queda aquí, la Tacha, que va como palo de ocote crece y crece y que ya tiene unos comienzos de senos que prometen ser como los de sus hermanas:
145 puntiagudos y altos y medio alborotados para llamar la atención.

—Sí—dice—, llenará los ojos a cualquiera donde quiera que la vean. Y acabará mal; como que estoy viendo que acabará mal.
150 Ésa es la mortificación de mi papá.

Y Tacha llora al sentir que su vaca no volverá porque se la ha matado el río. Está aquí, a mi lado, con su vestido color de rosa, mirando el río desde la barranca y sin dejar de llorar. Por su cara corren chorretes de agua sucia como
155 si el río se hubiera metido dentro de ella.

Yo la abrazo tratando de consolarla, pero ella no entiende. Llora con más ganas. De su boca sale un ruido semejante al que se arrastra por las orillas del río, que la

les... calle *he chased them down the street*
andan de *they are*

con... crecer *anything to occupy herself with while she grows up*

se... de *would be willing to*

tantito... retirado *just this far away*

castigado *punished*

por el estilo *that way*

Le da vuelta a *She turns over*

alega *affirms, maintains*
va... crece *keeps right on growing like a pine tree*

puntiagudos *pointed /*
alborotados *stirred up*

acabará *she'll wind up*

chorretes *little streams*
metido *entered*

semejante... arrastra *similar to the sound which drags*

hace temblar y sacudirse todita, y, mientras, la creciente
160 sigue subiendo. El sabor a podrido que viene de allá
salpica la cara mojada de Tacha y los dos pechitos de ella
se mueven de arriba abajo, sin parar, como si de repente
comenzaran a hincharse para empezar a trabajar por su
perdición.[2]
165

sacudirse	*tremble*
sabor a podrido	*rotten smell*
salpica	*splashes* / mojada *wet*
hincharse	*swell*

El llano en llamas, 1953.

Notas Culturales

[1]   En las «culturas de la pobreza», como las que existen en México y otros países,
una de las posibles reacciones del pueblo es aceptar como inevitable lo que no
pueden cambiar. Muchos mexicanos, ante una realidad que les parece poco
flexible, adoptan una actitud fatalista. En este cuento, la expresión «Es que…»
del título sugiere cierto fatalismo: parece decir que «Así es la vida. No hay nada
que hacer». En los Estados Unidos, tal vez por tradición cultural y especialmente
por las mejores condiciones económicas, no se nota tanto esta actitud. Histórica-
mente siempre se ha creído en el progreso y se ha expresado la creencia en la
eficacia del esfuerzo del individuo para superar sus circunstancias económicas y
sociales.

[2]   Es notable también en este cuento la relación que existe entre el individuo y las
cosas, entre la persona y sus posesiones: el destino de Tacha está tan unido a la
vida de su vaca y su becerro que se puede decir que está determinado por ellos.
Inclusive los pechitos de Tacha la amenazan, porque inexorablemente la condu-
cirán a la prostitución. Su tragedia, que se vincula a las fuerzas ciegas de la naturaleza, parece inevitable y Tacha no tendrá más remedio que resignarse a su
destino.

Comprensión

1.   ¿Cuántos años tiene Tacha?   2.   ¿Cómo llegó Tacha a recibir la vaca?
3.   ¿Qué le ha pasado a la vaca?   4.   ¿Qué olor tiene el agua del río?
5.   ¿Adónde fueron el narrador y su hermana para mirar el río?   6.   ¿Por qué no
podían entender lo que decía la gente?   7.   ¿Se sabe lo que le pasó al becerro?
8.   ¿Qué dice el narrador al pensar en los dos animales muertos?   9.   ¿Por qué
le dio su padre la vaca a Tacha?   10.   ¿Qué les había pasado a las dos hermanas
mayores?   11.   ¿Cuál fue la actitud del padre ante lo que habían hecho las dos
hermanas?   12.   ¿De qué tiene miedo el padre ahora que se ha perdido la
vaca?   13.   ¿Qué esperanza les queda?   14.   ¿Entiende la madre por qué le han
resultado tan malas las dos hijas?   15.   ¿Qué dice al pensar en ellas?   16.   ¿Por
qué es peligroso para Tacha su propio cuerpo?   17.   ¿Cuál es la reacción de Tacha
al sentir que su vaca no volverá?   18.   ¿Cómo describe el narrador las lágrimas de
ella?   19.   ¿Qué tipo de ruido hace Tacha al llorar?   20.   ¿Por qué menciona
Rulfo los pechitos de Tacha al final?

EXPANSIÓN

I. Análisis literario

1. Con frecuencia, Rulfo, imitando el uso popular, coloca el adjetivo demostrativo después del sustantivo a que se refiere. Dice, por ejemplo, «la creciente esta» en vez de «esta creciente». Busque Ud. dos ejemplos más de ese uso.   2.   En el primer párrafo, ¿qué importancia tiene la muerte de la tía Jacinta en comparación con otras pérdidas que ocurrieron esa misma semana?   3.   Describa Ud. el río y el proceso de la inundación.   4.   Al comentar la pérdida de la vaca y su becerro, dice el narrador: «Si así fue, que Dios los ampare a los dos». ¿Quién repite casi la misma frase?   5.   Los animales son arrastrados por el río. ¿Qué arrastra a las hermanas? 6.   Al final del cuento, ¿cómo se unen la descripción de Tacha y la de la naturaleza?   7.   Aunque este cuento trata de una situación regionalista, ¿tiene aspectos o ideas universales? ¿Cuáles son?

II. Composición

Escriba Ud. un párrafo que se relacione al cuento «Es que somos muy pobres» o a alguna parte del cuento. Use por lo menos cinco de las palabras o expresiones siguientes:

antes	en seguida	poco después
de pronto	luego	primero
después	mientras	tan pronto como
en cuanto		

III. Minidrama

Con otra(s) persona(s) de la clase, presente un breve drama sobre el tema de la pobreza. Algunos temas posibles son:

1. Varios jóvenes discuten el efecto de la pobreza en sus familias.
2. Tacha y su familia: diez años después de la pérdida de la vaca.
3. Tacha y su familia están discutiendo la pérdida de la vaca cuando llega un tío de Tacha con buenas noticias: ¡el padre de Tacha ha ganado la lotería nacional!

IV. Opiniones y actitudes

Explique Ud. a la clase o escriba un párrafo sobre uno de los temas siguientes:

1. Los problemas económicos que enfrentamos hoy día.
2. El efecto de la pobreza en nuestras ciudades.
3. Como se debe reformar la asistencia social (welfare).

V. Situación

Presente Ud. a la clase el diálogo siguiente: Ud. y un(a) compañero(a) de clase discuten lo que piensan hacer después de graduarse. Algunas preguntas posibles que

Uds. se pueden hacer: ¿Qué tipo de trabajo vas a buscar? ¿Es difícil encontrar la clase de empleo que vas a buscar? ¿Hay mucha competencia para puestos? ¿Tienes experiencia en ese tipo de trabajo? ¿Cuánto esperas ganar? ¿Cuál es tu meta *(goal)* profesional? ¿Es necesario vivir en cierta región del país si encuentras ese tipo de empleo? ¿Te gustaría vivir allí?

Diego Rivera

Diego Rivera (1887–1959) es uno de los artistas mexicanos más famosos de la época de la Revolución de 1910. La revolución influyó mucho en los artistas de este tiempo y provocó un gran cambio en las artes. Los líderes de la revolución utilizaron el arte pictórico para ponerse en contacto con un pueblo que en su mayoría era analfabeto. De ese modo podían hablar con el pueblo, ofrecerles su ayuda en la lucha, indicarles sus metas y hacerlos conscientes de su valor como ciudadanos de una gran nación. Los temas del arte de esta época son sociales y revolucionarios: la pobreza, las condiciones de trabajo, la reforma agraria y los problemas de la gente común—el obrero, el indio y el campesino.

La expresión más típica de este arte se encuentra en las pinturas murales de los edificios públicos de México, pinturas grandes y, por lo general, realistas. La creación de estas obras ha sido apoyada desde 1922 por el gobierno. En ese año, David Alfaro Siqueiros, otro gran muralista mexicano, dijo que la misión de la pintura social en México era crear obras de gran tamaño y de un realismo absoluto, con nuevas técnicas para atraer la atención del pueblo.

Diego Rivera es tal vez el artista que mejor cumplió con la misión social de los muralistas. En su juventud, el entusiasmo de Rivera por la revolución le inspiró un profundo interés por conocer la historia de su pueblo. Viajó a todas partes, estudiando todos los aspectos de su patria: sus maravillosos monumentos y artefactos precolombinos; su historia; sus mitos, leyendas y tradiciones; su flora y fauna y, sobre todo, su gente. Rivera vio a sus compatriotas con los ojos de un humanista que quería dar expresión tanto al sufrimiento y dolor de entonces como a la grandeza del pasado prehispánico. También vivió en Europa, donde pasó unos quince años estudiando la larga tradición del arte europeo. El resultado de su ardua labor se manifestó en las grandes obras que produjo entre 1922 y 1959. Su obra maestra es una serie de pinturas murales en el Palacio Nacional de México, cuyo tema es el conflicto entre el indio y el español. Por primera vez en la historia del arte un artista buscó representar la épica mexicana, y al hacerlo Rivera dejó a la pintura posterior un estilo original, compuesto de lo mexicano y lo moderno, lo tradicional y lo experimental. No sólo logró comunicar el mensaje de la revolución, sino que estableció la importancia del muralismo mexicano en la historia del arte.

Escuela Nacional de Agricultura en Chapingo, México. Photo courtesy of OAS.

Florecimiento de la Revolución

Entre 1926 y 1927 pintó Rivera más de cuarenta pinturas murales en la capilla de la Escuela Nacional de Agricultura en Chapingo. Todas representan, en forma simbólica, el concepto del mundo del artista e incluyen un comentario sobre la revolución social.

En esta pintura se ve que la muerte del joven revolucionario hace florecer el árbol que está en el fondo. Es decir, el sacrificio del joven libera la tierra de sus opresores. ¿Qué piensa Ud. de tales sacrificios? ¿Se puede justificarlos a veces? ¿Cuándo?

Escuela Nacional de Agricultura en Chapingo, México. Photo courtesy of OAS.

El triunfo de la Revolución

Los peones que siguieron a Emiliano Zapata durante la Revolución Mexicana se rebelaron a favor de «pan y tierra». Después de la Revolución empezaron a distribuir la tierra y las cosechas, como se puede ver en esta pintura de Rivera.

   ¿Cómo se visten los campesinos? ¿Se visten igual los hombres que están más cerca de la mesa? Descríbalos.

Rivera, Diego. Open Air
School. *1932. Lithograph,
printed in black. Comp:
12½" × 16⅜". Collec-
tion, The Museum of
Modern Art, New York.
Gift of Abby Aldrich
Rockefeller.*

Escuela al aire libre

Una de las metas de la revolución era combatir la pobreza y el analfabetismo
mediante la educación. Los primeros ejemplos del arte mural y algunas de las
mejores obras posteriores se hallan en instituciones educativas. Ya que la
mayoría de la población de México no vivía en las ciudades, se reconocía la necesidad de llevar la educación al campo. En este cuadro vemos a una de las maes-
tras rurales que enseñaban a los campesinos allí donde se encontraban: al aire
libre, en el campo.

   ¿Quiénes son los alumnos de la escuela? ¿Cuántas generaciones se pueden
observar en este cuadro?

PARA COMENTAR

1. Según lo que hemos visto en las pinturas de Rivera, ¿cuáles son algunos de los problemas que existen en el campo mexicano? ¿Qué soluciones ofrece el pintor?

2. ¿Cómo se puede comparar el tema de «Es que somos muy pobres» con la temática de una de las pinturas de Rivera?

3. Describa en sus propias palabras el uso de los elementos alegóricos en la literatura y el arte mexicanos.

4. En México, la sociedad influye muchísimo en el arte y la literatura. Comente esta observación, refiriéndose a las obras que ha estudiado.

5. Escriba Ud. un ensayo breve sobre uno de los temas siguientes:

   a. Una película que critica algún aspecto—racial, social, político, económico—de nuestra sociedad.
   b. La responsabilidad social del artista o del escritor. (¿Basta el arte por el arte o debe tener el artista o el escritor una misión social?)
   c. Lo que se debe hacer para mejorar las condiciones económicas en nuestro país.

8

Los movimientos revolucionarios del siglo XX

)) *Una demostración política en Managua, Nicaragua. ¿Ha participado Ud. en una demostración?*

◙ ENFOQUE

La pobreza, la injusticia y la desesperanza son condiciones que pueden producir conflictos y rebelión. Las grandes revoluciones hispanoamericanas del siglo XX—la mexicana en 1910, la boliviana en 1952 y la cubana de 1959—tuvieron una base popular, compuesta de gente que creía que el gobierno no representaba sus intereses. En la revolución mexicana de 1910, por ejemplo, Pancho Villa y Emiliano Zapata fueron apoyados por peones que buscaban escapar de la pobreza en que vivían. En nuestros días los líderes todavía necesitan el apoyo de la gente de las clases obreras si quieren producir verdaderos cambios revolucionarios.

Los medios de comunicación han llevado a la atención de las clases bajas la existencia de una enorme diferencia entre su nivel de vida y el de las clases media y alta. Han aumentado las expectativas tanto del obrero como del campesino. Puesto que pocos gobiernos han podido satisfacer estas expectativas, la posibilidad de una reacción violenta ha aumentado todavía más. Esta situación tiene su aspecto irónico, ya que los gobiernos han entendido bien la importancia de los medios de comunicación y los han utilizado para conseguir el apoyo o, por lo menos, la aceptación del pueblo.

La literatura ha ayudado a atacar las malas condiciones sociales y económicas y a describir la violencia que puede resultar de situaciones intolerables. El cuento que se incluye aquí, «Un día de estos», del escritor colombiano Gabriel García Márquez, ejemplifica las posibilidades literarias del tema de la violencia. A continuación, en la obra de los grandes pintores Orozco y Siqueiros, se verá cómo se desarrolla el mismo tema en la pintura mural de México.

◙ VOCABULARIO ÚTIL

Estudie estas palabras.

Verbos

afeitar   to shave
pedalear   to pedal
pulir   to polish
sacar   to take out
servirse de (i)   to use

Sustantivos

el alcalde   mayor
la barba   beard
el brazo   arm
el diente   tooth
la escupidera   spittoon
la fresa   drill
el gabinete   office

la gaveta   drawer
la lágrima   tear
la mandíbula   jaw
la muela   molar
el olor   odor
la silla   chair
el sillón   chair, armchair

Adjetivos

anterior   previous

Otras palabras y expresiones

pegar un tiro   to shoot
sala de espera   waiting room

ANTICIPACIÓN

I. Complete Ud. con la forma apropriada de una palabra del **Vocabulario útil**.

EMILIO   ¿Cómo fue tu visita al dentista?

CLARA   Bueno, llegué un poco antes de las ocho y tuve que esperar en la _____. Me dijo la recepcionista que el _____ había llegado inesperadamente. Tenía la _____ toda hinchada *(swollen)* porque tenía una _____ dañada *(defective)*.

EMILIO   ¿Lo viste entonces?

CLARA   En ese momento, no, pero la señorita me dijo que el dentista no quiso recibirlo, pero el alcalde le dijo que si no lo recibía, le iba a _____.

EMILIO   ¡Qué barbaridad!

CLARA   Tú sabes cómo es. Además, todo el mundo sabe que el dentista y él son enemigos políticos.

EMILIO   Sí. Me han dicho que el dentista le tiene miedo y por eso tiene un revólver en la _____ de una mesa en su _____. Ha dicho el dentista que _____ del revólver si fuera necesario.

CLARA   Es verdad. Pero en esa ocasión no pasó nada. Después de un rato salió el alcalde. Era obvio que no se había _____ por varios días, porque tenía la _____ muy larga. El dentista le había _____ la muela y el pobre tenía _____ en los ojos. No dijimos nada y él salió en seguida. Creo que tenía vergüenza *(he was ashamed)*.

II. Para aprender a leer más rápido, es importante tratar de adivinar *(guess)* lo que significa una palabra desconocida, según el contexto en que aparece. Pensando en el contexto, trate de adivinar el significado de las palabras subrayadas.

1. Don Aurelio nunca estudió en la universidad y por eso era dentista sin <u>título</u>.

    a. title   b. document   c. degree

2. Parecía no pensar en lo que hacía, pero trabajaba con obstinación, pedaleando en la fresa <u>incluso</u> cuando no se servía de ella.

    a. even   b. including   c. inclusive

3. El dentista abrió por completo la gaveta <u>inferior</u> de la mesa. Allí estaba el revólver.

    a. inferior   b. lower   c. middle

4. Movió el sillón hasta quedar <u>de frente a</u> la puerta, esperando a su enemigo.

    a. back to   b. facing   c. with his front to

5. El dentista le movió la mandíbula con una cautelosa <u>presión</u> de los dedos.

    a. apprehension   b. pension   c. pressure

6. El alcalde vio la muela <u>a través de</u> las lágrimas.

    a. crossing   b. through   c. traversing

7. Él buscó su dinero en el <u>bolsillo</u> del pantalón.

a. pocket   b. purse   c. bag

III. Complete las siguientes frases para indicar cómo reacciona Ud. cuando tiene que visitar al dentista.

1. Si tengo que esperar mucho tiempo en la sala de espera,…
2. En cuanto a la música que se oye en el gabinete del dentista…
3. Cuando se acerca el dentista con la fresa en la mano,…
4. Para distraerme *(distract myself),* trato de pensar en…
5. Al salir del gabinete siempre me siento…

Un día de estos

Gabriel García Márquez nació en 1928 en Aracataca, un pueblo pequeño en la costa del Caribe, en Colombia. Allí vivió unos ocho años, en la casa de sus abuelos, mientras sus padres vivían en otra parte. Muchos años más tarde, el autor había de recordar esos años como la época más importante de su vida. Su abuelo le contaba historias de la Guerra de Mil Días (1899–1902) y del legendario General Uribe Uribe, historias que el escritor utilizaría después en su famosísima novela *Cien años de soledad*, donde el General se transforma en la figura del Coronel Aureliano Buendía. Su abuela le contaba muchas cosas sobrenaturales, pero siempre lo hacía en un tono ordinario, como si lo irreal fuera natural. Así de ella aprendió el niño una técnica para narrar cosas que ya de adulto caracterizaría varias de sus obras literarias. La cultura de Aracataca refleja la de la costa: en parte es africana y en parte es hispánica, una mezcla que hace que sea única y exótica. Allí lo real parece ser fantástico y lo fantástico se acepta a veces como real, de modo que muchas de las percepciones de García Márquez en sus novelas se basan en una realidad vívida, ya que son parte de la cultura que lo rodeaba de niño.

Después de la muerte de su abuelo, sus padres mandaron al joven a Barranquilla y después a Zipaquirá, un pueblo cerca de Bogotá, para su educación secundaria. Después estudió leyes, primero en Bogotá y después en Cartagena. Pero en esos años empezó a escribir cuentos y a leer vorazmente, especialmente obras de Kafka y Faulkner. También se hizo periodista, escribiendo primero para *El Universal* de Cartagena y, después, para *El Heraldo* de Barranquilla y *El Espectador* de Bogotá. En 1955 el gobierno hizo que se cerrara *El Espectador*. García Márquez se encontraba en Europa, donde era corresponsal del periódico. Sin fondos ni empleo, se quedó tres años en Europa, escribiendo dos novelas en París y haciendo varios viajes. En 1958 volvió a Colombia y se casó. Después de la revolución cubana en 1959, trabajó para la *Prensa Latina* de Cuba en Bogotá, La Habana y Nueva York.

Durante esos años, García Márquez publicó tres novelas (*La hojarasca, La mala hora* y *El coronel no tiene quien le escriba*) y los cuentos que se incluyen en la colección *Los funerales de la Mamá Grande*.

En 1961 vivía en México, donde en los años siguientes escribió guiones para el cine con el famoso escritor mexicano Carlos Fuentes. En enero de 1965 salía para Acapulco con su familia de vacaciones, y en el camino se le ocurrió cómo contar *Cien años de soledad*. Volvió a México y durante dos años se dedicó completamente a la creación de esa novela.

La publicación de *Cien años de soledad* en 1967 constituyó un fenómeno extraordinario. En seguida la novela se hizo popular, tanto entre los críticos como entre los lectores generales. Ya han aparecido casi cincuenta ediciones en español y se ha traducido la novela a casi todos los idiomas del mundo. García Márquez recibió el Premio Nobel en literatura (1982). Pero no le ha gustado mucho el renombre, ya que esencialmente es un hombre modesto y tímido. Es una novela que tiene muchos niveles de interpretación: se puede estudiarla como síntesis de la cultura occidental, como resumen de la historia hispanoamericana o como novela regional. Casi todos los críticos han indicado que es la novela más importante que ha aparecido en Hispanoamérica.

En años recientes, García Márquez ha publicado otras novelas (*El otoño del patriarca, Crónica de una muerte anunciada, El amor en los tiempos del cólera* y *El general en su laberinto*), otro volumen de cuentos (*La increíble y triste historia de la cándida Eréndira y de su abuela desalmada*) y varios libros de reportaje y de ensayos.

El cuento que se incluye aquí, «Un día de estos», fue publicado en 1962, en *Los funerales de la Mamá Grande*. La acción tiene lugar en Macondo, pueblo imaginario que también es el pueblo de *Cien años de soledad*. Es un cuento que refleja tanto el humor sardónico del autor como su preocupación por la violencia que, desgraciadamente, ha caracterizado varias épocas de la historia colombiana.

El lunes amaneció tibio y sin lluvia. Don Aurelio Escovar, dentista sin título y buen madrugador, abrió su gabinete a las seis. Sacó de la vidriera una dentadura postiza montada aún en el molde de yeso y puso sobre la
5 mesa un puñado de instrumentos que ordenó de mayor a menor, como en una exposición. Llevaba una camisa a rayas, sin cuello, cerrada arriba con un botón dorado, y los pantalones sostenidos con cargadores elásticos. Era rígido, enjuto, con una mirada que raras veces corres-
10 pondía a la situación, como la mirada de los sordos.

Cuando tuvo las cosas dispuestas sobre la mesa rodó la fresa hacia el sillón de resortes y se sentó a pulir la dentadura postiza. Parecía no pensar en lo que hacía, pero trabajaba con obstinación, pedaleando en la fresa incluso
15 cuando no se servía de ella.

Después de las ocho hizo una pausa para mirar el cielo por la ventana y vio dos gallinazos pensativos que se secaban al sol en el caballete de la casa vecina. Siguió trabajando con la idea de que antes del almuerzo volvería
20 a llover. La voz destemplada de su hijo de once años lo sacó de su abstracción.

—Papá.

—Qué.

—Dice el alcalde que si le sacas una muela.
25 —Dile que no estoy aquí.

Estaba puliendo un diente de oro. Lo retiró a la distancia del brazo y lo examinó con los ojos a medio cerrar. En la salita de espera volvió a gritar su hijo.

—Dice que sí estás porque te está oyendo.
30 El dentista siguió examinando el diente. Sólo cuando lo puso en la mesa con los trabajos terminados, dijo.

—Mejor.

Volvió a operar la fresa. De una cajita de cartón

---

tibio *warm*

madrugador *early riser*

vidriera *glass case* /

dentadura postiza *set of false teeth*

yeso *plaster*

puñado *handful*

exposición *display*

a rayas *striped* / dorado *golden*

sostenidos… elásticos *held up by suspenders*

enjuto *skinny*

sordos *deaf people*

dispuestas *arranged* /

rodó *pushed, moved*

sillón de resortes *(fig.) dental chair*

gallinazos *buzzards*

se secaban *were drying themselves* / caballete *ridge of a roof*

destemplada *shrill*

a medio cerrar *half closed*

cajita de cartón *small cardboard box*

donde guardaba las cosas por hacer, sacó un puente de
35 varias piezas y empezó a pulir el oro.
    —Papá.
    —Qué.
    Aún no había cambiado de expresión.
    —Dice que si no le sacas la muela te pega un tiro.
40 Sin apresurarse, con un movimiento extremadamente
    tranquilo, dejó de pedalear en la fresa, la retiró del sillón
    y abrió por completo la gaveta inferior de la mesa. Allí
    estaba el revólver.
    —Bueno —dijo—. Dile que venga a pegármelo.
45 Hizo girar el sillón hasta quedar de frente a la puerta,
    la mano apoyada en el borde de la gaveta. El alcalde
    apareció en el umbral. Se había afeitado la mejilla
    izquierda, pero en la otra, hinchada y dolorida, tenía una
    barba de cinco días. El dentista vio en sus ojos marchitos
50 muchas noches de desesperación. Cerró la gaveta con la
    punta de los dedos y dijo suavemente:
    —Siéntese.
    —Buenos días —dijo el alcalde.
    —Buenos —dijo el dentista.
55 Mientras hervían los instrumentos, el alcalde apoyó
    el cráneo en el cabezal de la silla y se sintió mejor. Respi-
    raba un olor glacial. Era un gabinete pobre: una vieja silla
    de madera, la fresa de pedal, y una vidriera con pomos de
    loza. Frente a la silla, una ventana con un cancel de tela
60 hasta la altura de un hombre. Cuando sintió que el
    dentista se acercaba, el alcalde afirmó los talones y abrió
    la boca.
    Don Aurelio Escovar le movió la cara hacia la luz.
    Después de observar la muela dañada, ajustó la mandí-
65 bula con una cautelosa presión de los dedos.
    —Tiene que ser sin anestesia —dijo.
    —¿Por qué?
    —Porque tiene un absceso.
    El alcalde lo miró en los ojos.
70 —Está bien —dijo, y trató de sonreír. El dentista no
    le correspondió. Llevó a la mesa de trabajo la cacerola
    con los instrumentos hervidos y los sacó del agua con
    unas pinzas frías, todavía sin apresurarse. Después rodó
    la escupidera con la punta del zapato y fue a lavarse las
75 manos en el aguamanil. Hizo todo sin mirar al alcalde.
    Pero el alcalde no lo perdió de vista.
    Era una cordal inferior. El dentista abrió las piernas
    y apretó la muela con el gatillo caliente. El alcalde se
    aferró en las barras de la silla, descargó toda su fuerza en
80 los pies y sintió un vacío helado en los riñones, pero no

Sin apresurarse	*Without hurrying*
Hizo girar	*He rolled*
borde	*edge*
hinchada y dolorida	*swollen and painful*
hervían	*were boiling*
cráneo	*skull* / cabezal *headrest*
pomos de loza	*ceramic bottles*
cancel de tela	*cloth curtain*
afirmó los talones	*dug in his heels*
dañada	*defective (infected)*
presión	*pressure*
no le correspondió	*did not answer him in kind* / cacerola *basin*
pinzas	*forceps, tweezers*
punta	*tip*
aguamanil	*washbasin*
no... vista	*didn't take his eyes off him*
cordal	*wisdom tooth*
apretó	*grasped* / gatillo *forceps*
se aferró... barras	*clasped the arms* / descargó... pies *pushed down on his feet with all his strength*
vacío helado	*icy void* / riñones *kidneys*

soltó un suspiro. El dentista sólo movió la muñeca. Sin rencor, más bien con una amarga ternura, dijo:

—Aquí nos paga veinte muertos, teniente.

85 El alcalde sintió un crujido de huesos en la mandíbula y sus ojos se llenaron de lágrimas. Pero no suspiró hasta que no sintió salir la muela. Entonces la vio a través de las lágrimas. Le pareció tan extraña a su dolor, que no pudo entender la tortura de sus cinco noches anteriores. Inclinado sobre la escupidera, sudoroso, jadeante, se desabotonó la guerrera y buscó a tientas el pañuelo en el bolsillo del pantalón. El dentista le dio un trapo limpio.

—Séquese las lágrimas —dijo.

El alcalde lo hizo. Estaba temblando. Mientras el dentista se lavaba las manos, vio el cielorraso desfondado y una telaraña polvorienta con huevos de araña e insectos muertos. El dentista regresó secándose las manos.

—Acuéstese —dijo— y haga buches de agua de sal—. El alcalde se puso de pie, se despidió con un displicente saludo militar, y se dirigió a la puerta estirando las piernas, sin abotonarse la guerrera.

100 —Me pasa la cuenta —dijo.

—¿A usted o al municipio?

El alcalde no lo miró. Cerró la puerta, y dijo, a través de la red metálica.

105 —Es la misma vaina.

Glosario:

no... suspiro *didn't even emit a sigh*
amarga ternura *bitter tenderness*
crujido de huesos *crunch of bones*
extraña *alien, foreign*
sudoroso, jadeante *sweating, panting*
guerrera *tunic* / buscó... pañuelo *felt for his handkerchief*
trapo *rag*
cielorraso *ceiling* / desfondado *crumbling*
telaraña... araña *dusty cobweb with spider's eggs*
haga... sal *gargle with salt water*
displicente *peevish*
Me... cuenta *Send me the bill*
red metálica *screen*
vaina *thing*

Nota Cultural

«Un día de estos» se publicó en 1962 en la colección de cuentos *Los funerales de la Mamá Grande*. El ambiente del cuento refleja las guerras fratricidas que caracterizaron las luchas entre liberales y conservadores en Colombia entre 1948 y 1958. «La Violencia», como dicen los colombianos al referirse a esas guerras, tuvo un efecto profundo en todo el país, aun en los pueblos más pequeños, como vemos en este cuento de García Márquez.

Comprensión

1. ¿A qué hora abrió don Aurelio su gabinete? 2. ¿Qué hizo después de arreglar sus instrumentos? 3. ¿Qué anuncia el hijo de don Aurelio? 4. ¿Cómo reacciona el dentista al saber que el alcalde ha llegado? 5. ¿De qué sufre el alcalde? 6. ¿Cómo amenaza *(threatens)* el alcalde al dentista? 7. ¿Qué busca el dentista antes de dejar entrar al alcalde? 8. Después de sentarse, el alcalde se siente mejor. Pero, ¿cómo reacciona al sentir que se acerca el dentista? 9. Según el dentista, ¿por qué tiene que sacar la muela sin anestesia? 10. ¿Qué hace el alcalde mientras el dentista hace los preparativos para sacarle la muela? 11. ¿Qué dice el dentista justo antes de sacarla? 12. ¿Cómo reacciona el dentista al ver las

lágrimas del otro?   13.   El alcalde trata de esconder la debilidad *(weakness)* que ha mostrado durante la operación. ¿Cómo lo hace?   14.   ¿Cómo sabemos que el alcalde tiene un control absoluto sobre el pueblo?

EXPANSIÓN

I. Análisis literario

1.   El lector puede identificarse fácilmente con las reacciones del alcalde durante su visita al dentista. Mencione Ud. algunas de las reacciones con las cuales Ud. se identifica.   2.   A otro nivel, el cuento puede interpretarse como una lucha política. Indique cómo entra la política en el cuento.   3.   Ud. ya sabe que el machismo es muy importante como fenómeno sociosicológico en el mundo hispánico. ¿Cómo utiliza García Márquez ese concepto en su cuento?   4.   ¿Con cuál de los dos hombres se identifica más el autor? Explique su respuesta.   5.   «Un día de estos» es un cuento en el cual se dice menos de lo que realmente pasa. Es decir, hay cosas que están pasando que no se expresan explícitamente en el texto. Comente Ud. sobre esa observación.

II.   Descripción

Escriba dos párrafos sobre cómo reacciona Ud. cuando tiene que visitar al dentista. En el primer párrafo, describa cómo se siente, en qué piensa y lo que hace mientras espera el turno en la sala de espera. En el segundo, describa cómo se siente, en qué piensa y lo que hace mientras el dentista le arregla un diente. También puede indicar cómo reacciona Ud. al salir del gabinete. Aquí tiene Ud. algunas palabras que le pueden ser útiles para su descripción.

agarrar to grasp	**encía** gum (of the mouth)
ahogarse to choke	**hacerle daño a uno** to hurt someone
alivio relief	**incómodo, -a** uncomfortable
ayudante *m or f* assistant	**lengua** tongue
	nervioso, -a nervous
doler (ue) to hurt (a tooth, for example)	**recepcionista** *m or f* receptionist
	revista magazine
empastar to fill (a tooth)	**saliva** saliva
empaste *m* filling	**tragar** to swallow

III. Minidrama

Con otra(s) persona(s) de la clase, presente Ud. un breve drama sobre el tema de una visita al (a la) dentista. Algunos temas posibles son:

1.   Mientras el (la) dentista le empasta un diente a una persona, le hace preguntas filosóficas o políticas que no tienen contestación simple. La pobre persona trata de responder.
2.   Una persona visita a un (una) dentista por primera vez. El (La) dentista parece ser muy competente y la persona se siente tranquila mientras el (la)

dentista le da la anestesia. Pero mientras el (la) dentista le arregla el diente, la persona lo (la) reconoce. Es…

3. Tres personas están sentadas en la sala de espera de un (una) dentista. Empiezan a conversar. Una de las personas es estoica: no siente ningún dolor mientras el (la) dentista le arregla los dientes. Otra, que fue recepcionista de un dentista, menciona cosas terribles que vio en esa época de su vida. La tercera tiene mucho miedo cuando tiene que ir al dentista. En cierto momento, oyen gritar a la persona que está en el gabinete con el (la) dentista.

IV. *Opiniones y actitudes*

Explique Ud. a la clase o escriba un párrafo sobre uno de los temas siguientes:

1. Como influyen los medios de comunicación en la política.
2. Aspectos positivos (negativos) del derecho de la libertad de la palabra en nuestro país.
3. La violencia en nuestro país. ¿Es un rasgo de nuestra cultura? ¿Qué causas tiene? ¿Qué podemos hacer para disminuirla *(reduce it)*?

V. *Situación*

Con un(a) compañero(a) de clase, presenten a la clase un diálogo en el cual discuten la cuestión de la libertad de la prensa. Uno de Uds. cree que hay muchos abusos de esa libertad y cita el ejemplo de reportajes *(reports)* extensos sobre la historia sexual de los políticos, cosa que parece surgir *(emerge)* en casi todas las campañas políticas hoy día y que refleja nuestra tradición puritana. El (Ella) cree que se presta demasiada atención a eso, ya que el país enfrenta problemas mucho más graves y la prensa debe interesarse más por esos problemas. El otro, al contrario, cree que es justo hacer caso de ese aspecto de la vida de un político. Para él (ella) no es cuestión de actitudes puritanas. Se debe explorar todo aspecto de la personalidad y del carácter de un candidato, ya que eso puede indicar si se puede tener confianza en la persona. Una persona que es inmoral en su vida personal también sería capaz de ser inmoral como político.

José Clemente Orozco y David Alfaro Siqueiros

Las cualidades que se asocian con la obra de *José Clemente Orozco* (1883–1949), uno de los tres grandes pintores del muralismo mexicano, son la austeridad, la soledad y la sobriedad. Presenta un mundo sombrío de drama y de luto, un mundo cruel y caótico. Orozco nació en Jalisco (como Juan Rulfo, autor cuya obra ya se ha visto), uno de los estados más pobres de México. Pasó sus años formativos en la ciudad de México. Durante los agitados años de la revolución Orozco creó una serie de caricaturas en las que criticaba varios aspectos de la revolución que él había observado personalmente cuando luchó en ella con las fuerzas de Carranza. En las décadas siguientes, Orozco se dedicó al muralismo, creando extraordinarias pinturas murales tanto en los Estados Unidos como en su país.

Hay ciertos temas que se repiten con frecuencia en la obra de Orozco: la desigualdad, la corrupción y la crueldad; la venalidad y la falsedad de muchos líderes del pueblo; la sumisión nada heroica de las masas que sufren o mueren por ideales que no comprenden y la ingratitud de la humanidad para su mesías, sea Cristo o Quetzalcóatl. Sin embargo, su visión no es totalmente pesimista. Así por ejemplo, el Prometeo de su pintura *Hombre en llamas* sugiere que algún día ha de nacer un hombre nuevo y puro que tal vez justifique la humanidad. Así es que se puede afirmar que Orozco añade al humanismo del muralismo mexicano un aspecto místico que da a su obra una cualidad única.

De los tres grandes pintores del muralismo mexicano, sólo *David Alfaro Siqueiros* (1896–1974) dedicó gran parte de su vida a las luchas políticas y económicas. Participó personalmente en los movimientos sindicales y luchó en favor de las fuerzas revolucionarias, en México y en España. Siendo estudiante de arte fue encarcelado por su participación en una huelga estudiantil violenta en 1910. En los años siguientes el pintor sufrió períodos de encarcelamiento o de destierro (voluntario o forzado) por su participación en actividades políticas controversiales. Se le ha criticado este aspecto de su vida, ya que no hay duda de que la cantidad, si no la calidad, de su producción artística sufrió como resultado. Pero los mismos móviles de las actividades políticas de Siqueiros—su energía, su dinamismo, su entusiasmo y su agresividad—también resultaron en las grandes innovaciones técnicas con que él contribuyó a la pintura mural. Éstas incluyen la proyección de las figuras hacia adelante, contornos que parecen querer salir de la pared; el énfasis en la acción, en el movimiento; el uso simultáneo de diferentes texturas; el uso de equipos de pintores que emplean aparatos y materiales modernos para trabajar; y el uso de colores y formas con vida propia. La temática de Siqueiros es siempre social: el sufrimiento de la clase obrera; el conflicto entre el socialismo y el capitalismo; el conflicto armado provocado por la desesperación del pueblo ante la corrupción y la decadencia de la sociedad burguesa. Para Siqueiros su arte era como un arma que podría utilizarse en favor del progreso de su pueblo y como un grito capaz de hacer rebelar a los que siempre habían sufrido la injusticia y la miseria.

La trinchera (1923–1924)

En esta pintura, que es de la serie que pintó Orozco para la Escuela Preparatoria, el artista retrata la muerte de manera directa, sencilla y austera. Decriba Ud. la pintura, indicando el tema y el uso de las formas geométricas que se encuentran en ella.

Hombre en llamas (1938–1939)

Aunque el mundo que retrató Orozco en el Hospicio Cabañas de Guadalajara es aparentemente negativo—un mundo en el que triunfan la injusticia, la traición y la corrupción—, en la cúpula del Hospicio representó el pintor una visión puramente espiritual, tremendista, de la creación en las llamas de un hombre nuevo y purificado que tal vez había de justificar la humanidad. El tema se vincula al concepto azteca del hombre que debe ser sacrificado para que siga brillando el sol sobre la humanidad. ¿Cómo describiría Ud. el movimiento de la pintura? ¿Qué relación hay entre la pintura y el edificio?

UNIDAD

9

La educación en el mundo hispánico

*Unos estudiantes charlando
delante de la facultad de ciencias
de la Universidad Complutense en
Madrid.*

▣ ENFOQUE

Aunque hay muchas variaciones en los sistemas de enseñanza en los países hispanoamericanos, se puede dar una idea general de su organización.

Los estudiantes asisten a la escuela primaria desde los seis años hasta los doce. Esta enseñanza es gratuita y obligatoria, y al terminarla se recibe un certificado de sexto grado. Las materias generalmente son: idioma, matemáticas elementales, estudios sociales, ciencias naturales, ciudadanía, higiene y estética (arte y música). Con frecuencia, también hay cursos de desarrollo moral y social, pero no se incluyen materias como la gimnasia y la práctica de la música o del arte en el programa de estudios. Es necesario aprobar todas las materias para pasar de un año a otro.

La próxima etapa es la de los colegios o liceos. La enseñanza secundaria generalmente se divide en dos ciclos que suman cinco o seis años en total. El primer ciclo termina en el bachillerato elemental o general y el segundo en el bachillerato. Sólo los estudiantes que piensan entrar en la universidad siguen el segundo ciclo, que representa una preparación más especializada para una carrera profesional.

Las universidades se dividen en «facultades» que equivalen más o menos a las «escuelas» profesionales de las universidades norteamericanas, con la diferencia de que se hacen responsables de la enseñanza total del estudiante. Así hay profesores de inglés o castellano en la Facultad de Medicina y otros en la Facultad de Ingeniería. Las universidades principales se sitúan en las capitales de los varios países y como el resto del sistema escolar, se organizan al nivel nacional. A veces las facultades se encuentran en varias partes de la ciudad en vez de tener un centro geográfico donde se encuentran todas las facultades. Pero algunas universidades—la Universidad Nacional Autónoma de México es un caso notable—sí tienen tal centro y en ese sentido se parecen a los «campuses» de las universidades norteamericanas.

En esta unidad se presenta el testimonio de Domitila Barrios de Chungara, cuyas experiencias en la escuela primaria en Bolivia nos permiten entender las dificultades que tienen que enfrentar los niños pobres que quieren asistir a la escuela primaria. En la sección sobre arte se presenta un ensayo sobre la Ciudad Universitaria, sitio de la Universidad Nacional Autónoma de México (UNAM), una de las universidades más espléndidas del mundo. La originalidad y belleza de su arquitectura y el valor artístico de sus numerosos murales son una afirmación de los valores nacionales y una inspiración para los jóvenes que allí se educan.

▣ VOCABULARIO ÚTIL

Estudie estas palabras.

Verbos

agarrar to grasp
arreglarse to take care of oneself

atender to take care of, tend to
cargar to carry
castigar to punish

cocinar to cook
criar to raise
distraer to distract
encender (ie) to light
lavar to wash
pegar to hit
planchar to iron

el rincón corner
el (la) soltero(a) single man (woman)
el trato deal, pact
la vivienda house, dwelling

Sustantivos

el alimento food
la barriga belly
el gerente manager
la pieza room

Adjetivos

descalzo, -a barefoot
deprimido, -a depressed

Otras palabras y expresiones

de (banco) en (banco) from (bench) to (bench)
echar llave a to lock

ANTICIPACIÓN

I. Los siguientes diminutivos aparecen en el trozo de «Si me permiten hablar…» Aunque con frecuencia el diminutivo indica el tamaño o la cantidad de una cosa, también puede expresar cariño, humor, lástima, ironía, etc. ¿Cómo se puede traducir los diminutivos siguientes?

cajoncito
corredorcito
chiquito, -a

hermanito, -a
otrito, -a
pequeñito, -a

pobrecito, -a
poquito, -a

II. Complete Ud. el siguiente párrafo con la forma apropiada de las palabras o expresiones del **Vocabulario útil** o con la forma correcta de un diminutivo.

Enrique es _____ y nunca se casó. Por eso, dice, él tuvo que _____ solo y él mismo _____ el alimento y _____ y _____ la ropa. Su casa no es grande; al contrario, es _____. Sus padres se murieron y vive con Fernando su _____ que sólo tiene cinco años. Enrique lo cuida bien y casi nunca lo _____. Ya que no tienen dinero, a veces los dos han tenido que ir _____ casa _____ casa mendigando *(begging)*. Debido a su pobreza, los dos no tienen zapatos: andan _____. Y por la mañana sólo toman café con un _____ de azúcar.

III. Si Ud. no está de acuerdo con las siguientes afirmaciones, cámbielas para expresar su opinión personal.

1. En mi ciudad no es necesario echar llave a la casa antes de salir para pasar el día.
2. Creo que en las escuelas los maestros no deben tener el derecho de pegar a los alumnos.

3. Si la barriga de un chiquito es grande, eso siempre indica que come demasiado.
4. Me siento deprimido(a) cuando no hay alimento en casa.
5. Para cruzar la calle, uno debe agarrar al niño por el cabello.
6. En la vivienda de mis padres solamente hay una pieza.

Si me permiten hablar...

Domitila Barrios de Chungara nació en 1937 en un campamento minero en los Andes bolivianos. El campamento se llamaba el Siglo XX. Como otras familias de la región, la familia de ella conocía la opresión política y la pobreza. Barrios de Chungara se crió en Pulacayo, un pueblo pequeño, pero después de casarse volvió al Siglo XX. Allí fundó el Comité de Amas de Casa *(housewives)* del Siglo XX, organización que se dedica a mejorar la vida de las mujeres y sus familias.

El trozo de «Si me permiten hablar...» que se presenta a continuación es parte de una historia oral escrita en colaboración con Moema Viezzer, que conoció a Domitila Barrios de Chungara en 1975 en una tribuna organizada por las Naciones Unidas como parte del Año Internacional de la Mujer. En el trozo, Barrios de Chungara revela cómo tenía que luchar para educarse en la escuela primaria. Es testimonio de una mujer cuyo coraje supo vencer grandes dificultades y nos revela los grandes obstáculos y los prejuicios que han tenido que enfrentar las mujeres en nuestros tiempos.

Bueno, en el 54 me fue difícil regresar a la escuela después de las vacaciones, porque nosotros teníamos una vivienda que consistía en una pieza pequeñita donde no teníamos ni patio y no teníamos dónde ni con quiénes
5 dejar a las wawas. Entonces consultamos al director de la escuela y él dio permiso para llevar a mis hermanitas conmigo. El estudio se hacía por las tardes y por las mañanas. Yo tenía que combinar todo: casa y escuela. Entonces yo llevaba a la más chiquita cargada y a la otra
10 agarrada de la mano y Marina llevaba las mamaderas y las mantillas y mi hermana la otrita llevaba los cuadernos. Y así todas nos íbamos a la escuela. En un rincón teníamos un cajoncito donde dejábamos a la más chiquita mientras seguíamos estudiando. Cuando lloraba, le dábamos su
15 mamadera. Y mis otras hermanas allí andaban de banco en banco. Salía de la escuela, tenía que cargarme la niñita, nos íbamos a la casa y tenía yo que cocinar, lavar, planchar, atender a las wawas. Me parecía muy difícil todo eso. ¡Yo deseaba tanto jugar! Y tantas otras cosas
20 deseaba, como cualquier niña.

Dos años después, ya la profesora no me dejó llevar a mis hermanitas porque ya metían bulla. Mi padre no podía pagar a una sirvienta, pues no le alcanzaba su sueldo ni para la comida y la ropa de nosotras. En la casa,
25 por ejemplo, yo andaba siempre descalza, usando los zapatos solamente para ir a la escuela. Y eran tantas cosas que tenía que hacer y era tanto el frío que hacía en Pulacayo que se me reventaban las manos y me salía mucha sangre de las manos y de los pies. La boca, igual, se me

54 *1954*

wawas *small children, infants (Andean term)*

llevaba... cargada *carried*
mamaderas *baby bottles*
mantillas *swaddling clothes /*
cuadernos *notebooks, exercise books*

metían bulla *made noise*

no... sueldo *his salary wasn't enough*

se... manos *my hands split open*

30 rajaban los labios. De la cara también salía sangre. Es que no teníamos suficientes prendas de abrigo.

Bueno, como la profesora no me había dado aquella orden, entonces yo empecé a irme sola a la escuela. Echaba llave a la casa y tenían que quedarse las wawas en 35 la calle, porque la vivienda era oscura, no tenía ventana y les daba mucho terror cuando se la cerraba. Era como una cárcel, solamente con una puerta. Y no había donde dejar a las chicas, porque en ese entonces vivíamos en un barrio de solteros, donde no había familias, puros hombres 40 vivían en ahí.

Entonces mi padre me dijo que dejara la escuela, porque ya sabía leer y leyendo podía aprender otras cosas. Pero yo no acepté y me puse fuerte y seguí yendo a clases.

Y resulta que un día la chiquita comió ceniza de 45 carburo que había en el basurero, ese carburo que sirve para encender las lámparas. Sobre esa ceniza habían echado comida y mi hermanita, de hambre, creo yo, se fue a comer de allí. Le dio una terrible infección intestinal y luego se murió. Tenía tres años.

50 Yo me sentí culpable de la muerte de mi hermanita y andaba muy muy deprimida. Y mi padre me decía que esto había ocurrido porque yo no había querido quedarme en casa con las wawas. Como yo había criado a ésta mi hermanita desde que nació, eso me causó un sufrimiento 55 muy grande.

Y desde entonces comencé a preocuparme mucho más por mis hermanitas. Mucho más. Cuando hacía mucho frío, y no teníamos con que abrigarnos, yo agarraba los trapos viejos de mi padre y con eso las abrigaba, 60 les envolvía sus pies, su barriga. Las cargaba, trataba de distraerlas. Me dediqué completamente a las niñas.

Mi padre gestionó en la empresa minera de Pulacayo para que le dieran una vivienda con patiecito, porque era muy difícil vivir donde estábamos. Y el gerente, a quien 65 mi papa le arreglaba sus trajes, ordenó que le dieran una vivienda más grande con un cuarto, una cocina y un corredorcito donde se podía dejar a las chicas. Y fuimos a vivir en un barrio que era campamento, donde la mayoría de las familias eran de obreros de las minas.

70 Sufríamos hambre a veces y no nos satisfacían los alimentos porque era poco lo que podía comprar mi papá. Ha sido duro vivir con privaciones y toda clase de problemas cuando pequeñas. Pero eso desarrolló algo en nosotras: una gran sensibilidad, un gran deseo de ayu- 75 dar a toda la gente. Nuestros juegos de niños siempre tenían algo relacionado con lo que vivíamos y con lo que

se… labios *my lips cracked*
prendas de abrigo *warm clothing*

puros *only*

me puse fuerte *I got stubborn*

ceniza de carburo *carbide ash*

abrigarnos *wrap ourselves up*
trapos *rags*

gestionó *negotiated*

campamento *camp, temporary housing*

deseábamos vivir. Además, en el transcurso de nuestra infancia habíamos visto eso: mi madre y mi padre, a pesar
de que teníamos tan poco, siempre estaban ayudando a
80 algunas familias de Pulacayo. Entonces, cuando veíamos
pobres por la calle mendigando, yo y mis hermanas nos
poníamos a soñar. Y soñábamos que un día íbamos a ser
grandes, que íbamos a tener tierras, que íbamos a sembrar
y que a aquellos pobres les íbamos a dar de comer. Y si
85 alguna vez nos sobraba un poco de azúcar o de café o de
alguna otra cosa y oíamos un ruido, decíamos: «De
repente aquí está pasando un pobre. Mira, aquí hay un
poquito de arroz, un poquito de azúcar». Y lo amarrábamos a un trapo y... «¡pá!...» lo echábamos a la calle
90 para que algún pobre lo recoja. Una vez ocurrió que le
tiramos a mi papá su café cuando volvía del trabajo. Y
cuando entró a la casa nos regañó mucho y nos dijo:
«¿Cómo pueden ustedes estar desechando lo poco que
tenemos? ¿Cómo van a despreciar lo que tanto me cuesta
95 ganar para ustedes?» Y bien nos pegó. Pero eran cosas
que se nos ocurrían, pensábamos que así podríamos
ayudar a alguien, ¿no?

Y bueno, así era nuestra vida. Yo tenía entonces 13
años. Mi padre siempre insistía en que no debía seguir en
100 la escuela. Pero yo le iba rogando, rogando, y seguía
yendo. Claro, siempre me faltaba material escolar.
Entonces, algunos maestros me comprendían, otros no. Y
por eso me pegaban, terriblemente me pegaban porque yo
no era buena alumna.
105 El problema es que habíamos hecho un trato mi papá
y yo. El me había explicado que no tenía dinero, que no
me podía comprar material, que no podía dar nada para la
escuela. Y yo le prometí entonces que no le iba a pedir
nada para la escuela. Y de ahí que me arreglaba como
110 podía. Y por eso tenía yo problemas.

En el sexto curso tuve como profesor a un gran
maestro que me supo comprender. Era un profeso
bastante estricto, y los primeros días que yo no llevé ei
material completo, me castigó bien severamente. Un día
115 me jaló de los cabellos, me dio palmadas, y, al final, me
botó de la escuela. Tuve que irme a la casa, llorando. Pero
al día siguiente, volví. Y de la ventana miraba lo que
estaban haciendo los chicos.

En uno de esos momentos, el profesor me llamó.
120 —Seguramente no ha traído su material—me dijo.
Yo no podía contestar y me puse a llorar.

—Entre. Ya pase, tome su asiento. Y a la salida se
ha de quedar usted.

transcurso *course*

mendigando *begging*

sobraba *had left over*

amarrábamos *we tied*

recoja *pick up*

regañó *scolded*
desechando *wasting*
despreciar *scorn*

rogando *begging, pleading*
material escolar *school supplies*

curso *grade*

me... cabellos *he pulled my hair* / me dio palmadas *he slapped me*
me... escuela *he threw me out of school*

a la salida *when class is over*

Para ese momento, una de las chicas ya le había
125 avisado que yo no tenía mamá, que yo cocinaba para mis
hermanitas y todo eso.

A la salida me quedé y entonces él me dijo:

—Mira, yo quiero ser tu amigo, pero necesito que
me digas qué pasa con vos. ¿Es cierto que no tienes tu
130 mama?

—Sí, profesor.

—¿Cuándo se murió?

—Cuando estaba todavía en el primer curso.

—Y tu padre, ¿dónde trabaja?

135 —En la policía minera, es sastre.

—Bueno, ¿qué es lo que pasa? Mira, yo quiero
ayudarte, pero tienes que ser sincera. ¿Qué es lo que
pasa?

Yo no quería hablar, porque pensé que iba a llamar a
140 mi padre como algunos profesores lo hacían cuando
estaban enojados. Y yo no quería que lo llamara, porque
así había sido mi trato con él: de no molestarlo y no
pedirle nada. Pero el profesor me hizo otras preguntas y
entonces le conté todo. También le dije que podía hacer
145 mis tareas, pero que no tenía mis cuadernos, porque
éramos bien pobres y mi papá no podía comprar y que,
años atrás, ya mi papa me había querido sacar de la
escuela porque no podía hacer ese gasto más. Y que con
mucho sacrificio y esfuerzo había yo podido llegar hasta
150 el sexto curso. Pero no era que mi papá no quisiera, sino
porque no podía. Porque, incluso, a pesar de toda la
creencia que había en Pulacayo de que a la mujer no se le
debía enseñar a leer, mi papá siempre quiso que supié-
ramos por lo menos eso.

155 Sí, mi papa siempre se preocupó por nuestra formación. Cuando murió mi mamá, la gente nos miraba y
decía: «Ay, pobrecitas, cinco mujeres, ningún varón…
¿Para qué sirven?… Mejor si se mueren». Pero mi papá
muy orgulloso decía: «No, déjenme a mis hijas, ellas van
160 a vivir». Y cuando la gente trataba de acomplejarnos
porque éramos mujeres y no servíamos para gran cosa, él
nos decía que todas las mujeres tienen los mismos derechos que los hombres. Y decía que nosotras podíamos
hacer las hazañas que hacen los hombres. Nos crió
165 siempre con esas ideas. Sí, fue una disciplina muy especial. Y todo eso fue muy positivo para nuestro futuro. Y
de ahí que nunca nos consideramos mujeres inútiles.

El profesor comprendía todo esto, porque yo le
contaba. E hicimos un trato de que yo le iba a pedir todo
170 el material de que necesitaba. Y desde ese día nos

avisado *informed*

con vos (contigo) *with you*

sastre *tailor*

gasto *expenditure*

formación *education*
varón *male*

déjenme a mis hijas *leave my daughters alone*
acomplejarnos *make us feel bad*

hazañas *feats, deeds*

llevábamos a las mil maravillas. Y el profesor nos daba   a... maravillas   *wonderfully*
todo el material que necesitábamos yo y mis hermanitas   *well*
más. Y así pude terminar mi último año escolar.

Nota Cultural

Como ya se ha notado, en la mayoría de los países hispánicos la enseñanza primaria
es gratuita y obligatoria. Sin embargo, como vemos en el testimonio de Domitila
Barrios de Chungara, muchos pobres, especialmente las niñas, no pueden terminar
la primaria por razones económicas. Los estudiantes que sí terminan la primaria
reciben un certificado de sexto grado y muchos, tal vez la mayoría, abandonan sus
estudios y se dedican al trabajo.

Comprensión

1. ¿Por qué dice Domitila que le fue difícil regresar a la escuela después de las
vacaciones en 1954?   2. ¿Cómo se arregló para volver?   3. ¿Qué hacía Domitila después de la clase?   4. Dos años después, ¿por qué no permitió la profesora
que Domitila llevara a sus hermanitas a la clase? ¿Qué hizo Domitila?   5. ¿Por
qué se sentía Domitila responsable por la muerte de una de sus hermanas?
6. ¿Cómo reaccionó Domitila después de ese episodio?   7. Según Domitila,
¿qué cosa positiva ha resultado de las privaciones de ella y sus hermanitas?
8. ¿Cómo supo el padre de Domitila que las niñas ayudaban a los pobres?
9. ¿Qué trato hizo Domitila con su padre?   10. ¿Por qué le castigó a Domitila
su profesor en el sexto grado?   11. Según Domitila, ¿creía la gente de Pulacayo
que se debía educar a la mujer?   12. ¿Qué pensaba el padre de Domitila de los
derechos de la mujer?   13. ¿Cómo pudo terminar Domitila su último año escolar?

EXPANSIÓN

I. Análisis literario

1. ¿Qué cualidad especial tiene una «historia oral»? (¿Cómo se puede contrastarla
con un reportaje regular?)   2. Describa Ud. en sus propias palabras la actitud del
padre de Domitila hacia la educación de la mujer.   3. Describa dos obstáculos que
Domitila tuvo que superar para educarse.   4. ¿Qué impresión tiene Ud. de Domitila como adulta?

II. Reportaje

Ud. es periodista que acaba de entrevistar a Domitila Barrios de Chungara, que habló
en una tribuna sobre los derechos de la mujer. Escriba un reportaje breve sobre las
experiencias de ella y sus actividades hoy día.

III. Minidrama

Con otra persona de la clase, presente Ud. un breve drama sobre uno de los temas siguientes:

1. Domitila y su padre hablan del problema de la educación de ella y llegan a formar un pacto.
2. Un(a) joven de uno de los barrios pobres de la metrópoli discute con un(a) amigo(a) los problemas que los dos han encontrado en la escuela.
3. Dos estudiantes universitarios discuten los problemas personales que han influido en sus carreras universitarias.

IV. Opiniones y actitudes

Explique Ud. a la clase o escriba un párrafo sobre uno de los temas siguientes:

1. La discriminación sexual en la universidad.
2. Cómo se debe reformar la educación secundaria en nuestro país.
3. El (La) profesor(a) o el (la) maestro(a) que más ha influido en mi formación como estudiante o persona.

V. Situación

Con un(a) compañero(a) de clase, presente Ud. un diálogo sobre la discriminación sexual o racial en su universidad. Algunas de las cosas que pueden comentar en el diálogo son: ¿Qué clase de discriminación existe? ¿Ha visto Ud. un caso de discriminación o ha sido víctima de la discriminación? ¿Qué paso? ¿Qué ha hecho la universidad para eliminar la discriminación? ¿Qué pueden hacer los estudiantes y los profesores para eliminarla? ¿Hay menos discriminación hoy que antes?

La Ciudad Universitaria

Después de la revolución, un fuerte nacionalismo estimuló la producción de grandes pinturas murales en México, donde maestros como Rivera, Orozco y Siqueiros crearon un verdadero arte nacional y lograron comunicar al pueblo el mensaje revolucionario a través de sus pinturas en las paredes interiores de numerosos edificios públicos. La segunda etapa de ese gran movimiento había de ser la pintura del exterior de edificios y la integración de ésta a la superficie de grandes masas estructurales. La oportunidad de explorar las posibilidades de esta integración de artes plásticas se presentó cuando en 1946 el gobierno donó un extenso terreno al sur de la capital para la construcción de la Ciudad Universitaria. Con la participación de más de 150 arquitectos, ingenieros y técnicos, la construcción de la parte básica de la Ciudad Universitaria se terminó en unos tres años. Entre los artistas que hicieron importantes contribuciones al proyecto se encontraban no sólo los ya establecidos—Rivera y Siqueiros—sino también otros como *Juan O'Gorman* y *Francisco Eppens,* que habían de ganar fama por sus trabajos artísticos en el proyecto universitario.

En su totalidad, la arquitectura de la Ciudad Universitaria es una mezcla curiosa de lo moderno y de lo antiguo, de lo experimental y de lo tradicional. Siguiendo la fuerte tradición barroca del arte hispánico, los creadores de la Ciudad Universitaria insistieron en la integración de las artes y se obsesionaron por la decoración. Otra tradición allí presente es la del arte precolombino, tanto en la impresión de solidez y en el uso de la forma piramidal truncada, como en los motivos ornamentales y en los temas predominantes.

La Ciudad Universitaria representa la culminación de la producción de pinturas murales en México y establece la pintura mural en paredes exteriores como técnica que había de continuarse en México. Como fin de un ciclo de arte y como expresión del concepto del arte al servicio de la nación, el complejo de edificios que componen la Ciudad Universitaria ha de considerarse como monumento en la historia del arte hispanoamericano.

El pueblo a la universidad—la universidad al pueblo

Esta obra de David Alfaro Siqueiros es un ejemplo interesante de la experimentación que tipifica el arte de la Ciudad Universitaria. ¿Cómo describiría Ud. esta pintura mural?

Alegoría de México

En una enorme pared de la Facultad de Medicina, Ciudad Universitaria, Francisco Eppens pintó una *Alegoría de México,* que incluye una cabeza de tres caras—representativas del español, del mestizo y del indio—y varios símbolos de los dioses precolombinos. Las líneas verticales y horizontales de la pintura armonizan perfectamente con las del edificio.

¿Sabe Ud. identificar el símbolo de Quetzalcóatl? ¿de Tláloc?

La Biblioteca Central

Tal vez el edificio más famoso de la Universidad es la Biblioteca Central, una enorme estructura cúbica sin ventanas—sólo con pequeñas aberturas para la ventilación—y con enormes superficies planas. Éstas las decoró O'Gorman con centenares de figuras pequeñas referentes a varias épocas de la historia del mundo y de la historia de México, desde los tiempos precolombinos hasta nuestros días. Consciente del efecto del sol mexicano, que había de convertir un mosaico compuesto de vidrios en un gigante reflector, O'Gorman optó por componer su obra con piedras de cincuenta colores, recogidas en todas partes del país. Así, este edificio sintetiza y combina las varias tendencias del muralismo mexicano: la forma misma del edificio es moderna; el uso de materiales, experimental; la decoración, barroca; y la temática, tradicional.

¿Cuántos símbolos y objetos puede Ud. identificar en el mosaico de O'Gorman?

PARA COMENTAR

1. Describa Ud. en sus propias palabras el edificio de la Biblioteca Central o la pintura mural de la Facultad de Medicina de la Ciudad Universitaria.

2. ¿Cómo se ha empleado el arte en la decoración de la escuela o universidad donde Ud. estudia? ¿Es una parte integral de la arquitectura? ¿Le gusta ese uso del arte?

3. ¿Qué importancia tiene la decoración en los edificios públicos? ¿Se puede justificar el gasto de los fondos públicos para tales cosas? ¿Por qué?

4. Escriba Ud. un ensayo sobre uno de los temas siguientes:

   a. La participación de los estudiantes en la gobernación de la universidad.
   b. Las cualidades de un(a) buen(a) profesor(a).
   c. La cosa más importante que se puede hacer para mejorar la universidad.

La ciudad en el mundo hispánico

La puerta de Alcalá y la fuente Cibeles son unos de los monumentos más famosos de Madrid. Mencione algunos monumentos famosos en los Estados Unidos. ¿Cuáles ha visitado Ud.?

▣ ENFOQUE

Desde la época de los romanos, la historia de muchos países occidentales se ha vinculado estrechamente a la historia de sus grandes centros urbanos. En muchos países hispánicos se encuentra una gran concentración de poder y energía en la capital. Por ejemplo, casi la cuarta parte de la población total de la Argentina vive en Buenos Aires, y la capital controla el país. Similar es la situación de la Ciudad de México y otras capitales hispanoamericanas.

Las grandes ciudades hispánicas tienen mucho en común con las otras metrópolis del mundo. Por ejemplo, en ellas se encuentra el capital necesario para pagar a los artistas y los escritores. Por eso, sea Nueva York, Chicago, Santiago de Chile o Madrid, la ciudad grande casi siempre se destaca por su contribución a las artes. En la literatura de nuestro siglo se ve reflejado otro aspecto de la metrópoli: la deshumanización producida por las grandes aglomeraciones y el aislamiento que siente el individuo dentro de la masa.

El cuento que se presenta a continuación, del chileno José Donoso, refleja el aislamiento existencial como rasgo general de la metrópoli. También se pueden encontrar en la narración algunas actitudes que caracterizan al habitante de la ciudad (en este caso, Santiago de Chile), al cual le gusta pasearse por su ciudad para ver y ser visto por los demás, con un espíritu de comunidad que es muy típico del hispanoamericano.

El arte que se ha desarrollado en los centros urbanos en las últimas décadas refleja tanto la complejidad del hombre de la metrópoli como el interés del artista por la obra de sus colegas en otros países. Ejemplos de este arte son las pinturas de Joaquín Torres García, Roberto Antonio Sebastián Matta Echaurren y Alejandro Obregón: tres artistas hispanoamericanos modernos, que han contribuido mucho a la creación de una expresión urbana e internacional.

▣ VOCABULARIO ÚTIL

Estudie estas palabras.

Verbos

aburrirse   to get bored
agradar   to please
asistir a   to attend
bajarse de   to get off, get out of
equivocarse   to make a mistake
negarse a (ie)   to refuse to
pasear(se)   to ride; to take a stroll

Sustantivos

el abrigo   overcoat
la acera   sidewalk
el almuerzo   lunch
el asiento   seat, chair
el barrio   neighborhood
la butaca   seat (armchair)
el cambio   change, exchange
la compra   purchase
la esquina   corner
el habitante   inhabitant

el impermeable   raincoat
el mercado   market
el mueble   (piece of) furniture
el paraguas   umbrella
la pileta   swimming pool
el tranvía   street car
la vidriera   shop window

Otras palabras y expresiones

en cambio   on the other hand
hacer compras   to go shopping

ANTICIPACIÓN

I. Complete Ud. el siguiente párrafo, usando la forma apropiada de las palabras o expresiones del **Vocabulario útil**.

En la primavera no _____; al contrario, me encantaban los días de lluvia. En esos días me ponía o _____ o _____ y salía de casa temprano. Solía tomar _____ para visitar uno de los _____ más remotos de la ciudad. Los otros preferían los días de sol del verano cuando podían nadar en la _____, pero yo no. A mí me gustaba más _____ por la ciudad, mirando a la gente que caminaba por la _____. En la _____ de cada calle se veía a mucha gente que llevaba _____ de varios colores. ¡Cuánto me gustaba imaginar sus historias! La verdad es que me sentía bastante triste cuando, después de viajar varias horas, tenía que volver a casa porque era hora del _____.

II. Indique Ud. la mejor palabra entre paréntesis para completar el párrafo.

El joven siempre tomaba el tranvía a las ocho y viajaba en (él, ella, ello) hasta llegar al barrio más remoto de la ciudad. Ese día, el joven (estaba, estuvo) sentado en el tranvía cuando (veía, vio) a la señora por primera vez. Llevaba un paraguas en (su, el, la) mano y un sombrero ordinario en (su, la) cabeza. No llevaba ni abrigo ni impermeable, (lo cual, el que) le sorprendió al joven, porque (hacía, hizo) frío y llovía. Era obvio que algo (la, le) molestaba porque estaba muy nerviosa. Después de observarla algún tiempo, el joven empezó a leer su revista. Cuando volvió a mirar el asiento donde se había sentado la mujer, no (había, hay, hubo) nadie. El joven se sentía molesto porque ni siquiera (conocía, sabía) cómo se llamaba la desconocida.

III. Si Ud. no está de acuerdo con las siguientes afirmaciones, cámbielas para expresar su opinión personal.

1. Los hombres deben negarse a usar paraguas porque son cosas de mujeres.
2. Los días de lluvia no afectan mi estado de ánimo.
3. El espíritu de comunidad se nota más en los grandes centros urbanos que en los pequeños.
4. Es más fácil formar amistades en las ciudades grandes porque hay más gente y más oportunidades para conocer a personas compatibles.
5. En la ciudad donde vivo, la mayor parte de la gente utiliza regularmente los medios de transporte público.

Una señora

José Donoso nació en Santiago de Chile en 1924, de una familia de la alta burguesía. En su juventud viajó a la Argentina, donde trabajó de pastor en la pampa. Estudió en la Universidad de Chile y en Princeton University, donde terminó sus estudios universitarios en 1951. Ha sido periodista y catedrático en universidades de Chile y de los Estados Unidos, pero más que nada es escritor profesional. Hoy día vive en España. Además de colecciones de cuentos, Donoso ha publicado varias novelas: *Coronación* (1957), *Este domingo* (1966), *El lugar sin límites* (1966) y *El obsceno pájaro de la noche* (1970), son, tal vez, las más conocidas.

La obra de Donoso puede estudiarse en muchos niveles, pero predominan dos: el social y el sicológico. El aspecto social se encuentra especialmente en sus cuentos, donde el autor describe la vida cotidiana de la ciudad, la decadencia de la clase alta y el aislamiento que impone la ciudad al individuo. En sus novelas Donoso profundiza el aspecto sicológico y presenta el mundo interior de sus personajes. Esa realidad subjetiva domina y transforma la realidad exterior.

Los dos aspectos mencionados de las ficciones de Donoso—la descripción de la realidad exterior de la ciudad grande y la presentación del mundo interior de sus personajes—pueden observarse en el cuento «Una señora». Su estilo y estructura son aparentemente directos y clásicos, pero debajo de la capa realista el autor presenta el retrato de un individuo de la metrópoli, cuyo aislamiento y deseo de comunicarse se manifiestan es sus acciones y en lo que escoge observar de la realidad que lo rodea.

No recuerdo con certeza cuándo fue la primera vez que me di cuenta de su existencia. Pero si no me equivoco, fue cierta tarde de invierno en un tranvía que atravesaba un barrio popular.

5   Cuando me aburro de mi pieza y de mis conversaciones habituales, suelo tomar algún tranvía, cuyo recorrido desconozco y pasear así por la ciudad. Esa tarde llevaba un libro por si se me antojara leer, pero no lo abría. Estaba lloviendo esporádicamente y el tranvía
10 avanzaba casi vacío. Me senté junto a una ventana, limpiando un boquete en el vaho del vidrio para mirar las calles.

No recuerdo el momento exacto en que ella se sentó a mi lado. Pero cuando el tranvía hizo alto en una esquina,
15 me invadió aquella sensación tan corriente y, sin embargo, misteriosa, que cuanto veía, el momento justo y sin importancia como era, lo había vivido antes, o tal vez soñado. La escena me pareció la reproducción exacta de otra que me fuese conocida: delante de mí, un cuello
20 rollizo vertía sus pliegues sobre una camisa deshilachada; tres o cuatro personas dispersas ocupaban los asientos del

certeza	*certainty*
atravesaba	*was crossing*
recorrido	*route /*
desconozco	*I'm not familiar with*
se me antojara	*I should take a fancy, I should feel like*
boquete	*spot, space /*
vaho	*steam, vapor*
hizo alto	*stopped*
corriente	*ordinary*
el momento justo	*that very moment*
rollizo	*plump /* vertía sus pliegues	*spilled its folds /*
deshilachada	*raveled, worn*

tranvía; en la esquina había una botica de barrio con su letrero luminoso, y un carabinero bostezó junto al buzón rojo, en la oscuridad que cayó en pocos minutos.
25 Además, vi una rodilla cubierta por un impermeable verde junto a mi rodilla.

Conocía la sensación, y más que turbarme me agradaba. Así, no me molesté en indagar dentro de mi mente dónde y cómo sucediera todo esto antes. Despaché la
30 sensación con una irónica sonrisa interior, limitándome a volver la mirada para ver lo que seguía de esa rodilla cubierta con un impermeable verde.

Era una señora. Una señora que llevaba un paraguas mojado en la mano y un sombrero funcional en la cabeza.
35 Una de esas señoras cincuentonas, de las que hay por miles en esta ciudad: ni hermosa ni fea, ni pobre ni rica. Sus facciones regulares mostraban los restos de una belleza banal. Sus cejas se juntaban más de lo corriente sobre el arco de la nariz, lo que era el rasgo más distintivo
40 de su rostro.

Hago esta descripción a la luz de hechos posteriores, porque fue poco lo que de la señora observé entonces. Sonó el timbre, el tranvía partió haciendo desvanecerse la escena conocida, y volví a mirar la calle por el boquete
45 que limpiara en el vidrio. Los faroles se encendieron. Un chiquillo salió de un despacho con dos zanahorias y un pan en la mano. La hilera de casas bajas se prolongaba a lo largo de la acera: ventana, puerta, ventana, puerta, dos ventanas, mientras los zapateros, gasfíteres y verduleros
50 cerraban sus comercios exiguos.

Iba tan distraído que no noté el momento en que mi compañera de asiento se bajó del tranvía. ¿Cómo había de notarlo si después del instante en que la miré ya no volví a pensar en ella?
55 No volví a pensar en ella hasta la noche siguiente.

Mi casa está situada en un barrio muy distinto a aquél por donde me llevara el tranvía la tarde anterior. Hay árboles en las aceras y las casas se ocultan a medias detrás de rejas y matorrales. Era bastante tarde, y yo estaba
60 cansado, ya que pasara gran parte de la noche charlando con amigos ante cervezas y tazas de café. Caminaba a mi casa con el cuello del abrigo muy subido. Antes de atravesar una calle divisé una figura que se me antojó familiar, alejándose bajo la oscuridad de las ramas.
65 Me detuve, observándola un instante. Sí, era la mujer que iba junto a mí en el tranvía la tarde anterior. Cuando pasó bajo un farol reconocí inmediatamente su impermeable verde. Hay miles de impermeables verdes en esta ciudad, sin embargo no dudé de que se trataba del suyo,

---

Glosario

letrero *sign* / carabinero *guard* / bostezó *yawned*

turbarme *bothering me, upsetting me*
indagar *to inquire*
sucediera *had happened*

lo… de *what followed, was attached to*

facciones *features* / restos *remains, remnants*
más… corriente *more than usual*

timbre *bell* / desvanecerse *disappear*

limpiara *I had cleaned* / faroles *street lights*
despacho *store* / zanahorias *carrots*
hilera *row*
gasfíteres *plumbers* / verduleros *greengrocers*
exiguos *small*
distraído *distracted*

distinto a *different from*

se… medias *are half hidden*
rejas *railings* / matorrales *thickets, shrubbery*
pasara *I had spent*

cuello *collar*

se me antojó *seemed*
ramas *branches*

70 recordándola a pesar de haberla visto sólo unos segundos
en que nada de ella me impresionó. Crucé a la otra acera.
Esa noche me dormí sin pensar en la figura que se alejaba
bajo los árboles por la calle solitaria.

Una mañana de sol, dos días después, vi a la señora
75 en una calle céntrica. El movimiento de las doce estaba en
su apogeo. Las mujeres se detenían en las vidrieras para
discutir la posible adquisición de un vestido o de una tela.
Los hombres salían de sus oficinas con documentos bajo
el brazo. La reconocí de nuevo al verla pasar mezclada
80 con todo esto, aunque no iba vestida como en las veces
anteriores. Me cruzó una ligera extrañeza de por qué su
identidad no se había borrado de mi mente, confundién-
dola con el resto de los habitantes de la ciudad.

En adelante comencé a ver a la señora bastante
85 seguido. La encontraba en todas partes y a toda hora. Pero
a veces pasaba una semana o más sin que la viera. Me
asaltó la idea melodramática de que quizás se ocupara en
seguirme. Pero la deseché al constatar que ella, al contrario que yo, no me identificaba en medio de la multitud.
90 A mí, en cambio, me gustaba percibir su identidad entre
tanto rostro desconocido. Me sentaba en un parque y ella
lo cruzaba llevando un bolsón con verduras. Me detenía a
comprar cigarrillos y estaba ella pagando los suyos. Iba al
cine, y allí estaba la señora, dos butacas más allá. No me
95 miraba, pero yo me entretenía observándola. Tenía la
boca más bien gruesa. Usaba un anillo grande, bastante
vulgar.

Poco a poco la comencé a buscar. El día no me
parecía completo sin verla. Leyendo un libro, por
100 ejemplo, me sorprendía haciendo conjeturas acerca de la
señora en vez de concentrarme en lo escrito. La colocaba
en situaciones imaginarias, en medio de objetos que yo
desconocía. Principié a reunir datos acerca de su persona,
todos carentes de importancia y significación. Le gustaba
105 el color verde. Fumaba sólo cierta clase de cigarrillos.
Ella hacía las compras para las comidas de su casa.

A veces sentía tal necesidad de verla, que abando-
naba cuanto me tenía atareado para salir en su busca. Y
en algunas ocasiones la encontraba. Otras no, y volvía
110 malhumorado a encerrarme en mi cuarto, no pudiendo
pensar en otra cosa durante el resto de la noche.

Una tarde salí a caminar. Antes de volver a casa,
cuando oscureció, me senté en el banco de una plaza.
Sólo en esta ciudad existen plazas así. Pequeña y nueva,
115 parecía un accidente en ese barrio utilitario, ni próspero
ni miserable. Los árboles eran raquíticos, como si se
hubieran negado a crecer, ofendidos al ser plantados en

---

céntrica *downtown (adj.) /*
movimiento *rush hour*
en su apogeo *at its height*
tela *piece of material*

mezclada con *mixed in with*
extrañeza *sense of surprise*
no... de *had not been*
erased from

seguido *frequently*

la deseché *I rejected it /*
constatar *ascertain*

bolsón *large shopping bag /*
verduras *vegetables*

gruesa *large, coarse*

colocaba *placed*

Principié *I began*
carentes de *lacking in*

cuanto... atareado *whatever*
I was busy with / en su
busca *in search of her*

oscureció *it got dark*

raquíticos *scrawny*

terreno tan pobre, en un sector tan opaco y anodino. En una esquina, una fuente de soda aclaraba las figuras de
120 tres muchachos que charlaban en medio del charco de luz. Dentro de una pileta seca, que al parecer nunca se terminó de construir, había ladrillos trizados, cáscaras de fruta, papeles. Las parejas apenas conversaban en los bancos, como si la fealdad de la plaza no propiciara mayor
125 intimidad.

Por uno de los senderos vi avanzar a la señora, del brazo de otra mujer. Hablaban con animación, caminando lentamente. Al pasar frente a mí, oí que la señora decía con tono acongojado:—¡Imposible!
130 La otra mujer pasó el brazo en torno a los hombros de la señora para consolarla. Circundando la pileta inconclusa se alejaron por otro sendero.

Inquieto, me puse de pie y eché a andar con la esperanza de encontrarlas, para preguntar a la señora qué
135 había sucedido. Pero desaparecieron por las calles en que unas cuantas personas transitaban en pos de los últimos menesteres del día.

No tuve paz la semana que siguió de este encuentro. Paseaba por la ciudad con la esperanza de que la señora
140 se cruzara en mi camino, pero no la vi. Parecía haberse extinguido, y abandoné todos mis quehaceres, porque ya no poseía la menor facultad de concentración. Necesitaba verla pasar, nada más, para saber si el dolor de aquella tarde en la plaza continuaba. Frecuenté los sitios en que
145 soliera divisarla, pensando detener a algunas personas que se me antojaban sus parientes o amigos para preguntarles por la señora. Pero no hubiera sabido por quién preguntar y los dejaba seguir. No la vi en toda esa semana.
150 Las semanas siguientes fueron peores. Llegué a pretextar una enfermedad para quedarme en cama y así olvidar esa presencia que llenaba mis ideas. Quizás al cabo de varios días sin salir la encontrara de pronto el primer día y cuando menos lo esperara. Pero no logré
155 resistirme, y salí después de dos días en que la señora habitó mi cuarto en todo momento. Al levantarme, me sentí débil, físicamente mal. Aun así tomé tranvías, fui al cine, recorrí el mercado y asistí a una función de un circo de extramuros. La señora no apareció por parte alguna.
160 Pero después de algún tiempo la volví a ver. Me había inclinado para atar un cordón de mis zapatos y la vi pasar por la soleada acera de enfrente, llevando una gran sonrisa en la boca y un ramo de aromo en la mano, los primeros de la estación que comenzaba. Quise seguirla,
165 pero se perdió en la confusión de las calles.

opaco *colorless, opaque* / anodino *anodyne, insipid, inoffensive*
aclaraba *lit up, shed light on*
charco *puddle*
ladrillos trizados *broken bricks* / cáscaras *peels*
propiciara *promote*

acongojado *sorrowful*
en torno a *around*
Circundando *Circling*
inconclusa *unfinished*

transitaban *walked* / en pos de *in pursuit of*
menesteres *duties*

quehaceres *tasks*

soliera divisarla *I had grown accustomed to seeing her* / detener *stop*

al cabo de *at the end of, after*

de extramuros *from outside of the city*
atar *to tie* / cordón *string*
soleada *sunny*
aromo *acacia (flowers)*

Su imagen se desvaneció de mi mente después de perderle el rastro en aquella ocasión. Volví a mis amigos, conocí gente y paseé solo o acompañado por las calles. No es que la olvidara. Su presencia, más bien, parecía
170 haberse fundido con el resto de las personas que habitan la ciudad.

Una mañana, tiempo después, desperté con la certeza de que la señora se estaba muriendo. Era domingo, y después del almuerzo salí a caminar bajo los árboles de mi
175 barrio. En un balcón una anciana tomaba el sol con sus rodillas cubiertas por un chal peludo. Una muchacha, en un prado, pintaba de rojo los muebles de jardín, alistándolos para el verano. Había poca gente, y los objetos y los ruidos se dibujaban con precisión en el aire nítido. Pero
180 en alguna parte de la misma ciudad por la que yo caminaba, la señora iba a morir.

Regresé a casa y me instalé en mi cuarto a esperar.

Desde mi ventana vi cimbrarse en la brisa los alambres del alumbrado. La tarde fue madurando lentamente
185 más allá de los techos, y más allá del cerro, la luz fue gastándose más y más. Los alambres seguían vibrando, respirando. En el jardín alguien regaba el pasto con una manguera. Los pájaros se aprontaban para la noche, colmando de ruido y movimiento las copas de todos los
190 árboles que veía desde mi ventana. Rió un niño en el jardín vecino. Un perro ladró.

Instantáneamente después, cesaron todos los ruidos al mismo tiempo y se abrió un pozo de silencio en la tarde apacible. Los alambres no vibraban ya. En un barrio
195 desconocido, la señora había muerto. Cierta casa entornaría su puerta esa noche, y arderían cirios en una habitación llena de voces quedas y de consuelos. La tarde se deslizó hacia un final imperceptible, apagándose todos mis pensamientos acerca de la señora. Después me debo
200 de haber dormido, porque no recuerdo más de esa tarde.

Al día siguiente vi en el diario que los deudos de doña Ester de Arancibia anunciaban su muerte, dando la hora de los funerales. ¿Podría ser?... Sí. Sin duda era ella.

Asistí al cementerio, siguiendo el cortejo lentamente
205 por las avenidas largas, entre personas silenciosas que conocían los rasgos y la voz de la mujer por quien sentían dolor. Después caminé un rato bajo los árboles oscuros, porque esa tarde asoleada me trajo una tranquilidad especial.
210 Ahora pienso en la señora sólo muy de tarde en tarde.

A veces me asalta la idea, en una esquina por ejemplo, que la escena presente no es más que reproducción de otra, vivida anteriormente. En esas ocasiones se

la olvidara *I had forgotten her*
fundido *fused*

peludo *shaggy*
prado *lawn*
alistándolos *getting them ready*
nítido *clear*

cimbrarse *sway, vibrate*
alambres del alumbrado *power lines* / fue madurando *was growing late*
gastándose *growing dim*
regaba *watered* / pasto *grass*
manguera *hose* / se aprontaban *were preparing themselves*
colmando *filling up* / copas *tops*
pozo *well*
apacible *peaceful*
entornaría *would set ajar*
cirios *candles*
quedas *soft* / consuelos *consolations* / se deslizó *slipped*
apagándose *extinguishing themselves*
deudos *relatives*

cortejo *procession*

rasgos *qualities*

muy... tarde *very rarely*

me ocurre que voy a ver pasar a la señora, cejijunta y de
215 impermeable verde. Pero me da un poco de risa, porque
yo mismo vi depositar su ataúd en el nicho, en una pared
con centenares de nichos todos iguales.

cejijunta   *with her eyebrows
meeting*

ataúd   *coffin*

Los mejores cuentos de José Donoso, 1965.

Nota Cultural

El aislamiento y el concepto de la vida anónima del habitante de la gran ciudad son
temas que aparecen con frecuencia en la literatura occidental de las últimas décadas
y están muy presentes en este cuento de Donoso. Pero hay otras características de
los centros urbanos hispánicos que los distinguen de la mayoría de los de los Estados
Unidos. En las ciudades principales de España y de Hispanoamérica se utilizan más
que en este país los medios de transporte público, no sólo para ir a la oficina o a la
fábrica, sino también para pasearse o divertirse, como lo hace el narrador de este
cuento. Además, el individuo se identifica más con su ciudad y tiene un profundo
sentido de comunidad. Para él, la ciudad es una extensión de su casa y por eso utiliza
extensamente todos sus recursos. El resultado es que uno puede ver a todas horas del
día gran cantidad de personas paseándose por las aceras, visitando los muchos restau-
rantes, museos, cines y teatros, o divirtiéndose en los hermosos parques. Así, paradójicamente, van unidos, en estas ciudades, el sentido de comunidad y el aislamiento
existencial que caracterizan al habitante moderno de la metrópoli.

Comprensión

1.   ¿Qué solía hacer el narrador al sentirse aburrido?   2.   ¿Qué tiempo hacía el
día que él vio a la señora por primera vez?   3.   ¿Qué impresión le produjo la
escena del tranvía?   4.   ¿Qué es lo primero que le llamó la atención en cuanto a la
señora?   5.   ¿Cómo era la señora?   6.   ¿Observó el narrador todos los detalles
de la apariencia de la señora la primera vez que la vio?   7.   ¿Qué vio el narrador
por el boquete que había limpiado en la ventana?   8.   ¿Qué observó a la noche
siguiente? ¿Cómo sabía que era la señora?   9.   Describa Ud. la escena de la calle
céntrica, dos días después.   10.   ¿Vio a la señora pocas o varias veces después de
verla en la calle céntrica? Describa Ud. algunas de las ocasiones en que la
vio.   11.   En estas ocasiones, ¿le impresionó ella físicamente como una persona
elegante o más bien ordinaria?   12.   Describa Ud. cómo empieza a influir la
señora en la mente del narrador.   13.   ¿Cómo sabemos que el hombre llega a
sentirse obsesionado por ella?   14.   Describa Ud. la plaza en que se encontró con
la señora.   15.   ¿Por qué se sentía inquieto por la conducta de la señora en la
plaza?   16.   ¿Qué pasó después del encuentro en la plaza?   17.   ¿Cuándo desapareció su imagen de la mente del narrador? ¿La olvidó?   18.   ¿Cómo supo que la
señora se estaba muriendo? ¿Qué hizo?   19.   ¿Qué vio en el diario al día siguiente?
¿Qué llegó a saber de ella por el diario?   20.   ¿Cuál es ahora su reacción frente a
los recuerdos de la señora?

EXPANSIÓN

I. Análisis literario

1. En varios cuentos y novelas modernos los autores utilizan la lluvia en sentido metafórico. Puede sugerir la idea de que es difícil ver dentro de otra persona, de que siempre nos hallamos separados de los demás. En este sentido, la lluvia puede representar o evocar la impresión del aislamiento existencial. ¿Qué impresión produce la lluvia en este cuento de Donoso? 2. En la siguiente descripción: *La hilera de casas bajas se prolongaba a lo largo de la acera: ventana, puerta, ventana, puerta, dos ventanas...,* ¿cuál parece ser el propósito del autor? 3. ¿Qué llegamos a saber del narrador del cuento? ¿de la señora? ¿Por qué no nos presenta Donoso más hechos concretos sobre ellos? 4. ¿Qué importancia tiene la imaginación en el cuento? 5. En cierto sentido la repetición niega la individualidad. Frecuentemente en la ciudad nos fijamos en tipos —el policía, la vieja, el niño, etc.— y no en el individuo, que pierde su cualidad de ser único, de individuo. ¿Nos revela Donoso algo de esto en su cuento? ¿Dónde? 6. Los hispanoamericanos suelen usar el transporte público para divertirse, además de emplearlo para llegar a su trabajo. Comente Ud. lo que parece significar el tranvía para el narrador y cómo percibe éste su ciudad.

II. Narración

Toda narración, por breve que sea, normalmente tiene tres partes. La primera parte describe la situación: cómo era el día, qué hacía la persona, con quién estaba, etc. La segunda parte presenta la complicación: lo que ocurrió, por qué ocurrió, por qué fue interesante o poco común. La parte final o el desenlace describe qué pasó como resultado de la acción y el efecto que tuvo en el narrador.

Pensando en esta división, escriba Ud. una narración sobre algo real o imaginario que le pasó a una persona en una ciudad grande.

III. Minidrama

Con otra(s) persona(s) de la clase, presente Ud. un breve drama que incluya ideas o conceptos del cuento «Una señora». Algunos temas posibles son:

1. Un(a) joven trabaja hasta muy tarde por la noche en su oficina en el centro de la ciudad. Al salir del edificio donde trabaja, nota que está muy obscuro y que no hay nadie en la calle. De pronto oye algo extraño...
2. Un(a) joven se sienta en un autobús. Dos personas están sentadas detrás de él (ella). Están hablando de una mujer que acaba de abandonar a su familia. El (la) joven se da cuenta de que hablan de...
3. Un joven que recién llegó a la ciudad ha llegado a conocer a una mujer. Los dos están en un restaurante y poco a poco, por lo que dice la mujer y por sus acciones, el joven llega a sospechar que realmente no es mujer. ¡Es una pantera en forma de mujer!

IV. Opiniones y actitudes

Explique Ud. a la clase o escriba un párrafo sobre uno de los temas siguientes:

1. Las ventajas y las desventajas de vivir en una ciudad grande como Nueva York, San Francisco o Chicago.
2. Las características de los pueblos pequeños en nuestro país.
3. El decaimiento *(decay)* de las ciudades en nuestro país: causas y soluciones.

V. Situación

Con un(a) compañero(a) de clase, presente Ud. un diálogo sobre el aislamiento de un individuo que recién se ha mudado *(moved)* a una ciudad grande. Algunas de las cosas que pueden comentar en el diálogo son: ¿Cómo te sentías al llegar a la ciudad? ¿Extrañabas a tus amigos de antes? ¿Te gusta estar solo(a) o prefieres estar con otras personas? ¿Cómo puedes conocer a otras personas en la ciudad? ¿Qué actividades te gustan? ¿Puedes utilizar esas actividades como medio de conocer a otras personas? ¿Hay organizaciones que te pueden ayudar en ese proceso? ¿Esperas vivir en el centro de la ciudad o en los suburbios? ¿Por qué sí o por qué no?

El arte internacional de la metrópoli

Se desarrolla en el siglo XX un arte metropolitano, abierto a las nuevas promociones europeas, enterado tanto de los temas autóctonos como de los internacionales, y consciente de las actitudes y preocupaciones del habitante de los grandes centros urbanos occidentales. Es un arte que cruza las fronteras, y los artistas viajan mucho, llegando a conocerse y a intercambiar ideas y conceptos, siempre en busca de una expresión propia. Aquí presentamos a tres figuras que se destacan en ese arte cosmopolita: *Joaquín Torres García* (1874–1949); *Roberto Sebastián Antonio Matta Echaurren* (1912–   ); y *Alejandro Obregón* (1920–   ).

Aunque nació y murió en Montevideo, Uruguay, Torres García pasó muchos años en el extranjero. En su juventud se mudó con su familia a un pueblo pequeño cerca de Barcelona, y, en los años siguientes, pintó muchos cuadros y murales al estilo neoclásico catalán. En 1920 viajó a Nueva York, donde pensaba fabricar juguetes—trenes, barcos, edificios—de madera. Al fallar esa empresa, volvió a viajar, primero a Italia y luego a París, donde, influenciado por Picasso y Mondrian, desarrolló el estilo que le daría fama mundial. El artista se refería a su estilo como a uno de «constructivismo universal». Para él, decir estructura era también decir abstracción: geometría, ritmo, proporción, líneas, planos, la idea del objeto. Las formas geométricas—el círculo, el triángulo, el cuadrado—sugieren orden, la unidad perfecta, el mundo de la razón. La sencillez de sus obras refleja la conciencia del artista de la escultura primitiva, de los diseños de los tejidos peruanos o de las líneas de las antiguas murallas incaicas. También se puede notar en sus pinturas la relación que tienen con los juguetes de madera que había fabricado cuando estuvo en Nueva York y la que tienen con la tipografía y la arquitectura, artes que influyen mucho en este tipo de pintura. Aclamado como maestro al regresar a Montevideo en 1934, propuso Torres García la creación de un nuevo arte americano, primitivo, fuerte y concreto, pero basado en principios abstractos. Sin embargo, los signos o símbolos de tal arte habían de ser tangibles y específicos, reconocibles por todos. Aplicando estos criterios a la obra del artista uruguayo, podemos apreciar la fusión de estilo moderno y símbolos concretos pero universales que caracteriza su obra.

La vida interior del hombre—el reino de la subconsciencia—recibe su máxima expresión pictórica en la obra de Roberto Sebastián Antonio Matta Echaurren, conocido pintor surrealista. Nacido en Santiago de Chile, Matta estudió arquitectura en la Universidad Nacional de Chile antes de viajar a París en 1934 para trabajar con el famoso arquitecto Le Corbusier. Pero como siempre le había interesado más la pintura, pronto abandonó la arquitectura y se dedicó al arte pictórico. En París y en Nueva York llegó a conocer a los surrealistas más famosos—Breton, Dalí, Duchamp, Tanguy—y desarrolló un estilo de tipo surrealista aunque muy personal. En general, sus pinturas de esa época son metafísicas y herméticas. Al observarlas, se nota la preocupación de Matta por el espacio—un espacio interno, personal, sin horizonte fijo—y por ciertos símbolos obscuros que parecen flotar en ese ambiente misterioso. En 1948 Matta abandonó Nueva York y volvió a Europa, donde vive desde entonces. La gran época del surrealismo había llegado a su fin y aunque su influencia todavía puede percibirse en las últimas obras del artista, su estilo es más objetivo y hay más preocupación por el «mensaje» de la pintura. Es un tipo de «sociología surrealista», menos abstracto, con formas más reconocibles. Aunque la vida y la obra de Matta son típicas del artista internacionalista, también personifican al nuevo hispanoamericano urbano, cuyos gustos e intereses cosmopolitas traspasan las fronteras de su patria.

La generación siguiente a la de Matta produce un arte en el que se alcanza la unión, ya buscada por Torres García, de temas y propósitos autóctonos y métodos internacionales. El que da ímpetu y forma al nuevo arte es el pintor colombiano Alejandro Obregón. Nacido en Barcelona, de padre colombiano y madre española, estudió Obregón en la Escuela de Bellas Artes de Boston y también en París. La mayor parte de su vida, sin embargo, la ha pasado en Colombia, donde su influencia ha sido enorme en la creación de un ambiente artístico abierto a todos los aspectos de la realidad contemporánea y a todos los métodos del modernismo internacional. Logra Obregón resucitar el interés por el escenario americano, percibido ahora de un modo nuevo y poético. Los valores expresados en su obra son más míticos que históricos, simbólicos en vez de «tropicales». A partir de 1957, el pintor se expresa en ciclos temáticos que se refieren a problemas y valores del hispanoamericano moderno: los cóndores; los estudiantes u otras víctimas que murieron en actos heroicos o defendiendo una causa social; los volcanes; la vegetación de los Andes y de las zonas tropicales de la costa; la violencia; el ambiente marítimo; Ícaro; paisajes para ángeles; sortilegios. También se percibe en su obra la influencia de la luz de Barranquilla (adonde se mudó con su familia cuando él tenía seis años), donde el sol, el mar, la montaña y los animales se hacen sentir con gran fuerza. En *Amanecer en los Andes* el artista logra captar los maravillosos colores de la vegetación de las zonas tropicales, además de la presencia imponente de las montañas.

Torres García, Joaquín.
The Port, 1942. Oil on
cardboard, 31³/₈" × 39⁷/₈".
Collection, The Museum
of Modern Art, New York.
Inter-American Fund.

El puerto

El *puerto* **es una obra típica de Torres García, tanto por su abstracción como por la universalidad de sus símbolos. ¿Cuántas formas geométricas pueden identificarse en el cuadro? ¿Cuántos objetos puede Ud. nombrar? ¿Son antiguos algunos de los símbolos? ¿Cuáles? ¿Qué puede significar el sol con cara de hombre? ¿Cómo se refleja aquí el interés del pintor por los juguetes?**

Matta (Roberto Sebastián Antonio Matta Echaurren). The Bus, *from the portfolio* Scènes familières. *(1962).* *Etching, printed in color.* *Plate: 12¹⁵/₁₆″ × 17″.* *Sheet: 19¾″ × 25⅝″.* *Collection, The Museum of Modern Art, New York.* *Inter-American Fund.*

El autobús

El autobús, tema de esta aguafuerte de Matta, tipifica la vida de la metrópoli. Las regulaciones del tráfico rigen el movimiento del hombre, que también se halla encerrado dentro del espacio limitado del vehículo. Aunque las formas son reconocibles, todavía se percibe cierta cualidad de sueño, ambiente preferido por los surrealistas.

Obregón, Alejandro.
Amanecer en los Andes.
Given as a gift by the
government of Colombia
to the United Nations,
October, 1983.

Amanecer en los Andes

Aquí se ven los Andes en la mañana, pintados de oro por los primeros rayos del sol. ¿Cuántos cóndores hay en la pintura? ¿Hay cóndores en los Estados Unidos? ¿Dónde? ¿Qué animal se ve en la parte inferior de la pintura?

PARA COMENTAR

1. ¿Cuál representa mejor la vida del hombre en la metrópoli: el cuento de Donoso o el aguafuerte de Matta? ¿Por qué?

2. ¿Cómo influyen la memoria y la subconsciencia en las obras de arte que hemos estudiado en esta unidad?

3. Compare Ud. el vocabulario de formas y símbolos de *El puerto* de Torres García con los de *Amanecer en los Andes* de Obregón.

4. Comente Ud. la descripción de la vida urbana que se ha presentado en esta unidad.

5. Escriba Ud. un ensayo sobre uno de los temas siguientes:

    a. El problema más grande que enfrentan nuestras ciudades hoy día.
    b. Los medios de transporte público: su importancia en la actualidad.
    c. Características universales de los grandes centros urbanos.

Los Estados Unidos
y lo hispánico

*Aunque un puertorriqueño emigre
al continente, nunca olvida su
tierra natal. Según lo que ve en la
foto, ¿por qué desearía regresar a
San Juan?*

🔲 ENFOQUE

Según el censo de 1990, había 22.354.059 personas de origen hispánico en los Estados Unidos, aproximadamente 9% de la población del país. La mayoría de esa población es de origen mexicano, pero también hay un gran número de personas de origen puertorriqueño y cubano. Aunque mucho menos que los de origen mexicano, el número de puertorriqueños y cubanos en los Estados Unidos indica la relación especial entre los Estados Unidos, Puerto Rico y Cuba. Mientras Puerto Rico, establecido en 1952 como Estado Libre Asociado, está hoy día asociado con los Estados Unidos, Cuba, por el contrario, se ha desasociado totalmente de este país a partir de 1959, con el triunfo de la revolución cubana.

En las últimas décadas, por razones económicas y políticas, muchos puertorriqueños y cubanos han inmigrado a los Estados Unidos. Los puertorriqueños se concentraron especialmente en Nueva York donde, a pesar de sus esperanzas de mejorar económicamente, muchos siguen en medio de la pobreza. Por el contrario, la mayoría de los cubanos que han dejado Cuba después de 1959, por provenir generalmente de la clase media y tener una educación relativamente buena, han sabido aprovechar las oportunidades que se les han presentado. Aunque se les encuentra hoy día en muchas partes de los Estados Unidos, la mayoría vive en Miami, donde sus muchas contribuciones han transformado la ciudad.

Las obras literarias y pictóricas escogidas para esta unidad representan sólo unos momentos de la rica y fecunda historia cultural de las dos islas. La situación del puertorriqueño en Nueva York—su situación económica y su nostalgia por su isla tropical—es tema muy desarrollado en novelas y cuentos de varios escritores puertorriqueños. Entre ellos se destaca Pedro Juan Soto, autor de *Spiks,* colección de cuentos que reflejan la miseria y soledad que han caracterizado la vida en los barrios pobres. La obra poética del gran poeta cubano Nicolás Guillén se destaca por sus temas políticos y étnicos. Como se verá en el poema «Balada de los dos abuelos», Guillén es muy orgulloso de su origen mulato, y en otros poemas el poeta exalta la negritud. En la última parte de la unidad se presentan algunos trabajos de tres pintores cubanos—Amelia Peláez, Wifredo Lam y Mario Carreño—cuyas obras ejemplifican la síntesis de lo cosmopolita y lo autóctono que caracteriza el arte cubano moderno.

🔲 VOCABULARIO ÚTIL

Estudie estas palabras.

Verbos

amenazar   to threaten
quitarse   to take off, remove

Sustantivos

la almohada   pillow

la cocina   kitchen
la colcha   bedspread
el cuello   neck
el dormitorio   bedroom
la habitación   room
la Navidad   Christmas
la Nochebuena   Christmas Eve

la **pelota** ball
la **selva** jungle
el **sótano** basement
el **tamaño** size
la **voz** voice

alrededor de around
cuarto de baño bathroom
dar vueltas to circle
hacer caso de to pay attention to
jamás never

Otras palabras y expresiones
al cabo de after, at the end of

ANTICIPACIÓN

I. Complete Ud. con la forma apropiada de una palabra del **Vocabulario útil**.

Llegamos a su casa el veinticuatro de diciembre, es decir, la _____.
Siempre habíamos querido pasar la _____ juntos, pero varias cosas
lo habían impedido. La casa era más bien ordinaria—una sala pequeña, un
comedor cerca de la _____, un _____ y dos _____:
total, seis _____. Nosotros teníamos un apartamento en el
_____ de una casa de apartamentos en Nueva York y era un placer estar en el campo con nuestros amigos.

En la sala había un árbol de Navidad y los amigos dijeron que tenían que
buscar mucho para encontrar un árbol del _____ que querían.
_____ del árbol había figuritas que representaban a José, a María y al
Niño Jesús. También había pastores, los Reyes Magos *(Magi)* y varios animales:
no sólo ovejas, sino también perros, gatos y varios animales de la _____
tropical. Todo era muy lindo y _____ me he sentido más feliz que en
aquella ocasión.

II. El autor del cuento que Ud. va a leer en esta unidad imita el dialecto de muchos
puertorriqueños que viven en los Estados Unidos.

En ese dialecto, la mayoría de los cambios fonéticos son cambios del valor
de las consonantes.

A. La *s* al final de una sílaba o de una palabra tiende a desaparecer:

piensah	*piensas*	Cloh	*Clos*
quiereh	*quieres*	veremoh	*veremos*
uhté	*usted*	máh	*más*
dihparo	*disparo*	tuh	*tus*
caeh	*caes*	garabatoh	*garabatos*
neneh	*nenes*	altihta	*artista*
Dioh	*Dios*	ehcupidera	*escupidera*
ereh	*eres*	unoh	*unos*
buhcal	*buscar*	tuboh	*tubos*
esoh	*esos*	dieh	*diez*
vagoh	*vagos*	iráh	*irás*
loh	*los*	pesoh	*pesos*

eh *es*	muñecoh *muñecos*
mihmo *mismo*	suciedadeh *suciedades*
Crihmah *Crismas*	tieneh *tienes*
muchachoh *muchachos*	hijoh *hijos*
jugueteh *juguetes*	porqueríah *porquerías*
Reyeh *Reyes*	indecenciah *indecencias*

B. Se sustituye a veces la *r* por la *l*:

seguil *seguir*	dolol *dolor*	pintal *pintar*
embalgo *embargo*	teltulia *tertulia*	velgüenza *vergüenza*
calgo *cargo*	cael *caer*	fijalse *fijarse*
levantalte *levantarte*	quedal *quedar*	sucedel *suceder*
muelto *muerto*	Niu Yol *Niu Yor(k)*	buhcal *buscar*
altihta *artista*		

C. La *d* final y la *d* intervocálica desaparecen:

echao *echado*	condenao *condenado*	caricortaoh *caricortados*
toa *toda*	na *nada*	prehtá *prestada*
dao *dado*	to *todos*	

D. Otros cambios son menos frecuentes en el texto:

di *de*	pa *para*
aguántesen *aguántense*	si *se*

Vamos a ver si Ud. puede entender estas frases:

1. Neneh, que tengo dolol de cabeza, por Dioh, no hagan ruido…
2. ¿Qué piensah hacer hoy, buhcal trabajo?
3. ¿Piensah seguil de bar en bar, dibujando a to esoh vagoh *(bums)*?
4. Seguramente iráh a la teltulia de loh muchachoh.
5. A Niu Yol no vienen loh Reyeh. ¡A Niu Yol viene Santa Cloh!
6. Siempre eh lo mihmo.
7. Esoh muchachoh se van a quedal sin jugueteh.
8. Voy a buhcal un árbol pa loh muchachoh.

III. En la Navidad y en otras ocasiones les damos regalos a los amigos o a los familiares como expresión de nuestro cariño o amor. Complete Ud. estas frases de una manera personal.

1. En mi familia, es costumbre darnos regalos en…
2. Para el (la) niño(a) la Navidad (u otra ocasión parecida) es…
3. El mejor regalo que se le puede dar a un(a) amigo(a) es…
4. Si a una persona no le gusta el regalo que le dan, debe…
5. Lo malo de la Navidad es que…

Balada de los dos abuelos

Nicolás Guillén nació en Camagüey, Cuba, en 1904. Hijo de mulatos, era miembro de una familia pobre. Su padre era obrero y militante político, que fue asesinado cuando Guillén tenía quince años. Como resultado, Guillén tuvo que sufrir muchas privaciones para terminar su educación secundaria. Después, estudió derecho en La Habana y también trabajó de tipógrafo y reportero. En 1930 publicó sus primeros poemas, *Motivos del son*. De ahí en adelante, se dedicó a la poesía, una poesía esencialmente militante, de protesta social y política.

En los poemas de *Motivos del son* Guillén denuncia la situación de los negros cubanos de aquella época. El ritmo y el color de los poemas reflejan la música afrocubana, música que también comunicaba los dolores y las alegrías de la raza. En el segundo libro de sus poesías, *Sóngoro cosongo* (1931), el poeta denuncia la discriminación racial y defiende los derechos de los negros. «Balada de los dos abuelos» aparece en el tercer libro de sus poemas, *West Indies, Ltd.* (1934). En estos poemas Guillén se dirige a todos los cubanos—los negros, los blancos y los mulatos. Como se verá, por los dos abuelos Guillén nos ofrece una síntesis de la historia cubana y un comentario íntimo sobre sus propia identidad racial.

Sombras que sólo yo veo,
me escoltan mis dos abuelos.[1]

Lanza con punta de hueso,
tambor de cuero y madera:
5 Mi abuelo negro.

Gorguera en el cuello ancho,
gris armadura guerrera:
Mi abuelo blanco.

Pie desnudo, torso pétreo
10 los de mi negro;
¡pupilas de vidrio antártico
las de mi blanco!
Africa de selvas húmedas
y de gordos gangos sordos…
15 —¡Me muero!
(Dice mi abuelo negro.)
Aguaprieta de caimanes,
verdes mañanas de cocos…
—¡Me canso!
20 (Dice mi abuelo blanco.)

Oh velas de amargo viento,
galeón ardiendo en oro…
—¡Me muero!
(Dice mi abuelo negro.)

escoltan	*escort; accompany*
punta de hueso	*bone tip*
tambor	*drum*
Gorguera	*Ruff*
pétreo	*stony; like stone*
gangos	*metal musical instruments in the shape of a disk*
Aguaprieta de caimanes	*Black water with alligators*
cocos	*coconut palms*
ardiendo	*burning*

25 ¡Oh costas de cuello virgen
    engañadas de abolorios…!   engañadas de abolorios
    —¡Me canso!   deceived by glass beads
    (Dice mi abuelo blanco.)
    ¡Oh puro sol repujado,   repujado embossed
30 preso en el aro del trópico;   preso en el aro caught in the
    oh luna redonda y limpia   arc
    sobre el sueño de los monos!

    ¡Qué de barcos, qué de barcos!   Qué de How many
    ¡Qué de negros, qué de negros!²
35 ¡Qué largo fulgor de cañas!   fulgor de cañas brilliance of
    ¡Qué látigo el del negrero!   cane
    Piedra de llanto y de sangre,   látigo whip / negrero
    venas y ojos entreabiertos,   slave trader
    y madrugadas vacías,
40 y atardeceres de ingenio,   ingenio sugar mill
    y una gran voz, fuerte voz,
    despedazando el silencio.
    ¡Qué de barcos, qué de barcos,
    qué de negros!

45 Sombras que sólo yo veo,
    Me escoltan mis dos abuelos.

    Don Federico me grita
    y Taita Facundo calla;   Taita name respectfully
    los dos en la noche sueñan   used for an elderly black
50 y andan, andan.   man
    Yo los junto.   junto join
                —¡Federico!
    ¡Facundo! Los dos se abrazan.
    Los dos suspiran. Los dos
55 las fuertes cabezas alzan;   alzan raise
    los dos del mismo tamaño,
    bajo las estrellas altas;
    los dos del mismo tamaño,
    ansia negra y ansia blanca,   ansia yearning, longing
60 los dos del mismo tamaño,
    gritan, sueñan, lloran, cantan.
    Sueñan, lloran, cantan.
    Lloran, cantan.
    ¡Cantan!

Notas Culturales

1 Una de las técnicas que caracterizan las canciones africanas es el uso de repeticiones. ¿Cómo utiliza Guillén esa técnica en este poema?

2 En la primera parte del poema, Guillén describe a los dos abuelos antes de llegar

a Cuba y, después, al llegar a la isla. En los versos que siguen, describe la esclavitud en Cuba y se refiere al duro trabajo del esclavo en los campos y en el ingenio de azúcar.

Comprensión

1. ¿Por qué dice Guillén que sus abuelos lo acompañan y sólo él los puede ver?   2.   ¿Cómo contrasta el poeta la apariencia física de los dos abuelos? 3.   Al llegar a la isla, ¿por qué dice el abuelo negro «¡Me muero!» mientras el blanco dice: «¡Me canso!»?   4.   ¿Cómo se describe la isla?   5.   ¿Cómo describe Guillén el trabajo de los esclavos?   6.   En la última parte del poema, ¿cuál parece ser la actitud del poeta hacia sus dos abuelos?   7.   Durante la mayor parte del poema hay una alternación entre los dos abuelos. ¿Cómo cambia ese plan en los últimos versos del poema?

Garabatos

Pedro Juan Soto (1928–   ) es de una generación de escritores puertorriqueños cuyas obras se caracterizan por la protesta social. Estos escritores se preocupan por la condición económica y política tanto de los puertorriqueños que viven en la isla como de los que se han radicado en Nueva York, cuya población puertorriqueña sobrepasa un millón. Sus obras reflejan el descontento que existe en Puerto Rico como resultado de la pobreza y del estado legal de la isla como Estado Libre Asociado. Los temas principales de esta generación incluyen la vida en la isla bajo el dominio de los Estados Unidos, la imposición del inglés en las escuelas, las experiencias en la guerra de Corea y los problemas que viven muchos puertorriqueños en Nueva York: el crimen, la violencia, la soledad y la desesperanza.

Soto ha compartido muchas de las experiencias de su generación. Vino a Nueva York de Puerto Rico para cursar estudios universitarios y conocer el ambiente en que vivían más de un millón de puertorriqueños. Al graduarse de la universidad, hizo su servicio militar en el ejército de los Estados Unidos en Corea, experiencia que incorporaría—junto con su vida en Nueva York— como tema en sus cuentos y novelas. Además de ser escritor profesional, Soto es también educador (ha enseñado en la Universidad de Puerto Rico).

El cuento de Soto aquí incluido, «Garabatos», forma parte de su antología *Spiks*. De ese cuento dice el escritor:

… La idea me vino, muy a medias, mientras escuchaba a un querido amigo— pintor reconocido ahora, estudiante de pintura en octubre de 1953 —quejarse de la aparente insensibilidad de su esposa frente a sus creaciones artísticas. Sus cuitas eran similares a las mías, puesto que más de un pariente me consideraba ocupado en «cosas de vago» cada vez que me sorprendía escribiendo. Después de cinco semanas de trabajo intenso, me di por satisfecho en cuanto a «Garabatos». La simbología escogida me parece obvia ahora, sin embargo. El estrato económico del puertorriqueño-neoyorquino está obviamente ilustrado por ese sótano donde malviven los personajes. Y dentro de ese sótano, la ubicación posible del arte es el cuarto de baño. Visión pesimista, dirá alguien. No la creo pesimista, sino realista.

1

El reloj marcaba las siete y él despertó por un instante. Ni su mujer estaba en la cama, ni sus hijos en el camastro. Sepultó la cabeza bajo la almohada para ensordecer el escándalo que venía desde la cocina. No volvió a abrir los
5 ojos hasta las diez, obligado ahora por las sacudidas de Graciela.

Aclaró la vista estregando los ojos chicos y removiendo las lagañas, sólo para distinguir el cuerpo ancho de su mujer plantado frente a la cama, en aquella actitud
10 desafiante. Oyó la voz estentórea de ella, que parecía brotar directamente del ombligo.

—¡Qué! ¿Tú piensah seguil echao toa tu vida?

camastro   cot
Sepultó   He buried /
   ensordecer   close out,
   muffle
escándalo   racket, noise
las… Graciela   Graciela's
   shaking
Aclaró   He cleared /
   estregando   rubbing
lagañas   blearedness
desafiante   defiant /
   estentórea   loud
brotar   burst, originate /
   ombligo   navel

Parece que la mala barriga te ha dao a ti. Sin embalgo, yo calgo el muchacho.

15   Todavía él no la miraba a la cara. Fijaba la vista en el vientre hinchado, en la pelota de carne que crecía diariamente y que amenazaba romper el cinturón de la bata.

—¡Acaba de levantalte, condenao! ¿O quiereh que te eche agua?

20   Él vociferó a las piernas abiertas y a los brazos en jarras, al vientre amenazante, al rostro enojado:—¡Me levanto cuando me salga di adentro y no cuando uhté mande! ¡Adiós! ¿Qué se cree uhté?

Retornó la cabeza a las sábanas, oliendo las manchas
25 de brillantina en la almohada y el sudor pasmado de la colcha.

A ella le dominó la masa inerte del hombre: la amenaza latente en los brazos quietos, la semejanza del cuerpo al de un lagartijo enorme.

30   Ahogó los reproches en un morder de labios y caminó de nuevo hacia la cocina, dejando atrás la habitación donde chisporroteaba, sobre el ropero, la vela ofrecida a San Lázaro. Dejando atrás la palma bendita del último Domingo de Ramos y las estampas religiosas que
35 colgaban de la pared.

Era un sótano donde vivían. Pero aunque lo sostuviera la miseria, era un techo sobre sus cabezas. Aunque sobre ese techo patearan y barrieran otros inquilinos, aunque por las rendijas lloviera basura, ella agradecía a
40 sus santos tener dónde vivir. Pero Rosendo seguía sin empleo. Ni los santos lograban emplearlo. Siempre en las nubes, atento más a su propio desvarío que a su familia.

Sintió que iba a llorar. Ahora lloraba con tanta facilidad. Pensando: *Dios Santo si yo no hago más que parir*
45 *y parir como una perra y este hombre no se preocupa por buscar trabajo porque prefiere que el gobierno nos mantenga por correo mientras él se la pasa por ahí mirando a los cuatro vientos como Juan Bobo y diciendo que quiere ser pintor.*

50   Detuvo el llanto apretando los dientes, cerrando la salida de las quejas que pugnaban por hacerse grito. Devolviendo llanto y quejas al pozo de los nervios, donde aguardarían a que la histeria les abriera cauce y les transformara en insulto para el marido, o nalgada para los
55 hijos, o plegaria para la Virgen del Socorro.

Se sentó a la mesa, viendo a sus hijos correr por la cocina. Pensando en el árbol de Navidad que no tendrían y los juguetes que mañana habrían de envidiarles a los demás niños. *Porque esta noche es Nochebuena y ma-*
60 *ñana es Navidad.*

barriga *belly*
calgo (cargo) *carry*

vientre *belly, womb*
bata *bathrobe*
Acaba de levantalte
   (levantarte) *Hurry and
   get up*
vociferó *shouted* / en
   jarras *akimbo*
enojado *angry*

manchas *stains*
el sudor pasmado *the stale
   sweat*

semejanza *similarity*
lagartijo *lizard*
morder *biting*

chisporroteaba *was
   sputtering* / ropero
   wardrobe / vela *candle*
Domingo de Ramos *Palm
   Sunday* / estampas
   prints
sostuviera *supported*
patearan y barrieran
   stamped and swept
rendijas *cracks* / basura
   garbage

desvarío *madness, whim*

parir *give birth*

se la pasa *spends his time*
Juan Bobo *Crazy John*

apretando *gritting*
quejas *complaints* /
   pugnaban *struggled* /
   grito *scream*
pozo *well*
aguardarían *they would wait* /
   les abriera cauce *would
   open a path for them*
nalgada *spanking*
plegaria *supplication*
juguetes *toys*

—¡Ahora yo te dihparo y tú te caeh muelto!

Los niños jugaban bajo la mesa.

—Neneh, no hagan tanto ruido, bendito…

—¡Yo soy Chen Otry!—dijo el mayor.

65 —¡Y yo Palón Casidi!

—Neneh, que tengo dolol de cabeza, por Dioh…

—¡Tú no ereh Palón na! ¡Tú ereh el pillo y yo te mato!

—¡No! ¡Maaamiii!

70 Graciela torció el cuerpo y metió la cabeza bajo la mesa para verlos forcejear.

—¡Muchachos, salgan de ahí! ¡Maldita sea mi vida! ¡ROSENDO ACABA DE LEVANTALTE!

Los chiquillos corrían nuevamente por la habitación:
75 gritando y riendo uno, llorando otro.

—¡ROSENDO!

2

Rosendo bebía el café sin hacer caso de los insultos de la mujer.

—¿Qué piensah hacer hoy, buhcal trabajo o seguil
80 por ahí, de bodega en bodega y de bar en bar, dibujando a to esoh vagoh?

Él bebía el café del desayuno, mordiéndose los labios distraídamente, fumando entre sorbo y sorbo su último cigarrillo. Ella daba vueltas alrededor de la mesa, pasán-
85 dose la mano por encima del vientre para detener los movimientos del feto.

—Seguramente iráh a la teltulia[1] de loh caricortaoh a jugar alguna peseta prehtá, creyéndote que el maná va a cael del cielo hoy.

90 —Déjame quieto, mujer…

—¡Sí, siempre eh lo mihmo: ¡déjame quieto! Ma-ñana eh Crihmah y esoh muchachoh se van a quedal sin jugueteh.

—El día de Reyeh en enero.[2]

95 —A Niu Yol no vienen loh Reyeh. ¡A Niu Yol viene Santa Cloh!

—Bueno, cuando venga el que sea, ya veremoh.

—¡Ave María Purísima, qué padre! ¡Dioh mío! ¡No te preocupan na máh que tuh garabatoh! ¡El altihta! ¡Un
100 hombre viejo como tú!

Se levantó de la mesa y fue al dormitorio, hastiado de oír a la mujer. Miró por la única ventana. Toda la nieve caída tres días antes estaba sucia. Los automóviles habían aplastado y ennegrecido la del asfalto. La de las
105 aceras había sido hollada y orinada por hombres y perros.

Los días eran más fríos ahora porque la nieve estaba

te dihparo (te disparo) *I'll shoot you*

Chen Otry *Gene Autry*
Palón Casidi *Hopalong Cassidy*
pillo *bad guy*

torció *twisted* / metió *put*
forcejear *wrestle*

bodega *store* / dibujando *sketching*
vagoh (vagos) *bums*

distraídamente *distractedly* / sorbo y sorbo *one sip and another*

teltulia (tertulia) *party, gathering* / caricortaoh (caricortados) *good-for-nothings*
prehtá (prestada) *borrowed* / maná *manna*
Déjame quieto *Let me alone*

Niu Yol *New York*
Santa Cloh *Santa Claus*

garabatoh (garabatos) *scribblings*

hastiado *tired*

aplastado *flattened* / ennegrecido *blackened* / asfalto *pavement*
hollada *trampled* / orinada *urinated on*

allí, hostilmente presente, envilecida, acomodada en la miseria. Desprovista de toda la inocencia que trajo el primer día.

110 Era una calle lóbrega, bajo un aire pesado, en un día grandiosamente opaco.

Rosendo se acercó al ropero para sacar de una gaveta un envoltorio de papeles. Sentándose en el alféizar, comenzó a examinarlos. Allí estaban todas las bolsas del 115 papel que él había recogido para romperlas y dibujar. Dibujaba de noche, mientras la mujer y los hijos dormían. Dibujaba de memoria los rostros borrachos, los rostros angustiados de la gente de Harlem: todo lo visto y compartido en sus andanzas del día.

120 Graciela decía que él estaba en la segunda infancia. Si él se ausentaba de la mujer quejumbrosa y de los niños llorosos, explorando en la Babia imprecisa de sus trazos a lápiz, la mujer rezongaba y se mofaba.

Mañana era Navidad y ella se preocupaba porque los 125 niños no tendrían juguetes. No sabía que esta tarde él cobraría diez dólares por un rótulo hecho ayer para el bar de la esquina. Él guardaba esa sorpresa para Graciela. Como también guardaba la sorpresa del regalo de ella.

Para Graciela él pintaría un cuadro. Un cuadro que 130 resumiría aquel vivir juntos, en medio de carencias y frustraciones. Un cuadro con un parecido melancólico a aquellas fotografías tomadas en las fiestas patronales de Bayamón. Las fotografías del tiempo del noviazgo, que formaban parte del álbum de recuerdos de la familia. En 135 ellas, ambos aparecían recostados contra un taburete alto, en cuyo frente se leía «Nuestro Amor» o «Siempre Juntos». Detrás estaba el telón con las palmeras y el mar y una luna de papel dorado.

A Graciela le agradaría, seguramente, saber que en la 140 memoria de él no había muerto nada. Quizás después no se mofaría más de sus esfuerzos.

Por falta de materiales, tendría que hacerlo en una pared y con carbón. Pero sería suyo, de sus manos, hecho para ella.

3

145 A la caldera del edificio iba a parar toda la madera vieja e inservible que el superintendente traía de todos los pisos. De allí sacó Rosendo el carbón que necesitaba. Luego anduvo por el sótano buscando una pared. En el dormitorio no podía ser. Graciela no permitiría que él descol-150 gara sus estampas y sus ramos.

La cocina estaba demasiado resquebrajada y mugrienta.

Glosas:

envilecida *vilified* / acomodada en *at home with*
Desprovista de *Stripped of*
lóbrega *gloomy, murky*

gaveta *drawer*
envoltorio *bundle* / alféizar *window sill*
bolsas *bags*

compartido *shared* / andanzas *wanderings*
quejumbrosa *grumbling*
Babia *absent-mindedness*
trazos a lápiz *pencil drawings* / rezongaba *grumbled* / se mofaba *sneered*
cobraría *would collect* / rótulo *sign*
guardaba *was saving*

resumiría *would summarize* / carencias *deprivations*
parecido *similarity*
fiestas patronales *saint's day parties*
noviazgo *engagement*
recostados *leaning* / taburete *stool*
en cuyo frente *in front of which*
telón *backdrop*
dorado *golden*

carbón *charcoal*

caldera *boiler* / iba a parar *wound up*

descolgara *take down*

resquebrajada *cracked* / mugrienta *grimy, filthy*

—Si necesitan ir al cuarto de baño—dijo a su mujer—, aguántesen o usen la ehcupidera. Tengo que
155 arreglar unoh tuboh.

Cerró la puerta y limpió la pared de clavos y telarañas. Bosquejó su idea: un hombre a caballo, desnudo y musculoso, que se inclinaba para abrazar a una mujer desnuda también, envuelta en una melena negra que
160 servía de origen a la noche.

Meticulosamente, pacientemente, retocó repetidas veces los rasgos que no le satisfacían. Al cabo de unas horas, decidió salir a la calle a cobrar sus diez dólares, a comprar un árbol de Navidad y juguetes para sus hijos.
165 De paso, traería tizas de colores del «candy store». Este cuadro tendría mar y palmeras y luna. Y colores, muchos colores. Mañana era Navidad.

Graciela iba y venía por el sótano, corrigiendo a los hijos, guardando ropa lavada, atendiendo a las hornillas
170 encendidas.

Él vistió su abrigo remendado.

—Voy a buhcal un árbol pa loh muchachoh. Don Pedro me debe dieh pesoh.

Ella le sonrió, dando gracias a los santos por el
175 milagro de los diez dólares.

4

Regresó de noche al sótano, oloroso a whisky y a cerveza. Los niños se habían dormido ya. Acomodó el árbol en un rincón de la cocina y rodeó el tronco con juguetes.

Comió el arroz con frituras, sin tener hambre,
180 pendiente más de lo que haría luego. De rato en rato, miraba a Graciela, buscando en los labios de ella la sonrisa que no llegaba.

Retiró la taza quebrada que contuvo el café, puso las tizas sobre la mesa, y buscó en los bolsillos el cigarrillo
185 que no tenía.

—Esoh muñecoh loh borré.

Él olvidó el cigarrillo.

—¿Ahora te dio por pintal suciedadeh?

Él dejó caer la sonrisa en el abismo de su realidad.
190 —Ya ni velgüenza tieneh…

Su sangre se hizo agua fría.

—… obligando a tus hijoh a fijalse en porqueríah, en indecenciah… Loh borré y si acabó y no quiero que vuelva sucedel.
195 Quiso abofetearla pero los deseos se le paralizaron en algún punto del organismo, sin llegar a los brazos, sin hacerse furia descontrolada en los puños.

---

aguántesen (aguántense) *hold it* / ehcupidera (escupidera) *chamber pot*
tuboh (tubos) *pipes*
clavos *nails* / telarañas *cobwebs*
Bosquejó *He sketched*
se inclinaba *leaned down*
melena *mane*

De paso *On the way* / tizas *chalk*

guardando *putting away*
hornillas encendidas *lighted burners (of a stove)*
remendado *patched*

oloroso a *smelling of*

frituras *fritters*
pendiente *absorbed* / De… rato *From time to time*

Retiró *Removed* / quebrada *chipped*

muñecoh (muñecos) *drawings*

suciedadeh (suciedades) *filth*

velgüenza (vergüenza) *shame*

vuelva sucedel (vuelva a suceder) *happen again*
abofetearla *strike her*

puños *fists*

Al incorporarse de la silla, sintió que todo él se vaciaba por los pies. Todo él había sido estrujado por un
200 trapo de piso y las manos de ella le habían exprimido fuera del mundo.

Fue al cuarto de baño. No quedaba nada suyo. Sólo los clavos, torcidos y mohosos, devueltos a su lugar. Sólo las arañas vueltas a hilar.
205 Aquella pared no era más que la lápida ancha y clara de sus sueños.

Spiks, 1956.

Al incorporarse *Upon rising* / se vaciaba *was draining out*
estrujado *wrung out, wiped out*
trapo de piso *rag for washing the floor* / exprimido *squeezed*
torcidos *twisted* / mohosos *rusty*
arañas… hilar *spiders, spinning again*

Notas Culturales

1 Las tertulias son reuniones sociales de personas que se reúnen para conversar. Por ejemplo, hay tertulias políticas o literarias, y normalmente tienen lugar en un bar o en un café, en cierto día de la semana, a una hora fija.

2 Aunque es costumbre en los Estados Unidos presentar los regalos el 25 de diciembre, en los países hispánicos se dan los regalos tradicionalmente el 6 de enero, Día de los Reyes Magos.

Comprensión

1. ¿Cómo despertó Graciela a su marido?   2. ¿Se despertó él en seguida?
3. ¿En qué condiciones físicas estaba Graciela?   4. ¿Qué cosas religiosas había en el dormitorio?   5. ¿En qué parte del edificio vivían?   6. ¿Cómo era su apartamento?   7. ¿Qué empleo tenía Rosendo?   8. ¿Cómo se mantenían ellos?
9. ¿Cómo se manifestaban de vez en cuando las preocupaciones de Graciela?
10. ¿En qué día tuvo lugar la acción del cuento?   11. Según Graciela, ¿cómo pasaría Rosendo el día?   12. ¿Qué es lo que podía verse desde la ventana?
13. ¿Qué hacía Rosendo de noche, mientras los otros dormían?   14. ¿Qué es lo que no sabía Graciela?   15. ¿Qué cuadro pintó Rosendo?   16. ¿Por qué pensaba Rosendo que el cuadro le gustaría a Graciela?   17. ¿Dónde pintó el cuadro? ¿Por qué?   18. ¿Cómo reaccionó Graciela frente al regalo de Rosendo?
19. ¿Qué emociones sentía Rosendo al escuchar lo que le dijo su mujer?
20. ¿Qué significó para Rosendo la destrucción de su cuadro?

Expansión

I. Análisis literario

1. Describa Ud. la casa de Rosendo y las condiciones en que vive la familia.
2. ¿Se puede decir que lo que se ve por la ventana de la casa tiene un valor simbólico, además de ser una realidad? Comente Ud.   3. ¿Cómo son los recuerdos que tiene Rosendo de Puerto Rico?   4. ¿En qué sentido puede decirse que este cuento nos presenta el desencuentro de dos personas?

II. Narración

¿Se ha encontrado Ud. en una situación donde un(a) amigo(a) o un(a) familiar haya entendido mal su motivos para decir o hacer algo? Escriba una narración sobre una situación así, sea real o imaginaria. No se olvide de incluir las tres partes de la narración: la situación o «escena»; lo que ocurrió y por qué ocurrió; y el desenlace (cómo reaccionó Ud.).

III. Minidrama

Con otra(s) persona(s) de la clase, presente Ud. un breve drama sobre una situación en la que una persona interpreta mal lo que dice o hace otra persona. Algunos temas posibles:

1. Una variación del cuento de Soto: Graciela le da un regalo a Rosendo y éste interpreta mal lo que ella ha querido expresar.
2. Una estudiante les dice a sus padres que ha decidido vivir en un apartamento con otros dos estudiantes, uno de los cuales es un hombre. Sus padres interpretan mal sus motivos.
3. El papel de la mujer ha cambiado bastante en nuestra sociedad pero algunos hombres no quieren aceptar el cambio. Esto puede producir conflicto entre esposos o entre la mujer y el hombre en los negocios. Presente una situación de ese tipo. (*Variación:* una mujer de la clase hace el papel del hombre y un hombre hace el de la mujer.)

IV. Opiniones y actitudes

Explique Ud. a la clase o escriba un párrafo sobre uno de los temas siguientes:

1. El problema de la inmigración de refugiados del Caribe.
2. Puerto Rico: ¿debe ser estado, país o Estado Asociado Libre?
3. El racismo y la inmigración.

V. Situación

Con un(a) compañero(a) de clase, presenten Uds. a la clase un diálogo en el cual Uds. discuten las relaciones que han existido entre Cuba y los Estados Unidos. Uno de Uds. cree que la política de aislar Cuba era correcta. Menciona la relación que existía entre Cuba y la Unión Soviética, el esfuerzo de exportar la revolución a otros países, la falta de derechos humanos en Cuba, la intransigencia de Castro y otros factores que justificaban la política de los Estados Unidos. La otra persona está de acuerdo con algunas de esas observaciones, pero cree que siempre es mejor dialogar que aislar. Cita el ejemplo de los diálogos entre los líderes de los Estados Unidos y la Unión Soviética, diálogos que eventualmente resultaron en un cambio profundo en las relaciones entre los dos países. Para esa persona, el aislamiento no es solución: es parte del problema. (Uds. deben añadir otros argumentos para apoyar su opinión.)

El arte moderno cubano

A principios del siglo XX, el arte cubano era de poca originalidad y de marcada tendencia tradicionalista; sin embargo, en la década del 20 aparecieron algunos innovadores que buscaron liberarse de los temas y estilos de la generación previa. Incorporaron al arte cubano los más variados estilos europeos: el surrealismo, el cubismo, el expresionismo, etc. En el caso del arte representativo, muchos motivos son netamente cubanos: el gallo, los animales campestres, el paisaje tropical y especialmente el tema afrocubano. Dentro de este esquema general se encuentra un individualismo muy hispánico, como se puede observar en la obra de los tres artistas que se incluyen aquí: *Amelia Peláez* (1897–1968), *Wifredo Lam* (1902–   ) y *Mario Carreño* (1913–   ).

Amelia Peláez inició sus estudios de arte en la Academia de San Alejandro en La Habana, pero el deseo de conocer mejor las nuevas técnicas del arte moderno la llevó primero a Nueva York y después a Francia, donde pasó siete años estudiando y buscando una expresión propia. Al volver a Cuba Peláez presentó una exposición de su obra. Luego se dedicó a pintar objetos domésticos y es aquí donde descubrió su propio estilo. Los motivos decorativos que se mezclan en sus cuadros—plantas, rejas, vidrios de colores, etc.—prestan un aspecto barroco a sus pinturas, vinculándola a una tradición muy arraigada en la cultura hispánica. Aunque también se ha interesado por el arte abstracto, lo que caracteriza su obra y la ha llevado a los mejores museos del mundo es su expresión de la tradición criolla de los pueblos provincianos.

Wifredo Lam, hijo de padre chino y madre mulata, nació en un pueblo interior de Cuba. Su padre, hombre culto y amante de la educación, lo alentó siempre en su carrera de pintor. De su madre aprendió los bailes, canciones y ritos afrocubanos que llegarían a tener una influencia enorme en su obra futura. Lam fue becado por su ciudad natal y fue a Madrid, donde había de pasar unos quince años y llegaría a familiarizarse con la tradición artística europea de la época. Pero sólo años más tarde llegaría a interesarse seriamente por lo que él llamó la *cosa negra*. En unas máscaras y esculturas negras que vio por primera vez en Madrid, descubrió Lam otra tradición, suya por derecho de la sangre, y este encuentro le dio mayor conciencia de su persona, de los medios que eran suyos. Al estallar la Guerra Civil Española en 1936 Lam fue primero a Barcelona y después a París, donde intimó con Picasso y con los surrealistas, y absorbió técnicas e ideas que habían de influir mucho en su evolución posterior. Picasso se interesó mucho por el cubano, y compartió su entusiasmo por el arte africano. Con la llegada de la Segunda Guerra Mundial a Francia, volvió Lam a Cuba, donde en la década del 40 pintó obras de inspiración afrocubana. Tal vez la más importante de esas pinturas es *La manigua (La jungla)*, obra neoprimitiva de enorme vitalidad. En ésta el pintor nos presenta las fuerzas irracionales de la subsconsciencia por medio de imágenes surrealistas en las que se mezclan formas semi-humanas con las de una vegetación exuberante.

Como Peláez y Lam, Mario Carreño también estudió en la Academia de San Alejandro antes de viajar a Europa. Como Lam, vivió primero en Madrid (1932–1935) y después en París, con una breve estadía en México. Al estallar la Segunda Guerra Mundial, Carreño volvió a Cuba, y después estuvo en los

Estados Unidos, como profesor de pintura en la New School for Social Research en Nueva York. Hoy día sigue viviendo en el extranjero. La obra de Carreño se divide entre obras representativas de puro tema cubano y obras abstractas. En el cuadro *Tornado* capta Carreño la violencia de los desastres naturales en un estilo caracterizado por la energía y la vitalidad.

En las obras de Peláez, Lam y Carreño vemos una síntesis de lo moderno y lo tradicional, de lo cosmopolita y lo autóctono y de las varias tradiciones culturales donde se halla el genio del artista hispanoamericano contemporáneo.

Mario Carreño, Tornado. *1941. Oil on canvas, 31″ × 41″. Collection, The Museum of Modern Art, New York. Inter-American Fund.*

Tornado

¿Cuántos objetos puede Ud. identificar en este cuadro? ¿En qué sentido es realista la pintura? ¿Se podría interpretarla también como pintura surrealista? ¿Hay elementos abstractos? ¿Cuáles son?

*Peláez del Casal, Amelia.
Fishes. 1943. Oil on
canvas,   45½″ × 35⅛″.
Collection, The Museum
of Modern Art, New York.
Inter-American Fund.*

Pescados

**Además de los pescados, ¿qué otros objetos puede Ud. identificar en el cuadro?
¿Hay elementos barrocos en *Pescados*? ¿Cómo es la perspectiva en la pintura?**

Lam, Wifredo, The Jungle. *1943. Gouache on paper mounted on canvas, 7'10¼" × 7'6½".   Collection, The Museum of Modern Art, New York. Inter-American Fund.*

La manigua (La jungla)

Las leyes de la perspectiva indican que los objetos alejados se ven más pequeños que los cercanos y que las líneas paralelas parecen converger hacia un punto situado en el infinito (punto de fuga). En *La manigua*, de Wifredo Lam, el pintor parece rechazar ese concepto de la composición; cada parte del cuadro tiene tanta importancia como las otras. En las formas humanas del cuadro no es difícil distinguir tanto la influencia de las máscaras africanas como la de Picasso en su época de *Guernica*. El cuadro en su totalidad puede interpretarse por lo menos en dos niveles: como representación de las danzas (del culto de vudú), presenciadas por el artista, o como representación de las fuerzas poderosas de la subconsciencia del hombre moderno.

PARA COMENTAR

1. ¿Cuáles son los principales motivos tropicales representados en los cuadros que hemos visto?

2. Específicamente, ¿qué técnicas modernas han utilizado los pintores en estos cuadros?

3. ¿Cuál es la mejor pintura para Ud.? ¿Por qué?

4. Comente Ud. sobre el simbolismo usado en una de las obras literarias y en una de las pinturas estudiadas en esta unidad.

5. Escriba Ud. un ensayo sobre uno de los temas siguientes:
   a. Los problemas que va a tener que enfrentar el inmigrante a los Estados Unidos.
   b. Las contribuciones de los afroamericanos a nuestra cultura.
   c. La acción afirmativa en nuestro país.

La presencia hispánica en los Estados Unidos

En muchas familias hispanas en los Estados Unidos se conservan muchas tradiciones. ¿Qué hacen la madre y su hijo en esta foto?

▣ ENFOQUE

Hoy día, el 9% de la población total de los Estados Unidos se identifica como personas de origen hispánico. En algunas regiones este porcentaje es más grande: en el Suroeste, por ejemplo, y en California, Illinois, Nueva York y Florida.

Como son diversas las razones por las cuales estos inmigrantes o descendientes de inmigrantes hispanos viven hoy en los Estados Unidos, también es diversa la actitud que adoptan frente a la cultura norteamericana. Algunos, como los cubanos que buscaron refugio en este país después de la revolución de 1959, aceptan la cultura estadounidense. Otros, que se ven incorporados a la fuerza, la rechazan y tienden a defender su cultura original. Tal es el caso de muchos descendientes de puertorriqueños y mexicanos. La actitud de estos últimos, especialmente la de muchos jóvenes de hoy, es el resultado lógico de un proceso histórico que se basó más en la fuerza que en la elección y que produjo y sigue produciendo antagonismos entre hispanos y anglosajones.

Existen hoy movimientos para mejorar la condición del hispano en el Suroeste y están íntimamente vinculados con otros movimientos de bienestar social y económico que surgieron después de la Segunda Guerra Mundial. Sin embargo, había poca actividad organizada entre los hispanos hasta 1965 cuando, bajo la dirección práctica y espiritual de César Estrada Chávez, se proclamó el Plan de Delano en California. El Plan, que reflejaba la solidaridad espiritual e idealista de los campesinos y que se llamó La Causa, rápidamente ganó el apoyo de los habitantes urbanos. Además de Chávez, surgieron otros líderes carismáticos como Reies López Tijerina en Nuevo México y Rodolfo (Corky) Gonzales en Colorado. Tijerina se dedicó a tratar de recobrar las tierras confiscadas a los hispanos por los anglosajones después de 1848, fecha del Tratado de Guadalupe Hidalgo. Fundó la Alianza Federal de los Pueblos Libres, movimiento que ya no existe hoy, pero cuyo ejemplo ha inspirado a varios abogados que siguen trabajando a favor de los derechos de los habitantes de la región. En la metrópoli, la actividad de Corky Gonzales ha sido extraordinaria, tanto en la política como en sus esfuerzos para mejorar la condición de los pobres de los centros urbanos. Fundó La Raza Unida, partido político que fomenta los intereses de los chicanos y creó La Crusada para la Justicia con el fin de preservar su cultura.

Toda esta actividad de carácter político, económico y social también ha despertado un vivo interés por las raíces de la cultura hispana. Resultado de ese interés es el reconocimiento del valor de una rica tradición de artes populares, tanto en la literatura como en las artes plásticas. Aquí presentamos dos aspectos del arte popular: la poesía popular del pueblo hispano del suroeste de los Estados Unidos y el arte de los santeros de Nuevo México.

▦ VOCABULARIO ÚTIL

Estudie estas palabras.

Verbos

acertar   to succeed, to hit the mark

despedirse de   to say good-bye

errar   to fail, to miss the target

halagar   to flatter

pronunciar   to pronounce

Sustantivos

la escalera   stairway

la lástima   pity

la mantequilla   butter

el plazo   time (limit, fixed date)

el santo   saint

la sombra   shadow

el vaivén   fluctuation, inconsistancy

la voz   voice

Adjetivos

apreciado, -a   esteemed

corto, -a   short

entusiasmado, -a   enthusiastic

lindo, -a   pretty

ocioso, -a   idle

Otras palabras y expresiones

dar cuenta   to give or pay an account

ANTICIPACIÓN

I. Complete Ud. el párrafo siguiente con la forma apropiada de una palabra o expresión del **Vocabulario útil**.

Es difícil explicar por qué nos gustaba tanto la profesora. Aunque no era ni _____ ni fea y era algo _____ de vista y usaba anteojos, nos encantaba escuchar su _____. _____ las palabras claramente cuando hablaba y siempre acertaba a decir exactamente lo que quería expresar: no _____ ni una vez. En sus clases no había estudiante _____: siempre le daba a cada uno un _____ fijo para terminar cada tarea. En sus relaciones personales con los estudiantes, era tan buena que todos pensábamos que era _____. Cuando supimos que iba a jubilarse *(retire)*, decidimos darle una fiesta, para _____ de ella. Creo que ella sabía que era muy _____ por los estudiantes.

II. Lea el siguiente trozo que es de un poema que va a leer en esta unidad. Subraye las palabras o las expresiones que Ud. no entienda. Después, con otras dos personas de la clase, discuta lo subrayado para saber si pueden adivinar lo que quiere decir.

> Al fin yo voy a llegar
> A donde voy a expirar:
> Tengan lástima de mí
> No me hagan por Dios penar.
> Yo indelincuente fui,

Pago vida sin razón.
Yo a todos pido perdón
Y a Jesús con tierna voz.
Disparen armas a un tiempo
Para darle cuenta a Dios;
Ya se me llegó mi plazo
De ochocientos treinta y dos.

III. Complete Ud. las siguientes frases para expresar su opinión personal.

1. Si supiera que me iban a matar mañana, yo...
2. A mí me parece que los sindicatos u otras organizaciones de trabajadores...
3. En nuestro país, los prejuicios *(prejudices)* raciales...
4. Al pensar en el vaivén de la fortuna, pienso que es mejor...
5. Un buen ejemplo del arte folklórico en nuestro país es...

La poesía popular del Suroeste

Como nota el distinguido folklorista y profesor Arthur L. Campa en su libro *Hispanic Culture in the Southwest* (University of Oklahoma Press, Norman, 1979), el cantar siempre era importante en la cultura española. Por eso, al llegar los españoles al suroeste de nuestro país trajeron consigo una gran cantidad de canciones. De Texas a California fundaron pueblos y allí siguieron cantando las canciones viejas y compusieron canciones nuevas. Muchas de las canciones antiguas, así como las que componían las generaciones posteriores, han sobrevivido y todavía se cantan. De esta manera se ha creado un repertorio de música y poesía que refleja todos los aspectos de la vida de los hispanos del Suroeste: sus amores y sus sufrimientos; sus actitudes religiosas y filosóficas; sus problemas sociales, políticos y económicos; sus historias personales. En breve, se incluye todo lo que tiene importancia en la vida diaria de la gente.

En el sentido más profundo, esta poesía es popular—es del pueblo. Tanto los compositores como los cantores antiguos generalmente eran anónimos: no sabemos sus nombres. A veces lo que se cantaba celebraba algún episodio local y servía más o menos como una historia del pueblo. Pero la gran mayoría de las composiciones se creaban para ocasiones especiales como las fiestas, las bodas, los funerales y los cumpleaños. Generalmente los versos eran octosilábicos, continuando una vieja tradición española, y se usaba la rima.

Los poemas que se incluyen aquí se compusieron entre 1832 y 1966, lo cual sugiere que esa rica tradición todavía es una parte vital de la cultura hispana del Suroeste.

Como lo expresó Rodolfo Gonzales en su poema *«Yo soy Joaquín»*,

> Los corridos dicen los cuentos
> de vida y muerte,
> de tradición
> leyendas viejas y nuevas
> de alegría
> de pasión y pesar
> de la gente—que soy yo.

Los corridos, poemas narrativos, pasaron de Andalucía a México en el siglo XVIII y de allí se los llevaron al suroeste de los Estados Unidos. Aquí presentamos dos ejemplos: el corrido más antiguo que se ha encontrado en Nuevo México («El condenado a muerte») y un corrido moderno de protesta social («El corrido de César Chávez»).

EL CONDENADO A MUERTE[1]

Miércoles veinte de julio
De ochocientos treinta y dos;
Me llevan para el sepulcro

Para darle cuenta a Dios.
5 Me llevan pa' la capilla
Bajando por escalones
Quebrando los corazones
De los padres de familia.
Un sacerdote me auxilia,
10 Tropa me va acompañando
Los cornetas van tocando.
Ya sin remedio ninguno
Me llevan para el sepulcro
Miércoles veinte de julio.
15 En fin yo voy a llegar
A donde voy a morir
Me tengo que despedir
Con mi voz muy lastimosa.
Adiós, mi querida esposa,
20 Encomiéndame a los Santos
Con tiernas voces y llantos
Que parezca un mar profundo.
Pidiendo misericordia
Me despido de este mundo.
25 Al fin yo voy a llegar
A donde voy a expirar;
Tengan lástima de mí
No me hagan por Dios penar
Yo indelincuente fui,
30 Pago vida sin razón.
Yo a todos pido perdón
Y a Jesús con tierna voz.
Disparen armas a un tiempo
Para darle cuenta a Dios;
35 Ya se me llegó mi plazo
De ochocientos treinta y dos.

pa' = para *to* / capilla *chapel*

cornetas *buglers*

Encomiéndame *Commend me*
tiernas *tender* / llantos *weeping*
misericordia *mercy*

penar *suffer*

Disparen *Shoot*

EL CORRIDO DE CÉSAR CHÁVEZ[2]

En un día siete de marzo,
Jueves Santo en la mañana,
Salió César de Delano
Componiendo una campaña.
5 Compañeros campesinos
Éste va a ser un ejemplo
Esta marcha la llevamos
Hasta mero Sacramento.
Cuando llegamos a Fresno
10 Toda la gente gritaba,

Componiendo una campaña *Gathering a campaign*

Hasta mero *Right up to*

«¡Y que viva César Chávez
Y la gente que llevaba!»
Nos despedimos de Fresno;
Nos despedimos con fe
15 Para llegar muy contentos
Hasta el pueblo de Merced.
Ya vamos llegando a Stockton,
Ya mero la luz se fue;
Pero mi gente gritaba,
20 «¡Sigan con bastante fe!»
Cuando llegamos a Stockton
Los mariachis nos cantaban.
«¡Y que viva César Chávez
Y la Virgen que llevaba!»
25 Contratistas esquiroles,
Ésta va a ser una historia;
Ustedes van al infierno,
Nosotros a la gloria.
Ese señor César Chávez,
30 Él es un hombre cabal;
Quería verse cara a cara
Con el gobernador Brown.
Oiga, Señor César Chávez,
Su nombre que se pronuncia
35 En su pecho usted merece
La Virgen de Guadalupe.

que llevaba that he took with him

Ya mero… fue Now the light was almost gone

Contratistas esquiroles Scab contractors

hombre cabal real man

La música de la décima era difícil y por eso las décimas no eran muy populares entre los jóvenes. Sin embargo, la décima sobrevivió como poesía popular. Empieza la décima con un cuarteto y después hay cuatro estrofas de diez versos cada una. El último verso de cada estrofa repite uno de los versos del cuarteto. Los temas de las décimas que se han encontrado en Nuevo México varían, pero muchos son líricos o filosóficos, como se puede notar en las siguientes décimas.

APRENDER, FLORES, DE MÍ[3]

Aprender, flores, de mí
Lo que va de ayer a hoy;
Ayer maravilla fui
Hoy sombra de mí no soy.
5   *La rueda de mi fortuna*
Se volteó tan de improviso,
Tan inesperado y preciso
Fue el golpe que me pegó,
Que nada puedo hacer yo

Lo que… hoy How far yesterday is from today
maravilla wonder, marvel

Se volteó… improviso Took such a sudden turn

10 Sino es lamentar mi suerte.
Y reclamando a la muerte
Les digo hoy con frenesí:
—Ni vivan tan orgullosos,
Aprender, flores, de mí.
15 De todo el mundo fui amigo
Y me vi muy apreciado.
Cuando yo era afortunado
Todos, todos me halagaban.
Recuerdo que me rogaban
20 Los que ahora apenas me ven,
Y mirando tal vaivén
Dándoles consejo estoy,
De que hay una gran distancia
Lo que hubo de ayer a hoy.
25 Dios con su gran poder
Lo hizo todo de la nada,
Y la muerte entusiasmada
Se hace dos mil ilusiones,
Y juega dos mil traiciones
30 Sin saber lo que va a hacer.
Y al fin viene a perecer
Víctima de un gran frenesí
Pues yo siendo hoy desdichado
Ayer maravilla fui.
35 Bien desengañado estoy,
Que este mundo es escalera
Que uno acierta y otro yerra.
En esta rica importuna
Viva el que pierde su suerte.
40 Yo lloraré hasta la muerte
La situación en que estoy,
Que ayer siendo maravilla
Hoy sombra de mí no soy.

Sino es   *Except*

con frenesí   *urgently*

halagaban   *praised*
rogaban   *begged*
apenas   *scarcely*

Lo que… hoy   *Between what was yesterday and (what exists) today*

perecer   *perish*

desdichado   *unhappy*

desengañado   *disillusioned*

Que uno… yerra   *On which one succeeds and another fails*
importuna   *inopportune state*

ESTANDO DE OCIOSO UN DÍA

Estando de ocioso un día
Esto me quedé pensando:
—Mientras que el tiempo se pasa
También yo me voy pasando.[4]

5 ¡Qué largo es un año entero!
Dije para mí solito.
Un mes poco más cortito.
Y es más corta un semana.
Un día es cosa de menos,
10 Y un minuto ya sabemos

Estando de ocioso   *Being idle*
Esto… pensando   *I kept on thinking this*

Dije… solito   *I said just to myself*

cosa de menos   *a smaller thing*

Cuán pronto se pasaría.
Esto me puse a pensar
Estando de ocioso un día.
      Enero y febrero pasan,
15 Y siguen marzo y abril.
Mayo tiene que seguir
Como junio su carrera,
Julio y agosto no esperan
Como septiembre y octubre.
20 Noviembre como es costumbre
A diciembre va llamando.
Un día por pasatiempo
Esto me quedé pensando.
      Era un domingo en la tarde
25 Cuando me puse a pensar
Si tendría que pasar
Lunes y martes llorando,
Y el miércoles preparando
Para el jueves diversión.
30 Y el viernes con precaución
De estar el sábado en casa,
Porque algo tendré que hacer
Mientras que el tiempo se pasa.
      Cuando acabé de pensar
35 Un sobresalto sentí,
Y luego me decidí
A buscar quién me quisiera.
Sea linda o sea fea,
El cuento es hallar alguna
40 Que aunque es poca mi fortuna
No debo estar esperando,
Porque si el tiempo se pasa
También yo me voy pasando.

Cuán… pasaría   *How soon it would pass*

acabé de pensar   *I had finished thinking*
sobresalto   *shock, fright*

El cuento es   *The important thing is*

La canción era tal vez la forma lírica más popular que se usaba en el Suroeste. Su temática varía enormemente y su forma también. Aquí incluimos una canción humorística que es típica del género.

LOS POCHIS[5] DE CALIFORNIA

      Los pochis de California
No saben comer tortilla
Porque sólo en la mesa
Usan pan con mantequilla.
5   Me casé con una pochi
Para aprender el inglés
Y a los tres días de casado
Yo ya le decía *yes*.

a los… casado   *three days after getting married*

Notas Culturales

1   Este corrido es el más antiguo que se conoce en Nuevo México. El autor no explica por qué lo van a ejecutar e insiste que es inocente.

2   Este corrido se refiere a la marcha que tuvo lugar en marzo de 1966, de Delano a Sacramento, California.

3   Este verso refleja un poema famoso del poeta español Luis de Góngora (1561–1627). Es probable que Góngora usara un poema popular como base de su poema «Aprended, flores, de mí».

4   El concepto de que la vida es breve y de que pronto uno se morirá es antiguo. Ud. ya lo ha encontrado en la Unidad 3, en el poema azteca y en las *Coplas* de Jorge Manrique.

5   Los «pochis» es el nombre que se usa para describir a los californianos que hablan mal el español.

Comprensión

1. Según Rodolfo Gonzales, ¿cuáles son algunos temas de los corridos? 2. En el corrido «El condenado a muerte», ¿quiénes acompañan al condenado? 3. ¿De quién se despide el condenado? 4. Según el condenado, ¿era inocente o culpable del crimen? 5. ¿Qué favor les pide el condenado a los que lo van a matar? 6. En «El corrido de César Chávez», ¿cómo recibió la gente de Fresno a los que participaban en la marcha? 7. ¿Qué piensan los manifestantes de los contratistas? 8. ¿Qué piensan de César Chávez? 9. ¿Por qué no eran muy populares las décimas entre los jóvenes? 10. En la décima «Aprender, flores, de mí», ¿cómo cambió la fortuna de la persona que habla? 11. Al cambiar su fortuna, ¿cómo cambiaron sus amigos? 12. ¿Cuál es la conclusión de la persona? 13. En «Estando de ocioso un día», ¿qué piensa el narrador del tiempo? 14. Al llegar a esa conclusión, ¿qué decide hacer? 15. En la canción «Los pochis de California», ¿cómo se nos indica que los «pochis» han perdido contacto con sus raíces hispanas?

EXPANSIÓN

I. Análisis literario

1. Describa Ud. en sus propias palabras la actitud del condenado frente a la muerte. 2. ¿Cómo describiría Ud. la actitud de los que participan en la marcha entre Delano y Sacramento? 3. ¿Por qué se compara la fortuna del hombre con las flores en la décima «Aprender, flores, de mí»? 4. Describa Ud. en sus propias palabras el tema de «Estando de ocioso un día». ¿Cómo nos presenta el poeta el tema? 5. ¿Cuál de los poemas le gustó más a Ud.? ¿Por qué?

II. Ensayo

Pensando en el cuento «Garabatos», de Soto (Unidad 11), y en los varios poemas que Ud. ha leído en esta unidad, escriba un ensayo sobre «Los temas de la literatura hispánica en los Estados Unidos». Ud. puede usar el siguiente plan o su propio plan.

Los temas de la literatura hispánica
en los Estados Unidos

I.   Los temas sociales

    A. El problema de la pobreza

    B. La protesta social contra la injusticia

    C. La continuación de la cultura hispánica en los Estados Unidos

II. Los temas filosóficos/religiosos

    A. El aislamiento o la incomprensión

    B. La brevedad de la vida

    C. La influencia de la religión en la vida diaria

III. *Minidrama*

Con otra(s) persona(s) de la clase, presente Ud. un breve drama sobre un tema (o más) que se encuentre en los poemas que Ud. ha leído. Algunos temas posibles:

1. Un cura habla con un condenado a muerte y llega a saber que el condenado es inocente, aunque es un hombre tan malo que merece *(he deserves)* morirse. El cura decide…

2. Dos esposos viejos hablan de su pasado. Una de las personas acepta la responsabilidad por las cosas malas que les han pasado, pero la otra insiste que todo dependía de la fortuna.

3. Por una conversación imaginaria entre un(a) hispano(a) y una persona anglosajona, llegamos a entender que algunos aspectos de las dos culturas son bastante diferentes.

IV. *Opiniones y actitudes*

Explique Ud. a la clase o escriba un párrafo sobre uno de los temas siguientes:

1. Las relaciones entre los Estados Unidos y México.
2. Cómo se percibe al mexicanoamericano en nuestro país.
3. El arte popular como indicio de los valores de la cultura que refleja.

V. *Situación*

Con un(a) compañero(a) de clase, presenten Uds. a la clase un diálogo sobre sí o no se debe establecer el inglés como la lengua oficial de los Estados Unidos. Uno de Uds. cree que sí se debe. Insiste en que el hablar un solo idioma es esencial si se quiere mantener la unidad del país. Ya que hay tantos inmigrantes de países hispánicos, es más importante que nunca insistir en que aprendan el idioma. También, es esencial para que obtengan puestos en la industria o en el comercio. Deben aprender el inglés lo antes posible y abandonar el uso de español si quieren ser buenos ciudadanos. La otra persona también cree que deben aprender el inglés, pero no cree que se deba establecer el inglés como lengua oficial, ya que eso puede dar la impresión de que la cultura anglosajona es superior a otras culturas. Además, es importante mantener la diversidad en nuestro país y la diversidad no impide la unidad del país. Ya que nuestra participación en el mercado mundial es tan importante hoy día, debemos estimular el estudio de lenguas y culturas extranjeras. La presencia en nuestro país de personas que saben hablar dos o más idiomas es algo positivo, no negativo. (Uds. pueden añadir más argumentos, de su propia cosecha.)

Santos y santeros

Durante los siglos XVIII y XIX, la religión era muy importante para los pueblos del norte de Nuevo México y del sur de Colorado, como lo demostraron las artes populares de la región. No sólo las iglesias, sino muchas casas particulares tenían santos patrones, y muchos ríos, montañas y sierras recibieron nombres religiosos. Se crearon muchas obras artísticas en honor de santos, representándolos en forma realista, siguiendo una larga tradición española. Así lo divino se representaba por medio de lo real, y lo simbólico era comprensible cuando se le daba expresión física.

A causa de la falta de sacerdotes, debido en parte a la escasa población, a comienzos del siglo XIX se formaron en esta parte del país confraternidades religiosas como, por ejemplo, la Sociedad de Nuestro Padre Jesús Nazareno (luego llamada Los Hermanos Penitentes de la Tercera Orden de San Francisco). Era función de los *penitentes* mantener la fe, ayudar a los necesitados—a las viudas y a los huérfanos, por ejemplo—confortar a los moribundos y enterrarlos después de muertos. En cada pueblo se estableció una *morada* o casa en la que se reunía la confraternidad para servicios religiosos. Allí se guardaban los objetos que se empleaban en los servicios y procesiones de la confraternidad. Entre los objetos creados por los artistas y artesanos del pueblo para la morada siempre había pinturas o esculturas de imágenes religiosas que los creyentes llamaban *santos*. La creación de tales imágenes no era original de estas regiones sino que continuaba una costumbre tradicional española. Las funciones de los santos también eran tradicionales: algunos servían de santo patrón a un pueblo; otros satisfacían necesidades especiales del creyente. Para el pueblo, el término *santo* incluía pinturas y esculturas de imágenes religiosas. Para referirse solamente a las esculturas, que frecuentemente eran talladas en madera, se empleaba la palabra *bulto*. Los bultos más comunes eran los que se usaban durante las procesiones y ceremonias de Semana Santa: representaciones de la Pasión de Cristo, la figura de la Dolorosa y varias figuras de la Muerte.

Como obras de arte, los bultos son la expresión más extraordinaria del arte popular que se ha producido dentro de las fronteras de los Estados Unidos. Técnicamente es impresionante la ingeniosidad del santero, que los fabricaba del material que tenía a mano en su pueblo aislado. Con frecuencia, él mismo cortaba los árboles para sus bultos y preparaba muchos de sus colores con los minerales y las plantas de la región. Aunque el tamaño de los bultos variaba mucho, los que representaban a Cristo y que frecuentemente se empleaban en la Semana Santa eran del tamaño de un hombre y tenían los brazos movibles, para poder ser usados en la representación de varios momentos de la Pasión.

Después de 1900 los santos fueron reemplazados por las esculturas y pinturas que se fabricaban en el este de Estados Unidos y que se hicieron populares en aquella época. Sin embargo, la tradición no desapareció totalmente. Los santeros modernos de Nuevo México, como *George López* (1900–   ), de Córdova, y *Patrocinio Barela* (1908–1964), de Taos, ya no pintan sus bultos ni los crean exclusivamente para el uso de la morada o iglesia de su pueblo. Pero todavía se siente en sus obras la devoción y el ascetismo que irradian los bultos antiguos y que caracterizaban a la gente que los creó.

Courtesy of the Denver Art
Museum, Denver,
Colorado.

Adán y Eva

Esta obra, de George López, se compone de tres partes: las figuras de Adán y
Eva, el Diablo en forma de culebra en el árbol y el cerco con su follaje. A López
se le debe el renacer del arte del santero, arte al que se dedicaban sus antepa-
sados y por el que también se interesan sus parientes, muchos de los cuales conti-
núan la tradición hoy día. ¿Qué es lo que Eva le ofrece a Adán?

Carreta de la muerte

Tallada por *José Inez Herrera* en El Rito, Nuevo México, a fines del siglo XIX, la figura de doña Sebastiana (la Muerte) mira maliciosamente al espectador. El arco y la flecha sustituyen a la guadaña que se ha utilizado mucho en las representaciones europeas de la muerte, y reflejan la amenaza constante de las tribus de indios. La carreta de la muerte simbolizaba el triunfo de la muerte después de la Crucifixión y antes de la Resurrección y también sugería la vanidad de todas las cosas mundanas, concepto este muy medieval. ¿Qué impresión produce esta figura en el espectador? ¿En qué sentido es realista la figura?

Cristo atado a la columna

Esta escultura de Cristo, en la página 206, por un santero anónimo del siglo XIX representa el sufrimiento de Cristo de una manera directa y realista. El bulto es articulado, de modo que es posible moverle los hombros y los codos. Se ha realizado el realismo al utilizar el tronco de un pino para la columna. La alargamiento de la figura, rasgo típico de los bultos, le da mayor dignidad y majestuosidad. ¿Qué pintor español también alargaba las figuras en sus pinturas?

PARA COMENTAR

1. ¿Qué es lo que uno debe saber para apreciar el arte de los santeros?

2. Con frecuencia el revolucionario moderno percibe a Cristo como una persona revolucionaria, actitud que parece reflejar las preocupaciones y sentimientos de ese tipo de persona. ¿Cómo lo percibió El Greco? ¿Cuál fue la percepción de los santeros de Nuevo México?

3. ¿Qué actitudes del hispano del Suroeste se reflejan en su literatura y arte?

4. Escriba Ud. un ensayo sobre uno de los temas siguientes:

   a. Comparaciones y contrastes entre el arte y la literatura de los hispanos del Suroeste y el arte y la literatura de los afroamericanos.
   b. La presentación del hispanoamericano en la televisión y en el cine.
   c. La importancia de la diversidad en nuestra cultura.

Vocabulario

This vocabulary does not include articles, possessive adjectives, pronouns, numbers, or exact cognates. The gender of nouns is listed except for masculine nouns ending in **-o** and feminine nouns ending in **-a, -dad, -tad, -tud,** or **-ión**. Adverbs ending in **-mente** are not listed if the adjectives from which they are derived are included.

Abbreviations

adj adjective   *m* masculine
adv adverb   *n* noun
conj conjunction   *pl* plural
f feminine   *prep* preposition
fig figurative

A

abajo below, down; bottom
abandonar to abandon
abeja bee
abertura opening
abierto,-a open; opened
abismo abyss, gulf, chasm
ablución ablution
abofetear to slap; to insult
abogado,-a lawyer
abolorio glass bead
aborto abortion
abotonar to button
abrasivo *n* abrasive
abrazado,-a embracing, hugging
abrazar to embrace
abrigar to wrap up
abrigo overcoat
abril *m* April
abrir to open; **abrir cauce** to open a path
abrumado,-a crushed, overwhelmed
absceso abscess
absoluto,-a absolute
absorber to absorb
abstracción abstraction

abuelo,-a grandfather, grandmother
abultado,-a bulky, massive, big; lengthy
abundancia abundance
abundar to abound; **abundar en** to be full of
aburrido,-a bored
aburrir to bore; **aburrirse** to become bored, to get bored
abuso abuse
acá here
acabar to end, finish; **acabar de** to have just; **acabar por** to end by, to finally . . . **acabarse** to run out, to be exhausted
academia academy
acalambrado,-a with cramps
acariciar to caress
acaso perhaps
acatado,-a respected, revered, obeyed
acceder to acceed, give in
acción action
aceitunado,-a olive-colored
acelerada *fig* ''speed'' trip
acelerar to speed up, accelerate
aceptación acceptation, acceptance
aceptar to accept

acequia channel, ditch

acera sidewalk

acerbo,-a harsh, acid

acerca (de) about, regarding

acercarse (a) to draw near, approach

acero steel, blade

acertar (a) to succeed in; to be able; to decide

aclamar to acclaim

aclarar to clarify; to dawn; to reveal

acomodado,-a comfortable, well-to-do; *fig* at home with

acomodar to place, put

acompañar to accompany, go along

acomplejar to make feel bad

acongojado,-a grieved, afflicted

aconsejar to advise

acontecer to happen

acontecimiento event

acordarse (de) to remember

acordeón *m* accordion

acostarse to lie down, to go to bed

acostumbrarse to grow accustomed

acribillar to pierce, perforate

acta *m* legal document, declaration

actitud attitude

actividad activity

actuación action, behavior

actual current, present, contemporary

actualidad present time

actuar to act

acudir to go, come, come up; to have recourse, seek help from

acueducto aqueduct

acuerdo agreement; **de acuerdo con** in agreement with; **estar de acuerdo** to agree

acumulación accumulation

acurrucado,-a curled up

acusado,-a accused

achaque *m* failing; tribulation

Adán Adam

adelante ahead; **de ahí en adelante** from then on

adelanto advancement, progress

además moreover, besides; **además de** in addition to

adentrarse to enter

adentro within, inside

adinerado,-a wealthy

adiós good-bye

adivinación divination

adivinar to foretell, to divine; guess

adivinasus (adivinanzas) prophecies, fortune tellings

adivino soothsayer, fortune teller

adjetivo adjective

administrador,-ra administrator

admiración admiration

admirador,-ra admirer

admirar to admire; to cause surprise

adoctrinar to indoctrinate

adolecer to get sick

adolescente *adj* adolescent

adoquinar to pave

adorador,-ra worshiper

adorar to adore, worship

adornar to adorn

adorno adornment, decoration

adquisición acquisition

adulto adult

adverbio adverb

advertencia warning, notice

afectación affectation

afeitar to shave

aferrarse en to clasp

afición fondness, inclination

aficionado,-a fond of

afirmación affirmation

afirmar to affirm; *fig* to dig in

afirmativo,-a affirmative

afligidísimo,-a very afflicted, very upset

aforrar to line

afortunado,-a fortunate

afrenta outrage, affront

africano,-a African

afroamericano,-a Afro-American

afrocubano,-a Afro-Cuban

afrontar to confront, face

afuera outside

agacharse to stoop, squat, bend over

agarrar to grasp

agencia agency

agente *m* or *f* agent

agitado,-a agitated; exciting, stirring

agitar to wave

aglomeración agglomeration

agónico,-a in agony; agonizing

agonizante *adj* dying

agonizar to be dying

agosto August

agradable pleasant

agradar to please, be pleasing to

agradecer to thank for, be grateful for

agrario,-a agrarian

agraz: en agraz quite short

agregar to add

agresividad aggressiveness

agrícola agricultural

agricultor,-ra agriculturist, farmer

agricultura agriculture

agua water

aguacero heavy shower

aguafuerte *f* etching

aguamanil *m* washbasin

aguantar to endure, "stand"

aguaprieta black water

aguardar to wait for; to await

agudo,-a sharp, penetrating

águila eagle

agujero hole

ahí there; **de ahí en adelante** from then on; **por ahí** over there

ahito,-a stuffed, full; disgusted

ahogado,-a drowned

ahogar to smother; to quench; **ahogarse** to choke

ahumado,-a smoky, smoke-filled

aindiado,-a Indian-looking

aire *m* air; **al aire libre** open air

aislamiento isolation

aislar to isolate

ajedrez *m* chess

ajeno,-a another's, foreign

ajustar to adjust; to fit

ala wing

alabar to praise

alambrado wire fence

alambre *m* wire; **alambre de alumbrado** power line

alardear (de) to brag (about being)

alargación lengthening, elongation

alargar to lengthen, increase

alarmar to alarm

alba dawn

alberca tank, pool

alborotado,-a turbulent, excited, stirred up

alcahueta procurer, go-between

alcaide *m* jailor, warden

alcalde *m* mayor

alcanzar to achieve, overtake, reach

aledaño,-a (a) bordering, adjacent to

alegar to allege, affirm

alegoría allegory

alegórico,-a allegorical

alegrarse (de) to be glad (of)

alegre happy, joyous

alegría joy, gaiety

alejado,-a distant

alejar to remove to a distance; to go (far) away

alejarse to move away, recede

alemán,-ana German

Alemania Germany

alentar to encourage

alféizar *m* window sill

alfombra carpet

algo something; somewhat

alguien someone

alguno,-a some, any

alianza alliance

alienado,-a alienated

alimentación nutrition

alimentar to feed, nourish

alimento food

alisarse to smooth

alistar to prepare

aliviar to alleviate, relieve

alivio alleviation, mitigation; relief

alma soul

almacén *m* store, grocery store; bar

almohada pillow

almuerzo lunch

alrededor (de) around

alternación alternation

alternativa alternative

alteza highness

altihta (artista) *m* or *f* artist

altiplano plateau, tableland

alto,-a high, tall; **en voz alta** aloud; **en alto** on high; **las altas horas** the late hours; **hacer alto** to stop; **pasar por alto** to overlook

altura height

alucinógeno,-a hallucinogenic

aludir to allude, refer

alumbrado light, power

alusión allusion

alzar to raise

allá there; **más allá** further over; **más allá de** beyond

allegados upon arriving

allí there

ama mistress of the house; **ama de casa** housewife

amable likeable, amiable, nice

amainado,-a lessened, subsided

amanecer to dawn; *n m* dawn

amaneramiento mannerism

amar to love

amargo,-a bitter

amarillo,-a yellow

amarrar to tie

ambición ambition

ambicioso,-a ambitious

ambiente *m* atmosphere; environment

ámbito limits, area

ambos,-as both

ambulante ambulant; **vendedor ambulante** traveling salesman

amenaza threat

amenazante threatening

amenazar to threaten

ametralladora machine gun

amistad friendship

amo master

amontonadero enormous pile, hoard

amontonado,-a piled up

amor *m* love; **amores** love affair

amoroso,-a *adj* love

amparado,-a sheltered, protected

amparar to protect

amparo protection, shelter; support

ampollado,-a blistered

analfabetismo illiteracy

analfabeto,-a illiterate

análisis *m* analysis

analítico,-a analytical

analizar to analyze

anciano,-a old

ancho,-a broad, wide

andaluz,-za Andalusian

andanza wandering; event

andar to go; go around; to walk; to be; **¡anda!** come on now! **andar a caballo** to ride horseback

anécdota anecdote

anegado,-a drowned, flooded

anestesia anaesthesia

anglo,-a Anglo (-Saxon)

anglosajón,-ana Anglo-Saxon

ángulo angle

angustia anguish

angustiado,-a sorrowful

anhelar to desire, wish

anhelo desire, wish

anillo ring

ánima soul

animación animation

animado,-a lively, animated

ánimo spirit; **estado de ánimo** mood; **hacerse el ánimo de** to be willing to

aniquilado,-a annihilated

anoche last night

anodino,-a anodyne

anónimo,-a anonymous

anormalidad abnormality

ansia desire, anxiety

antártico,-a Antarctic

ante before; to; confronted with, in the presence of

antebrazo forearm

antecedente *m* antecedent

antepasado ancestor

anterior previous; before

antes before, first

anticipar to anticipate

antigüedad antiquity

antiguo,-a ancient, old

antojarse to fancy, take a notion to; to occur to one

antología anthology

antropología anthropology

antropomorfo,-a anthropomorphic

anudar to tie, knot

anular to annul, make void, cancel

anunciado,-a foretold

anunciar to announce

anuncio announcement

añadir to add

añejo,-a old, aged, stale

año year; **cumplir...años** to reach one's . . . birthday; **hace años** years ago; **tener...años** to be . . . years old

apacible peaceful

apagar to turn off; **apagarse** to become mute, become silent

aparato apparatus

aparecer to appear, show up

aparente apparent

aparición appearance; ghost

apariencia appearance

apartado,-a out-of-the-way, distant, remote

apartamento apartment

apedrear to stone

apegado,-a attached

apellido surname, family name

apenas scarcely, hardly, only

aperitivo apéritif, drink

aplaudir to applaud
aplauso applause
aplicado,-a hard-working, industrious
aplicarse to be applied
apogeo apogee, height
aposentamiento lodging
aposentar to house
aposento room
apostado,-a posted
apostrofar to apostrophize
apoyado,-a supported, leaning
apoyar to support; to lean down; to rest;
    apoyarse to lean; to support oneself
apoyo support
apreciación appreciation
apreciado,-a esteemed
apreciar to appreciate, to hold in esteem
aprehendido,-a apprehended
aprender to learn; **aprender de**
    memoria to memorize
aprendiz *m* apprentice
aprendizaje *m* apprenticeship
apresurarse to hurry
apretar to press down, weigh heavily; to
    be oppressive; to clench, squeeze; to
    grasp; **apretarse** to press oneself
aprisa fast
aprobar to approve; to pass (a course)
aprontarse to get ready
apropiado,-a appropriate
aprovechar to take advantage of
aproximadamente approximately
aproximarse to approach, move near
apto,-a fit
apuración worry, trouble, misfortune
aquel,-lla that; **aquél, aquélla** the
    former; **aquello** that (neuter)
aquiescencia acquiescence
árabe Arab, Arabian
aragonés,-esa Aragonese
araña spider
árbol *m* tree
arca *m* ark
arcángel *m* archangel
arco bow; bridge (of the nose); arch
archivo archive
arder to burn
ardiente ardent
arduo,-a arduous
arena sand
arengar to harangue
argentino,-a Argentine

aridez *f* drought; aridity, barrenness
árido,-a arid, dry
aristocracia aristocracy
arma arm, weapon
armado,-a armed
armadura armour
armamento armament
armonía harmony
armonioso,-a harmonious
armonizar to harmonize
aro ring, plug
aromo acacia (flower)
arpa harp
arqueológico,-a archeological
arqueólogo,-a archeologist
arquitecto,-a architect
arquitectónico,-a architectural
arquitectura architecture
arraigado,-a rooted
arrancar to pull out, pull off
arrastrar to drag, drag away
arrebatar to carry off, snatch
arreglar to arrange; to fix; **arreglarse**
    to take care of oneself
arriba up, upward; top; on top
arribar to arrive
arrimado,-a sheltered
arrogante arrogant, proud
arrojar to throw
arrollar to sweep away, carry along; to
    trample
arroyo brook, small stream
arroz *m* rice
arrugar to wrinkle
arruinar to ruin
arte *m* art
artefacto artifact
arteria artery
artesano,-a artisan
articulado,-a articulated
artículo article
artista *m* or *f* artist
asado,-a roasted
asaltar to assault, to occur
asalto assault
ascetismo asceticism
asegurar to assure, maintain; to make
    fast; to assert
asentar to sharpen, whet; to base
asentarse to seat oneself
aseo neatness; cleanliness
asesinar to murder, kill

asesinato murder

asesino murderer

asfalto asphalt

así so, thus, therefore

asiento seat

asimétrico,-a asymmetrical

asimilación assimilation

asistencia social welfare

asistir to attend

asociar to associate

asoleado,-a sunny

asolearse to dry in the sun

asomadita peep; **darse una asomadita** to take a peep

asomar to peep, take a look

asombrado,-a surprised

asombrar to surprise, astonish; **asombrarse** to be astonished at

asombro astonishment, surprise

asombroso,-a astonishing

aspecto aspect

áspero,-a rough

astro star

astrología astrology

astronomía astronomy

astrónomo,-a astronomer

astucia cunning, wit

astuto,-a cunning

asustado,-a frightened

asustarse to get frightened, become frightened

atacar to attack

ataque *m* attack

atar to tie

atarantado,-a foolish, dumbfounded

atardecer *m* dusk

atareado,-a busy

ataúd *m* coffin, casket

atención attention; **prestar atención** to pay attention

atender to attend; to take care of, tend to

ateneo athenaeum

atento,-a attentive

ateo,-a atheist

atestiguar to bear witness

atónito,-a astonished, amazed

atorarse to choke, be choked

atormentado,-a tormented

atracción attraction

atractivo,-a attractive

atraer to attract

atrapar to catch

atrás behind

atravesar to cross

atreverse (a) to dare to

atrevido,-a bold, daring

atribuir to attribute

atributo attribute

aturdido,-a rattled, confused

aumentar to increase

aumento increase

aun even

aún yet, still

aunque although, though; even if

aurora dawn

ausentarse to absent oneself

ausente absent

austeridad austerity

austero,-a austere

autobiográfico,-a autobiographic

autobús *m* bus

autóctono,-a autochthonous, aboriginal, native

autodeterminación self-determination

automóvil *m* automobile

autonomía autonomy

autónomo,-a autonomous

autor,-ra author, authoress

autoridad authority

autosuficiente self-sufficient

auxiliar to help, assist

auxilio help

avanzado,-a advanced

avanzar to advance

avaricia avarice

ave *f* bird

avenida avenue

aventura adventure

aventurar to venture

averiguar to inquire about

avión *m* airplane

avisar to inform

aviso warning

avivar to awaken; **avive el seso** *fig* be alert

ayer yesterday

ayuda help, assistance

ayudante assistant, aide

ayudar to help, assist

ayuntamiento municipal government

ayuntarse to join together

azadón *m* hoe

azar *m* risk, chance, hazard, probability of chance

azotar to whip
azote *m* whip
azotea flat roof
azteca Aztec
azúcar *m* sugar
azul blue
azulejo tile

B

Babia: estar en Babia to be daydreaming, have one's mind somewhere else
bachillerato high school baccalaureate
badana dressed sheepskin, leather strap
bailar to dance
bailarina ballerina
baile *m* dance
bajar to lower, go down; to become less; **bajarse** to get off
bajel *m* ship, vessel
bajo,-a *adj* low, soft; *prep* beneath, under; **en voz baja** in a whisper
bajorrelieve *m* bas-relief
bala bullet
balacera volley
balada ballad
balazo bullet wound, shot
balcón *m* balcony
baldosa tile
banco bank; bench
bandera flag
baño bath
barba beard
barbaridad: ¡qué barbaridad! what the dickens!
bárbaro,-a barbarous
barbero barber
barbilla point of the chin
barco ship
barra rod, bar; arm (of chair)
barraca hut, cabin
barranca ravine, gorge
barrer to sweep
barrera gap
barrido,-a swept up
barriga belly
barrio district of a city, quarter
barro mud, clay
barroco,-a baroque
basarse (en) to be based (on)
base *f* basis
bastante enough, quite

bastar to be enough, to be adequate
bastón cane, staff
basura garbage
basurero trash can
bata dressing gown, robe
batalla battle
batir to beat, whip
baúl chest, trunk
bautismo baptism
bayoneta bayonet
beber to drink
bebida drink
becado,-a granted a scholarship
becerro calf
béisbol *m* baseball
belleza beauty
bello,-a beautiful
bellota acorn
bendición blessing
bendito,-a blessed
beneficio welfare office; benefit
benévolo,-a benevolent
besar to kiss
beso kiss
Biblia Bible
bíblico,-a Biblical
biblioteca library
bien well; very; **más bien** rather
bienestar *m* well-being
bienvenido welcome
billete *m* ticket; banknote
bisnieto great-grandson
blando,-a soft
blindado,-a armored
bloque *m* block
bobo,-a fool; *adj* silly
boca mouth; **a boca de jarro** point-blank
boda wedding
bodega wine cellar; liquor store
boicot *m* boycott
bola ball
boliviano,-a Bolivian
bolsa bag
bolsillo pocket
bolsón *m* shopping bag
bonachón,-na good-natured, kind
bonaerense *adj.* of Buenos Aires
bondad goodness
bonito,-a pretty
boquera corner of the mouth
boquete *m* opening; spot
borde *m* edge

borracho,-a   drunken
borrar   to erase
borrosamente   vaguely, murkily
bosque   *m*   woods
bosquejar   to sketch
bostezar   to yawn
bota   boot, shoe
botar   to kick (throw) out
bote   *m*   can, jar; boat
botica   drugstore, pharmacy
botón   *m*   button
boxeador   *m*   boxer
boxeo   boxing
bracero   field hand, day laborer
bramar   to bellow
bravo,-a   brave, manly; ill-tempered,
   ferocious
brazo   arm
breve   short, brief
bribón,-na   *m*   rascal, scoundrel
brigada   brigade
brillantez   *f*   brilliance
brillantina   brilliantine
brillar   to shine
brillo   brilliance, brightness, lustre
brincar   to leap
brinco   leap; **pegar el brinco**   to leap
brisa   breeze
británico,-a   British
brocha   brush
bronce   *m*   bronze
brotar   to gush, issue, produce; to
   germinate, bud
bruja   witch
brujería   witchcraft
brujo   wizard, sorcerer
buche: hacer buches   to gargle
budismo   Buddhism
buey   *m*   ox
buhcal (buscar)   to look for
buho   owl
bulto   bulk; statue
bulla   noise; **meter bulla**   to make noise
burgués,-sa   bourgeois
burguesía   bourgeoisie
burlador   *m*   trickster, mocker
burlarse (de)   to make fun (of), mock
burocracia   bureaucracy
buscar   to seek, look for
búsqueda   search
butaca   armchair, seat
buzón   *m*   letter box, letter drop

C

cabal   real
caballero   gentleman
caballete   *m*   ridgepole
caballo   horse; **a caballo**   on horseback
cabaña   hut, cottage, cabin
cabello   hair
caber   to fit; **caber en suerte**   to fall to
   the lot of; **no me cabe duda**   I have
   no doubt
cabeza   head
cabezal   *m*   headrest
cabo   extremity, tip; **al cabo de**   after;
   llevar a cabo   to carry out
cacerola   basin
cada   each, every; **cada cual**   each,
   every one, everybody
cadáver   *m*   corpse, cadaver
cadete   *m*   cadet
caeh (caes)   (you) fall
cael (caer)   to fall
caer   to fall; **caerle mal**   to be
   unbecoming
café   *m*   café; coffee; *adj.*   brown
caimán   *m*   alligator
caja   box
cajón   *m*   box, chest
calado,-a   fixed
calavera   skull
calceta   stocking; **hacer calceta**   to knit
calcular   to calculate
caldera   broiler
calendario   calendar
calgo (cargo)   (I) carry
calibre   *m*   caliber
calidad   quality
caliente   hot
calificado,-a   qualified, classified
calmar   to calm
calor   *m*   heat; **hacer calor**   to be hot
calvinista   *n* and *adj*   Calvinist(ic)
callado,-a   quiet
callar   to silence, be silent; **callarse**   to
   be silent, shut up; **tan callando**   so
   silently
calle   *f*   street; **calle abajo**   down the
   street
callejero,-a   *adj*   street
callejuela   small street, lane
cama   bed
cámara   chamber, camera

camastro   cot, miserable bed
cambiar   to change
cambio   change; **en cambio**   on the other hand
caminar   to walk; to travel; to go
camino   road, path; **camino de**   on the way to, in the direction of; **en camino**   on the road
camisa   shirt
campamento   encampment, camp
campanilla   bell
campaña   campaign
campesino,-a   peasant
campestre   rural, rustic
campo   country, countryside, field
camposanto   cemetery
canario   canary
cancel   *m*   curtain
canción   song
candidato   candidate
cándido,-a   simple, candid
canoa   canoe
cansado,-a   tired
cansarse   to get tired, tire oneself
cantante   *m* or *f*   singer
cantar   to sing
cantera   quarry
cantidad   quantity
cantor,-a   singer
canturrear   to hum
caña   sugar cane
caño   pipe, conduit
caos   *m*   chaos
caótico,-a   chaotic
capa   cape; layer, level
capacidad   capacity
capataz   overseer, foreman
capaz   capable
capilla   chapel
capital   *f*   capital (of country)
capitalito   small amount of money
capitán   captain
capítulo   chapter
capricho   caprice, whim
captar   to capture
cara   face
carabela   caravel, sailing vessel
carabinero   carabineer, guard
carácter   character
característico,-a   characteristic
caracterizar   to characterize
carbón   *m*   coal, carbon, charcoal

carburo   carbide
cárcel   *f*   jail
carecer   to lack
carencia   lack, deprivation, deficiency
carente (de)   lacking (in)
cargadores   *m pl*   suspenders
cargar   to carry
cargo   position, post
carguero   pack horse; cargo boat
Caribe   Caribbean Sea
caricatura   caricature
caricia   caress
caricortaoh (caricortados)   ''tough guys''
cariño   affection
carismático,-a   charismatic
carne   *f*   meat, flesh
carrera   career, course, race **dar carrera**   to drive; to chase
carreta   cart, wagon
carro   cart
carta   letter
cartel   *m*   sign, placard
cartera   purse, bag
cartero   mailman
cartón   *m*   pasteboard, cardboard
cartucho   roll
casamiento   marriage
casar   to marry; **casarse**   to get married
cascabel   *m*   bell
cáscara   peel
cascarrabias   irritable
casco   shell; main house
casi   almost
Cásidi   Cassidy
caso   case; **hacer caso de**   to pay attention to
castellano   Castilian, Spanish
castigar   to punish
castigo   punishment
Castilla   Castile
castillo   castle
casualidad   coincidence
casuarina   Australian pine
catear   to search
catedral   cathedral
catedrático,-a   professor
catolicismo   Catholicism
católico,-a   Catholic
cauce   *m*   bed of a river; **abrir cauce**   to open a path
caucho   rubber
caudal   great

causa cause; **a causa de** because of
causar to cause
cauteloso,-a cautious
cavador *m* digger
caverna cavern
cavidad cavity
cayado shepherd's crook
caza game; hunting
cazador,-ra hunter
cazar to hunt
cebada barley, fodder
cebolla onion
ceder to cede, yield
ceja eyebrow
cejar to slacken, let up
cejijunto,-a having eyebrows that meet
celda cell
celebrar to celebrate, hold
célebre famous
celeste sky-blue, celestial
cementerio cemetery
cena supper
ceniza ash
censo census
censura censure
centavo cent
centenar hundred
céntrico,-a downtown, central
centro center
cepillo hairbrush
cera wax
cerámica ceramic
cerca (de) near; about
cercado,-a surrounded
cercano,-a near
cerco,-a *n* fence, wall
ceremonia ceremony
cero zero
cerrado,-a thick, closed
cerrar to close, turn off; **cerrar con llave** to lock
cerro hill
certeza certainty
certificado certificate
cerveza beer; **fabricador de cerveza** brewer
cesar to cease
césped *m* grass
cicatrizar to heal
ciclo cycle
ciego,-a blind
cielo sky, heaven

cielorraso ceiling
ciencia science
cien(to) hundred; **por ciento** percent
científico,-a scientific; *n m* or *f* scientist
cierto,-a certain, a certain; **por cierto** to be sure
ciervo stag
cifra number, figure
cigarrillo cigarette
cigarro cigar
cimbrarse to vibrate, shake, tremble
cimiento foundation
cincel *m* chisel
cincuentona "fifty-ish"
cine *m* movies, movie theater
cinta ribbon
cintura waist
cinturón *m* belt
ciprés *m* cypress
circo circus
círculo circle
circundar to surround, circle
circunstancia circumstance
circunvecino,-a surrounding
cirio candle
citar to quote, cite
ciudad city
ciudadanía citizenship
ciudadano,-a citizen
civilización civilization
civilizado,-a civilized
civilizador,-ra civilizing
clamoroso,-a clamorous, noisy
claridad clarity
claro,-a clear
clase *f* class, kind
clásico,-a classic
clasificar to classify
clausurar to close
clavar to nail; to fix
clave *f* key
clavo nail, hook
cliente *m* or *f* client, customer
clima *m* climate
Cloh (Clos) Claus
CNH (Consejo Nacional de Huelga) National Strike Council
cobarde *m* coward
cobardía cowardice
cobija cover, blanket
cobrar to collect; gather
cocina kitchen

cocinar to cook

cocinero,-a cook

coco coconut palm

coche *m* car; coach

códice *m* codex, old manuscript

codo elbow

cofradía confraternity, brotherhood

coger to pick up, seize, grasp, take, catch onto

coherente coherent

coincidir to coincide

colaboración collaboration

colaborar to collaborate

colcha bedspread, quilt

colección collection

coleccionar to collect

colecta collection

colegio school; high school

cólera anger, wrath; cholera

colgar to hang

colina hill

colmar to heap, fill

colocar to put, place

colombiano,-a Colombian

Colón Columbus

colonia colony

colorado,-a red; **ponerse colorado,-a** to blush

coloso colossus

columna column

comandancia command post, frontier command

comandante *m* commander

combatir to combat

combinación combination

combinar to combine

comedia play; **paso de comedia** short one-act play

comedor *m* dining room

comentar to comment

comentario commentary

comenzar to begin

comer to eat; **comerse** to eat up; **dar de comer** to give food to

comercial commercial

comerciante *m* businessman, merchant

comercio business, commerce

comestibles *m pl* food, foodstuffs

cometer to commit

comida meal, food

comienzo beginning; **al comienzo** at (in) the beginning

comisaría commissary, police station

comisión commission

como how, as, like, about; **¿cómo?** what? how? why? what did you say?; **¿cómo no?** why not?; **¡cómo no!** of course, naturally

cómodo,-a comfortable

compañero,-a companion, mate, friend

comparación comparison

comparar to compare

compartir to share

compasión compassion

compatriota *m or f* compatriot

competencia competition

competente competent

complacencia complacency

complacido,-a with pleasure, with satisfaction

complejidad complexity

complejo,-a complex; *n m* complex

completar to complete

complicación complication

componer to compose; **componerse** to consist

composición composition

compositor,-a composer

compra purchase; **hacer compras** to go shopping

comprador,-a buyer

comprar to buy

comprender to understand

comprensión comprehension

comprobar to verify, confirm

compuesto,-a composed

común common

comunicación communication

comunicar to communicate

comunidad community

comunión communion

comunismo communism

con with, by; **con tal que** provided that; **con que** so, then, so then; **con todo** nevertheless

concebir to conceive

concentración concentration

concentrar to concentrate

concepto concept

concernir to concern

conciencia conscience, consciousness

concierto concert

concluir to conclude, end, finish

concretar to manifest; to express concretely

concreto,-a concrete
concurrente *m* one in attendance, spectator
concurso contest
conde *m* count
condenado,-a condemned, damned
condenao (condenado) damned one
condición condition
conducir to lead
conducto: por conducto de through
conejo rabbit
confeccionar to make, confect
conferencia conference
conferir to confer
confesar to confess
confesión confession
confianza confidence
confirmar to confirm
confiscado,-a confiscated
conformar to conform; **conformarse con** to resign oneself to
confraternidad confraternity, brotherhood
confrontación confrontation
confrontar to confront
confundir to confuse
confuso,-a confused
congregarse to gather
conjetura conjecture
conjunto whole, aggregate; collection; **de conjunto** whole, complete
conmemorar to commemorate
conmoverse to be moved
conocer to know; to meet; **dar a conocer** to make known
conocimiento knowledge
conque so; *n m* anything with which, the wherewithal
conquista conquest
conquistador *m* conqueror
conquistar to conquer
consciente conscious
consecuencia consequence
conseguir to obtain, attain, get
consejero,-a adviser
consejo counsel, advice; council; **celebrar consejo** to hold a council
consentir to consent
conservador,-a conservative
conservar to conserve
considerar to consider
consistencia firmness, solidity, substance

consistir (en) to consist (of)
consolar to console
consolidar to consolidate
consonante *m* consonant
constar to be evident; **me consta** I recall, I know; **constar en** to be recorded in
constatar to verify, confirm
constitución constitution
constituir to constitute
construcción construction, building, edifice
constructivismo constructivism
construir to construct
consuelo consolation
consulta consultation, conference
consultar to consult, confer
consumir to consume
consumo consumption
contabilidad bookkeeping, accounting
contaminación contamination; pollution
contar to tell; to count
contemplar to contemplate
contemporáneo,-a contemporary
contener to contain
contenido content
contento,-a happy, content
contestación answer
contestar to answer
contexto context
contienda struggle, dispute
continente *m* continent
contingente *m* contingent, share
continuación continuation; **a continuación** below
continuar to continue
continuo,-a continuous
contorno outline
contra against
contradicción contradiction
contradictorio,-a contradictory
contrahecho,-a forged; *(Anat)* hunchbacked, deformed
contrario,-a contrary, opposite; **al contrario** on the contrary; **por lo contrario** on the contrary
contrarreforma Counter-Reformation
contrarrestar to stop, counter
contraseña countersign
contrastar to contrast
contraste *m* contrast
contratista *m or f* contractor

contribución contribution
contribuir to contribute
controlar to control
convencional conventional
convenir to agree; to be suitable;
   conviene que it is best, it is
   convenient
convento convent, monastery
converger to converge
conversación conversation
conversar to converse
convertir to convert; **convertirse en** to
   change into, become
convivencia coexistence
convivir to live together
conyugal conjugal
copa top of a tree
copiar to copy
copioso,-a copious
copla type of poetry
coraje *m* courage, bravery; anger; **le**
   dio coraje made him mad
corazón *m* heart
corbata necktie
cordal *m* wisdom tooth
corderita lamb
Corea Korea
corneta *m* bugler
coronación coronation
coronel colonel
corporación corporation
corredizo,-a slippery; **tierra**
   corrediza quicksand
corredor *m* corridor
corregir to correct
correo post office
correr to run; to spread
correspondencia correspondence
corresponder to belong, match; to
   answer in kind
corresponsal *m* correspondent
corretear to rove, ramble, race around
corrida (de toros) bullfight
corrido type of popular song
corriente current, ordinary; running;
   n f current, air; **más de lo**
   corriente more than usual
corromper to corrupt
corrupción corruption
cortar to cut, to cut off; **cortar por lo**
   sano *fig* to take quick action
corte *f* court; *n m* cutting

cortejo cortege, procession
cortesano,-a courtier
cortina curtain
corto,-a short
cosa thing
cosecha harvest; **de su propia cosecha**
   of your own
cosificación turning into an object
cosificar to turn into an object
cosmología cosmology
cosmopolita *adj.* cosmopolitan
cosquilleante tickling; upsetting
cosquilleo tickling sensation
costa coast
costado side
costar to cost
costilla rib
costrado,-a streaked, caked
costumbre *f* custom; **de costumbre**
   usual, usually
cotidiano,-a daily
cráneo skull, cranium
creación creation
creador,-a creator
crear to create
crecer to grow; **va como palo de ocote,**
   crece y crece keeps right on
   growing like a pine tree
crecido,-a large
creciente *f* flood, swell of waters
credencial *f* credential
creencia belief
creer to believe; **ya lo creo** I should
   say so
crespo,-a curly
Creta Crete
creyente *m or f* believer; **creyente a**
   puño cerrado firm believer
criada maid
criado,-a servant
criar to raise, bring up
criatura creature, child, created one
Crihmah (Crismas) Christmas
crimen *m* crime
criollo,-a native, creole
cristal *m* crystal, glass
cristalería glassware
cristianismo Christianity
cristiano,-a Christian
Cristo Christ
crítica criticism
criticar to criticize

crítico,-a critic
crónica chronicle
cronista *m* or *f* chronicler
cronología chronology
cronológico,-a chronological
croquis *m* sketch
crucificar to crucify
crucifijo crucifix
crueldad cruelty
crujido crunch
crujir to creak
cruz *f* cross
cruzada crusade
cruzar to cross; to intermingle
cuaderno notebook; exercise book
cuadra block
cuadrado,-a square
cuadrilátero quadrilateral; ring (boxing)
cuadro painting, picture
cuajar *fig* to hide
cual which, such as, as, what; **cada cual** each one; **lo cual** which
cualidad quality
cualquier,-ra any, some one, whichsoever, whosoever; **un cualquiera** a nobody
cuando when; **cuando menos** at least; **de vez en cuando** from time to time
cuanto,-a how much, how long; **unas cuantas** a few; **cuantos** all those who
cuarto,-a fourth; *n m* room, a fourth
cuatrocientos,-as four hundred
cubano,-a Cuban
cúbico,-a cubic
cubierta deck
cubierto,-a covered
cubismo cubism
cubista cubist
cubo bucket
cubrir to cover
cuchara spoon
cuchilla mountain, mountain ridge
cuchillo knife
cuello neck; collar
cuenta account, bill; **darle cuenta** to render an account; **darse cuenta de** to realize; **de su cuenta** on her own; **hagan de cuenta** just imagine; **pasar la cuenta** to send the bill
cuentista *m* or *f* storyteller, short story writer

cuento story; **sacar a cuento** to drag in, mention
cuerno horn
cuero leather
cuerpo body, main part, corps
cuesta slope; **a cuestas** on one's shoulders
cuestión question
cueva cave
cuidado care; **con cuidado** carefully; **tener cuidado** to be careful
cuidadoso,-a careful
cuidar (de) to take care (of)
cuita care, concern, trouble
cuitado poor wretch
culebra snake
culminación culmination
culpable guilty
cultivar to cultivate
cultivo culture; growing
culto,-a cultured; *n m* cult
cultura culture
cumpleaños *m* birthday
cumplir to keep (a promise), fulfill; to perform; **cumplir...años** to reach one's . . . birthday
cura *m* priest
curación cure
curandero medicine man
curar to cure
curato parish
curiosear to poke around, take a look at
curioso,-a curious
cursar to circulate; to study; to run
cursiva: letra cursiva italics
curso course
curtiduría tannery
curtir to tan (hides)
curva curve
cuyo,-a whose

CH

chacra farm
chal *m* shawl
chapaleo splatter, splash
charco puddle, pool
charlar to chat
chico,-a small; **chica** girlfriend
chiflido shrill whistling sound
chileno,-a Chilean
chillar to screech
chino,-a Chinese

chis (¡ah chis!)   sneezing sound
chisporrotear   to sputter
chiste   *m*   joke
chochear   to dote; to become senile
chocho,-a   doddering
choque   *m*   collision, clash
chorrete   *m*   trickle, stream
chorro   jet, stream, spurt

D

dádiva   gift, contribution
danza   dance
danzar   to dance; to whirl
dañado,-a   infected
dañar   to harm
dañino,-a   destructive
daño: hacer daño   to harm
dao (dado)   given
dar   to give; **dar a**   to face; **dar con**   to encounter, find; **dar de comer**   to give food to; **dar en**   to strike; **dar los primeros pasos**   to take the first steps; **dar vuelta**   to turn around; **darle cuenta**   to render an account; **darse a conocer**   to make oneself known; **darse cuenta de**   to realize; **darse por**   to consider oneself; **darse una asomadita**   to take a peep; **les dio por**   they took a fancy to; **que se dan en el campo**   which are found in the country
darwinismo   Darwinism
dato   datum
debajo   beneath; **debajo de**   beneath, under
deber   to owe, ought, must;   *n m*   duty; **debido a que**   due to the fact that
débil   weak
debilidad   weakness
debilitado,-a   weakened
década   decade
decadencia   decadence
decaer   to decay
decaimiento   decay
decidir   to decide
decir   to say, tell; **es decir**   that is to say; **querer decir**   to mean
declarar   to declare
decoración   decoration
decorar   to decorate
decorativo,-a   decorative
decrecer   to diminish

dedicar   to dedicate
dedo   finger; **al dedillo**   perfectly; **dedo gordo**   thumb
defecto   defect
defender   to defend
defensa   defense
definición   definition
definido,-a   definite
definir   to define
definitivo,-a   definitive
deformidad   deformity
defraudar   to cheat, defraud; to disappoint
degollar   to slit a throat
deificación   deification
dejar   to let, allow, permit; to leave; **dejar de**   to stop, cease
delante (de)   before, in front of
deleitar   to delight
deleite   *m*   delight
deletrear   to spell
demás   other; **lo demás**   the rest
demasiado,-a   too, too much
demócrata   Democratic
demonio   devil
demorar   to delay, hold up; **demorarse**   to dally
demostración   demonstration
demostrativo,-a   demonstrative
dentadura   set of teeth
dentista   *m* or *f*   dentist
dentro (de)   within, inside of
denuncia   denunciation
denunciar   to denounce
dependencia   outbuilding, quarters
depender (de)   to depend (on)
deporte   *m*   sport
depositar   to deposit
deprimido,-a   depressed
derecha   right
derecho   right, law;   *adj*   straight
derivado,-a   derived
derramamiento   shedding
derramar   to shed; to scatter
derrumbar   to tumble down, fall down, knock down
desabotonar   to unbutton
desafiante   defiant
desafiar   to challenge
desafío   challenge, duel
desagradable   unpleasant
desagradar   to displease

desaliento discouragement, dejection
desalmado,-a soulless
desalojar to empty out, evacuate
desangrarse to bleed
desanimarse to get discouraged
desaparecer to disappear
desaprobar to disapprove
desarrollar to develop
desarrollo development
desasociado,-a disassociated
desastre *m* disaster
desastroso,-a disastrous
desayuno breakfast
desbandada disbandment, disorder, flight
desbaratar to destroy, break into pieces
desbordarse to overflow, flood
descalzo,-a barefoot(ed)
descanso rest
descargar to ease, lighten; to clear; to discharge, push
descendencia descendants
descender to descend
descendiente *m or f* descendant
descolgar to take down
desconfiar (de) to distrust
desconocer to be unacquainted with
desconocido,-a unfamiliar, unknown
descontrolado,-a uncontrolled
descortés rude, discourteous
describir to describe
descripción description
descriptivo,-a descriptive
descubierto,-a discovered
descubrir to discover; **descubrirse** to take off one's hat
desde from, since
desdichado,-a wretched, unhappy
desear to desire, want
desechar to reject; to waste
desencadenar to break loose, break out
desencuentro lack of contact, lack of encounter
desengañado,-a disillusioned
desenlace *m* denouement, conclusion
deseo desire
deseoso,-a desirous
desesperación despair, desperation
desesperado,-a desperate
desesperanza despair, hopelessness
desfilar to parade, march
desflorado,-a tarnished, violated

desfondado,-a, crumbling
desgarrado,-a rending
desgracia disgrace, disfavor, misfortune
desgraciado,-a unfortunate, unhappy
deshacer to undo, destroy; **deshacerse** to fall apart
deshilachado,-a ravelled, theadbare
deshojado,-a stripped of leaves
deshumanización dehumanization
deshumanizado,-a dehumanized
desierto desert
designar to designate
desigual *adj* irregular
desigualdad inequality
desilusión disillusion
desilusionar to disillusion
desinteresado,-a disinterested
desligar to disassociate
deslizarse to slip, glide
deslumbrar to dazzle
desmayo fainting spell
desmejorar to decline, become worse; *fig* to get more and more edgy
desnudo,-a naked, nude
desolación desolation
desolado,-a desolate
desorbitado,-a out of focus
desorientación disorientation, confusion
despacio slowly
despachar to dispatch, send, dismiss; to gulp down
despacho store; office
despavorido,-a terrified
despecho anger, despair, scorn
despedazar to cut or tear to pieces
despedida farewell
despedirse to say good-bye
despegar to pull off
despertar to awaken; **despertarse** to wake up
despliegue *m* deployment
desplomarse to collapse, topple over
despojado,-a despoiled, stripped
despreciado,-a scorned, despised
despreciar to scorn
desprecio scorn, contempt
desprovisto,-a (de) lacking in
después after, afterwards; **después de** after
destacarse to stand out
destemplado,-a shrill
destierro exile

destinado,-a destined
destino destiny
destreza skill
destrozar to destroy
destrucción destruction
destructivo,-a destructive
destructor,-a destructive
destruir to destroy
desvanecerse to disappear
desvarío whim, caprice
desventaja disadvantage
detallado,-a detailed
detalle *m* detail
detallista addicted to details
detención detention, arrest
detener(se) to stop
detenido,-a arrested
determinado,-a determined, specific, a
    certain
detrás (de) behind
deudo relative
devoción devotion
devolver to return
devorador,-ra devourer
devorar to devour
DF (Distrito Federal) Federal District
día *m* day; **al día siguiente, al otro**
    día on the next day; **de día** by
    day; **hoy en día , hoy día** nowadays
diablo devil
diabólico,-a devilish
dialecto dialect
dialogar to carry on a dialogue
diálogo dialogue
diamante *m* diamond
diario,-a daily; *n m* newspaper; **de a**
    diario from everyday life
dibujante *m* or *f* cartoonist
dibujar to sketch
dibujo sketch
diciembre *m* December
dictador *m* dictator
dichoso,-a, blessed
dieh (diez) ten
diente *m* tooth; **entre dientes**
    muttering
diestra right hand
dieta diet
diez: de a diez ten-cent coin
diferencia difference
diferenciar to differentiate
diferente different

difícil difficult
dificultad difficulty
dificultar to make difficult
dignidad dignity
digno,-a worthy
dihparao (disparado) shot
diligencia diligence; business, errand
diluvio flood, deluge
diminutivo,-a diminutive
diminuto,-a tiny
dinámico,-a dynamic
dinamismo dynamism
dinero money
Dioh (Dios) God
dios god
diosa goddess
diplomacia diplomacy
dirección direction; address
directivo,-a governing
dirigir to direct, send; **dirigir la**
    palabra to speak, to address
    someone; **dirigirse** to go
discernir to discern
disciplina discipline; *pl* scourge
discriminación discrimination
discurso speech
discutible disputable, questionable
discutir to discuss, to argue
diseño design
disfrazar to disguise
disimular to dissimulate
disiparse to dissipate
disminuir to reduce, lessen
disparar to shoot
disparate *m* nonsense, absurdity
disparo shot
dispensar to excuse
disperso,-a scattered
displicente peevish
disponerse (a) to get ready to
disposición disposition
dispuesto,-a arranged
distancia distance
distinguir to distinguish
distintivo,-a distinctive
distinto,-a different
distorsionado,-a distorted
distraer to distract
distribuir to distribute
distrito district
diversidad diversity
diverso,-a diverse, different

divertirse to enjoy oneself, have a good time
dividir to divide
divinidad divinity
divino,-a divine
divisar to perceive
divorciarse to get divorced
divulgar to divulge, make known
doble double; *n m* double
doctrina doctrine
dólar *m* dollar
doler to hurt
dolol (dolor) pain, ache
dolor *m* pain, ache; grief
dolora type of poem written by Campoamor
dolorido,-a painful
dolorosa Mater Dolorosa, Sorrowing Mary
domar to tame
domesticar to domesticate
domicilio domicile, residence
dominar to dominate
domingo Sunday
dominio domination
don title for a gentleman, used only with given or Christian name
donar to grant
donde where; **¿a dónde?** (to) where? where to?; **¿de dónde?** where from?; **¿en dónde?** where?
doña title for a lady, used only with given or Christian name
dorado,-a gilded, golden
dormido,-a asleep, sleeping
dormir to sleep; **dormirse** to fall asleep
dormitorio bedroom
dorso back
dos: los dos both
drama *m* drama
dramatismo dramatic quality
dramatizar to dramatize
dramaturgo,-a dramatist
duda doubt; **sin duda** certainly, doubtless
dudar to doubt
duelo duel; sorrow
dueño master, owner
dulce sweet; *n m* candy
duque *m* duke
durante during

durar to last
duro,-a hard

E

eco echo
economía economy
económico,-a economic
echao (echado) thrown
echar to throw, throw out, cast; **echar a** to begin to; **echar a perder** to ruin
edad *f* age
edénico,-a pertaining to Eden
edición edition
edificio building, structure
editorial publishing; *n f* publishing house
educación education
educado,-a educated
educador *m* educator
educativo,-a educational
efectivo element, unit
efecto effect
efectuarse to take place
eficacia efficacy, efficiency
eficaz efficient
egoísta *adj* selfish
ehcupidera (escupidera) chamber pot
eje *m* axis
ejecución execution
ejecutar to execute
ejemplar *m* copy
ejemplificar to exemplify
ejemplo example
ejercer to exercise
ejercicio exercise
ejercitarse to practice
ejército army
elástico,-a elastic
elección election
electricista electrician
elegancia elegance
elegante elegant
elegía elegy
elegir to choose
elemento element
elevado,-a high, lofty, grand
elevar to raise
eliminar to eliminate
elocución elocution
elogiar to praise
elongación elongation

elongar to elongate
elusivo,-a elusive
emaciado,-a emaciated
embalgo (embargo): sin embalgo
  nevertheless
embalsamado,-a embalmed
embargo: sin embargo nevertheless
embravecido,-a enraged
embrutecer to brutalize
embustero cheat, trickster
emigrar to emigrate
emoción emotion
emocional emotional
empapado,-a soaked
empastar to fill (a tooth)
empaste *m* filling
empeñarse (en) to persist (in)
emperador *m* emperor
empezar to begin
empleado,-a employee
emplear to employ
empleo job, work
empotrado,-a mounted
emprender to undertake, engage in
empresa enterprise, undertaking
empujar to push, shove
empuñar to grip, clutch
enamorado,-a lover, sweetheart; *adj*
  in love; **estar enamorado,-a de** to
  be in love with
enamorarse (de) to fall in love (with)
encabezar to head, lead
encajar to fit, join
encaminarse to move, head toward
encanto charm, delight, glamour
encarcelamiento imprisonment
encarcelar to imprison
encarnado,-a red
encender to light
encerrar to enclose
encerrarse to lock oneself up, close
  oneself up
encía gum
encima above; **por encima de** above,
  over
encomendar to commend
encontrar to find; **encontrarse** to find
  oneself, be; to meet
encorvado,-a bent, crooked
encuentro encounter
encuerado,-a naked
endurecido,-a hard, obdurate

enemigo enemy
energía energy
enérgico,-a energetic
enero January
énfasis *m* emphasis
enfermedad sickness
enfermo,-a sick
enfoque *m* focus
enfrentar to confront, to face
enfrente opposite, in front
enganchado,-a trapped
engañar to deceive
engaño deceit
engendrar to create, engender
engolfar to engulf; **engolfarse** to be
  absorbed, be engrossed, be involved
  with
enguantado,-a wearing gloves
enigmático,-a enigmatic
enjabonar to soap
enjuto,-a lean, skinny
enmohecido,-a rusty
ennegrecer to blacken
ennoblecer to ennoble
enojar to anger; **enojarse** to become
  (get) angry
enojo anger, wrath
enorme enormous
enredarse to become tangled
enriquecerse to become rich
enroscarse to curl, twist
ensangrentado,-a bloody
ensangrentar to bloody
ensayar to try
ensayista *m* or *f* essayist
ensayo essay
enseñanza teaching
enseñar to teach
enseres *m pl* implements, household
  goods
ensordecer to deafen
ensuciar to dirty
entalladura sculpture, carving
entender to understand
entendimiento understanding; mind
enterado,-a informed
enterarse to find out
entero,-a entire, whole
enterrar to bury
entierro burial
entonces then
entornar to half-close, set ajar

entrada   entrance

entraña   entrail

entrar   to enter

entre   among, between; **entre tanto**
  meanwhile

entreabierto,-a   half-open

entrecejo   space between the eyebrows;
  se le plegó el entrecejo   he frowned

entrega   delivery

entregar   to deliver, hand over, surrender

entremés   *m*   one-act farce

entrenado,-a   trained

entretenerse   to entertain oneself

entreverado,-a   intermingled; bogged
  down

entrevista   interview

entrevistar   to interview

entrometido,-a   meddlesome

entusiasmado,-a   enthusiastic

entusiasmo   enthusiasm

envanecerse   to become vain

envejecer   to grow old, make old

envés   *m*   back

enviar   to send

envidiable   enviable

envidiar   to envy

envilecido,-a   debased, degraded

envoltorio   bundle

envolver   to wrap

enzarzarse   to squabble, wrangle

épico,-a   epic

epigrama   *m*   epigram

episodio   episode

época   epoch

equilibrio   equilibrium

equiparar   to compare

equipo   equipment

equivalente   equivalent

equivocarse   to make a mistake

ereh (eres)   (you) are

erigir   to erect, raise

erótico,-a   erotic

esbelto,-a   slender

escalera   stairway

escalofrío   chill

escalón   *m*   stair

escalonado,-a   gradual

escándalo   commotion, tumult

escapar   to escape

escarapela   cockade, badge

escarchado,-a   frosted, freezing

escarlata   scarlet

escarmentar   to be taught by experience,
  learn a lesson

escarnecido,-a   mocked

escarpado,-a   steep

escaso,-a   meager

escena   scene

escenario   setting, stage

escepticismo   skepticism

esclarecido,-a   illustrious

esclavitud   slavery

esclavo   slave

escoger   to choose

escolar   *adj*   school; **escolar**   *m*
  student

escoltar   to escort; accompany

escombro   rubbish

esconder   to hide

escopeta   shotgun

escribir   to write

escrito,-a   written

escritor,-ra   writer

escritura   writing

escuchar   to listen (to)

escuela   school

escultor,-ra   sculptor

escultórico,-a   sculptural

escultura   sculpture

escultural   sculptural

escupidera   spittoon

escupir   to spit

esencia   essence

esencial   essential

esfuerzo   effort

esmeralda   emerald

esmerarse   to take pains with

esmero   careful attention; **con esmero**
  painstakingly

eso   that; **eso que**   in spite of the fact
  that; **por eso**   therefore, for that
  reason, on that account

esoh (esos)   those

Esopo   Aesop

espacio   space

espacioso,-a   slow, deliberate

espada   sword

espalda   back, shoulders

espantar   to frighten

espanto   fright; horror

España   Spain

español,-la   Spanish, Spaniard

españolismo   love for Spanish things

esparcir   to scatter

especial   special
especialidad   specialty
especializado,-a   specialized
especie   *f*   species, kind
específico,-a   specific
espectáculo   spectacle
espectador,-ra   spectator
espejo   mirror
esperanza   hope
esperanzoso,-a   desirous, hoping for
esperar   to hope, expect, wait, await
espeso,-a   dense, thick
espiar   to spy
espina   thorn
espiral   spiral
espíritu   *m*   spirit
espiritual   spiritual
espiritualidad   spirituality
espléndido,-a   splendid
esporádicamente   sporadically
esposa   wife
espuma   foam
esqueleto   skeleton
esquema   *m*   scheme, plan
esquina   corner
esquirol   *m*   "scab"
estabilidad   stability
establecer   to establish
estación   season; station
estadía   stay
estadista   *m*   statesman
estado   state; **estado de ánimo**   mood
estadounidense (estadunidense)   *adj* and
   n   (citizen) of the United States
estallar   to break out
estampa   print
estampilla   (postage) stamp
estancia   ranch
estanciero   rancher
estanque   *m*   pool
estantigua   phantom, hobgoblin
estanza   stanza
estar   to be; **estar de acuerdo**   to agree;
   estar para   to be about to; **estar
   por**   to be for; to favor
estatua   statue
este   *m*   east
estentóreo,-a   stentorian
estereotipo   stereotype
estética   aesthetics
estético,-a   aesthetic
estilo   style; **por el estilo**   that way

estimado,-a   esteemed
estímulo   stimulus
estirar   to stretch
estoicismo   stoicism
estoico,-a   stoic
estopa   tow, burlap
estornudar   to sneeze
estornudo   sneeze
estranjero (extranjero)   foreigner
estrato   stratum
estrecho,-a   close, narrow
estregar   to rub
estrella   star
estrellar   to smash
estremecer   to make tremble
estricto,-a   strict
estructura   structure
estructural   structural
estruendo   roar, din
estrujar   to press, squeeze; to bruise; to
   wring out
estuco   stucco
estudiantil   *adj*   student
estudiar   to study
estudio   study
estupefacto,-a   stupefied
estupidez   stupidity
estúpido,-a   stupid
etapa   stage
eterno,-a   eternal
ética   ethics
etimología   etymology
etimológicamente   etymologically
étnico,-a   ethnic
Europa   Europe
europeo,-a   European
evaluación   evaluation
evangelio   gospel
evidencia   evidence
evitar   to avoid
evocación   evocation
evocar   to evoke
evolución   evolution
evolucionista   evolutionary
exacto,-a   exact
exaltado,-a   extremist
exaltar   to exalt
examen   *m*   examination
examinar   to examine
excelente   excellent
excesivo,-a   excessive
exceso   excess

exclamar to exclaim
excluir to exclude
exclusivamente exclusively
excremento excrement
excursión excursion, trip
exigir to demand
exiguo,-a small, scanty
existencia existence
existencial existential
existencialista existentialist
existir to exist
éxito success
exorcizar to exorcise
expectativa expectation
experiencia experience
experimentación experimentation
experimentar to experience
expirar to expire, to die
explanada platform, esplanade
explicación explanation
explicar to explain
explícito,-a explicit
exploración exploration
explorador,-a explorer
explorar to explore
explotación exploitation
explotador,-ra exploiter
exponente *m* exponent
exponerse to expose oneself
exportar to export
exposición exposition, show, display
expresar to express
expresión expression
expresionismo expressionism
expresionista expressionist
exquisito,-a exquisite
éxtasis *m* ecstasy
extender to extend
extenso,-a extensive
extenuado,-a emaciated
extinguido,-a extinguished
extraer to extract
extramuros *adv* outside (a town); **de extramuros** from outside
extranjero,-a foreign; *n* foreigner
extrañar to miss; **no es de extrañar** it is not surprising
extrañeza surprise, wonderment
extraño,-a strange
extraordinario,-a extraordinary
extremadamente extremely
extremo,-a extreme

F

fábrica factory; structure
fabricación making, fabrication; make
fabricante *m* manufacturer, maker
fabricar to make, fabricate
fábula fable
fabular to make up
facción surface; feature
fácil easy
facilidad facility, ease
facultad faculty
fachada façade
faena labor, task
faja band, sash, girdle
falsedad falseness
falso,-a false
falta lack; **hacer falta** to need
faltar to be lacking; **falta poco** it won't be long
fallar to fail
fama fame, reputation
familia family
familiarizarse to familiarize oneself
famoso,-a famous
fanatismo fanaticism
fantasía fantasy
fantasma *m* ghost
fantástico,-a fantastic
farol *m* lamp, street light, lantern
fascinante fascinating
fascinar to fascinate
fase *f* phase
fastidiar to annoy, bother
fatalismo fatalism
fatalista fatalist
fatiga fatigue, anxiety
favor *m* favor; **a (en) favor de** in favor of; **por favor** please
favorecer to favor
faz *f* face
fe *f* faith; **a la fe** by my faith
fealdad ugliness
fecundidad fertility
fecundo,-a fecund, fertile
fecha date
feliz happy
femenino,-a feminine
fenómeno phenomenon
feo,-a ugly
ferocidad ferocity
feroz ferocious

ferrocarril *m* railroad
ferrocarrilero railroad worker
fértil fertile
festín *m* feast, banquet
festivo,-a festive, gay
feto fetus
feudalismo feudalism
ficción fiction
fiel *adj* faithful
fierecilla shrew
fiesta party, celebration
figura figure
fijalse (fijarse) to notice
fijar to fix; **fijarse (en)** to notice;
    fijarse to stick
fijo,-a fixed, specific
fila line
filo edge
filosofía philosophy
filosófico,-a philosophic
filósofo,-a philosopher
fin *m* end; **al fin** at last; **a fin de
    que** so that, in order that; **a fines
    de** at the end of; **en fin** finally; **por
    fin** finally
final *m* end, ending
finca farm
fincar to pin; to wager
fingir to feign, pretend
fino,-a fine
firma signature
firmamento firmament
firme firm; **estar en lo firme** to be
    sure, be positive
físico,-a physical
flaco,-a thin, skinny, weak
flaqueza weakness
flecha arrow
flor *f* flower
florecer to flourish
florecimiento flowering
flotar to float
fogonazo powder flash
folklórico,-a folkloric
follaje *m* foliage
folleto pamphlet, booklet
fomentar to foment, encourage
fondo back, bottom, background, depths;
    fund
fonético,-a phonetic
fontana fountain
forastero,-a stranger

forcejear to struggle
forma form, shape
formación formation; education
formar to form
formativo,-a formative
foro back (of a stage)
fortaleza fort
forzar to force
forzoso,-a necessary
foto *f* photo
fotocopia photocopy
fotografía photograph; photography
fotografiado,-a photographed
fotográfico,-a photographic
fotógrafo,-a photographer
fracasar to fail
fragante fragrant
frágil fragile
fragor *m* noise, clamor
francamente frankly
francés,-esa French
Francia France
francotirador *m* sharpshooter
frase *f* sentence, phrase
fratricida fratricidal
fray friar
frazada blanket
frecuencia frequency; **con frecuencia**
    frequently
frecuente frequent
frenesí *m* frenzy, madness
frente *f* forehead; **frente** *adv* in
    front, opposite; **de frente a** facing;
    en frente de in front of; **frente a**
    opposite, *fig* in the face of
fresa drill
fresco,-a fresh, cool
frijol *m* bean
frío,-a cold; **hace frío** it is cold
fritura fritter
frondoso,-a leafy
frontera border
frotar to rub
fruición enjoyment, delight
frustración frustration
fruto,-a fruit; **fruto** is used in a
    figurative sense only
fuego fire; **abrir fuego** to open fire
fuente *f* source; fountain
fuera out, outside
fuerte strong; *fig* stubborn
fuerza force, strength; **a fuerza de** by

the strength of; **a la fuerza** by force

fuga flight, escape; **punto de fuga** vanishing point

fugaz fleeting

Fulano So-and-so

fulgor *m* brilliance

fumar to smoke

función function, performance

funcional functional

funcionar to function, to work

funcionario functionary, official

funda holster

fundador *m* founder

fundar to found

fundir to fuse, unite

fúnebre dark, gloomy

funerales *m pl* funeral

furia fury

furioso,-a furious

furtivamente slyly, furtively

fusilamiento shooting, execution

fusilar to shoot

fútbol *m* football, soccer

G

gabinete *m* office

gafas *f pl* glasses

galán *m* gallant, lover

galeón *m* galleon

galería gallery, corridor

galopar to gallop

galope *m* gallop

galpón *m* shed

gallardo,-a brave, gallant

gallina hen

gallinazo buzzard

gallo rooster

gama doe

gana desire; **dar la gana** to feel like; **de buena gana** willingly; **de mala gana** unwillingly; **tener ganas** to feel like

ganado cattle, livestock

ganar to win, earn

gango musical instrument in the shape of a disk

garabato scribble

garabatob (garabatos) scribbles

garganta throat

garra claw

garrote *m* garrote, club

garrucha pulley

gasfíter *m* plumber

gastado,-a worn, worn out

gastar to spend

gastarse to waste away; *fig* to grow dim

gasto expenditure

gatillo forceps

gato,-a cat

gaucho man of the Argentine pampa

gaullista Gaullist

gaveta drawer

gemelo,-a twin

genealogía genealogy

generación generation

generacional *adj* generation

general general; **por lo general** generally

generalizarse to become general

género kind, genre; **género humano** mankind

generoso,-a generous

genio genius

gente *f* people

gentilmente exquisitely

genuino,-a genuine

geometría geometry

geométrico,-a geometric

gerente *m* manager

germen *m* source

gestionar to negotiate

gesto facial expression: gesture

gigante *m* giant

gigantesco,-a gigantic

gigantón *m* big giant

gimnasia physical training

gimnasio gymnasium

Ginebra Geneva; **ginebra** gin

girar to roll

glifo glyph

globo globe; balloon

gloria glory

glorificar to glorify

glotón,-na gluttonous

gobernación government

gobernar to govern

gobierno government

Gólgota Golgotha

golondrina swallow

goloso,-a having a sweet tooth

golpe *m* blow; stroke; **daba golpecitos** he tapped; **de golpe** suddenly

golpear to strike, hit

gordo,-a fat; **dedo gordo** thumb

gorguera ruff

gorrión *m* sparrow

gorro cap

gota drop

gotera leak

gozar (de) to enjoy

grabado engraving

gracias thanks

grado degree

graduarse to graduate

granadero grenadier

grande big; adult

grandeza greatness

grandiosamente magnificently, grandly

granizo hail, hailstorm

grano kernel

granuja *m* rogue

grasiento,-a greasy, oily

gratitud gratitude

gratuito,-a free

grave *adj* serious

gravedad gravity

Grecia Greece

griego,-a Greek

gringo,-a Anglo-Saxon; foreign

gris gray

gritar to shout, cry out, scream

grito shout, scream; **a gritos** ''buckets''

grosero,-a coarse, crude

grúa derrick

grueso,-a thick; *n m* thickness

grumo curd, cluster, blob

gruñir to grunt

grupo group

gruta cavern, grotto

guadaña scythe

guante *m* glove

guarda *m* guard

guardar to keep, reserve

guarida den, lair

guatemalteco,-a Guatemalan

guerra war

guerrera tunic

guerrero warrior; *adj* fighting; warlike

guerrillero,-a guerrilla

guía *m* or *f* guide

guión *m* script

guiso stew

guitarra guitar

guitarreada guitar contest

gula gluttony

gusano worm

gustar to be pleasing; to like; **gustarle a uno** to like

gusto taste, pleasure

H

haber to have; **haber de** to have (to), must; **hay** there is, there are; **hay que** one must

habilidad skill, ability

habitación room, habitation

habitacional *m* housing development

habitante *m* or *f* inhabitant

habitar to inhabit, dwell

hablar to speak

hacendado landholder, rancher

hacer to do, make; **hace buen tiempo** the weather is good; **hace frío** it is cold; **hacer buches** to gargle; **hacer calceta** to knit; **hacer caso de** to pay attention to; **hacer daño** to harm; **hacer de cuenta** to pretend; **hacer falta** to be lacking; to be missing; **hacer una mala jugada** to play a dirty trick; **hacer un papel** to play a role; **hacer una reverencia** to bow

hacia *prep* toward; about

hacienda ranch, farm; herd

hada fairy

halagar to flatter

hallar to find

hallazgo discovery

hambre *f* hunger; **tener hambre** to be hungry

hambriento,-a hungry

harmonizar to harmonize

harto,-a sufficient, full; *fig* tired, fed up

hasta until, even

hastiado,-a cloyed, sated; *fig* tired

hazaña deed, feat

hebilla buckle

hecho done, made; *n m* fact, deed

hediondo,-a stinking

helado,-a frozen

helicóptero helicopter

hemisferio hemisphere

henchir to fill

hender to go through
herencia inheritance; heritage
herida wound
herir to wound
hermana sister
hermandad brotherhood
hermano brother
hermético,-a hermetic
hermoso,-a beautiful
hermosura beauty
héroe *m* hero
herramienta tool
hervir to boil
hierba weed; herb
hierro iron
higiene *m* hygiene
hija daughter
hijo son
hijoh (hijos) children
hilar to spin
hilera row, line
hilo thread
hincado,-a kneeling
hinchar to swell
hipo hiccough; sob
hipocresía hypocrisy
hispánico,-a Hispanic
hispano,-a Hispanic, Spanish
Hispanoamérica Spanish America
hispanoamericano,-a Spanish American
histeria hysteria
historia history; story
historiador *m* historian
hogar *m* home
hoja leaf, blade; page
hojarasca leaf storm
hojear to leaf through
hola hello, hi
holandés,-sa Dutch
hollar to trample
hombre *m* man; husband
hombro shoulder
homenaje *m* homage
Homero Homer
homogeneidad homogeneity
hondo,-a deep
honrado,-a honorable, of high rank
honrar to honor
hora hour; **a altas horas de la noche** late at night; **a toda hora** at all hours
horadar to bore, pry

horda horde
horizonte horizon
hornilla oven, stove
horóscopo horoscope
horrendo,-a horrendous, hideous
horripilante horrifying
horrorizado,-a horrified
hospicio hospice, hospital, asylum
hospitalario,-a *adj* hospitable
hostil hostile
hoy today; **hoy día** nowadays
hoyo hole, excavation
huelga strike
huella track, trace
huerta vegetable garden
huertano gardener, orchardman
hueso bone
huésped *m* or *f* guest
huesudo,-a bony, big-boned
huevo egg
huir to flee, run away
humanidad humanity
humanista *m* or *f* humanist
humano,-a human; **ser humano** human being
humedad humidity
humedecer to moisten, dampen; **humedecerse** to become wet, become moist
húmedo,-a humid
humilde humble
humillación humiliation
humorada humorous poem (Campoamor)
humorístico,-a humorous
hundimiento sinking
huracán *m* hurricane
hurgar to stir, poke into, dig around into
hurtar to steal

I

Ícaro Icarus
ícono icon
idealista idealistic
idéntico,-a identical
identidad identity
identificación identification
identificar to identify
ideología ideology
idioma *m* language
iglesia church

ignorar   not to know, to be ignorant of

igual   equal; **por igual**   equally

igualdad   equality

ilimitado,-a   unlimited

ilusión   illusion, *fig* hope

ilustrar   to illustrate

ilustrativo,-a   illustrative

imagen *f* image

imaginación   imagination

imaginar   to imagine

imaginario,-a   imaginary

imborrable   indelible

imitar   to imitate

impaciente   impatient

impedir   to prevent, hinder

imperar   to prevail

imperfecto   imperfect

imperio   empire

impermeable *m* raincoat

ímpetu *m* impetus

impetuoso,-a   impetuous

imponente   imposing

imponer   to impose

importancia   importance

importar   to be important, matter

importe *m* cost, price

importunación   harassment

imposible   impossible

imposición   imposition

impreciso,-a   imprecise

impresión   impression

impresionante   impressive

impresionar   to impress

impresionista   impressionist

impreso   print

improvisador *m* improvisor

improviso,-a   unexpectedly; **de improviso**   unexpectedly

inactividad   inactivity

inanimado,-a   inanimate

incaico,-a   Incan

incertidumbre *f* uncertainty

incierto,-a   uncertain

incinerador *m* incinerator

incitar   to incite

inclinar   to incline, to bend; **inclinarse**   to stoop, bend over, bow

incluir   to include

inclusive   including

incluso   even

incoherencia   incoherence

incoherente   incoherent

incomodar   to disturb, trouble, inconvenience

incómodo,-a   uncomfortable

incomprensible   incomprehensible

incomprensión   incomprehension, lack of comprehension

inconcluso,-a   unfinished

incongruencia   incongruence

inconsciencia   unconsciousness

incontenible   unrestrainable

incorporación   incorporation

incorporar   to incorporate; **incorporarse**   to sit up, get up; to join

increíble   incredible

inculpar   to blame, accuse

indagar   to investigate

indecenciah (indecencias)   indecencies

indelincuente   innocent

independencia   independence

independiente   independent

indicación   indication

indicar   to indicate

indicio   indication

indiferencia   indifference

indiferente   indifferent

indígena   indigenous, native (Indian)

indignación   indignation

indignado,-a   angry, indignant

indignidad   indignity

indio,-a   Indian

indiscriminadamente   indiscriminately

individualidad   individuality

individualizar   to individualize

individuo   individual

indócil   unruly

indomable   indomitable

indudablemente   undoubtedly

industria   industry

inequívoco,-a   unequivocal, unmistakable

inerte   inert

inesperado,-a   unexpected

inexorablemente   inexorably

infancia   infancy

infanta   princess

infatigable   untiring

infección   infection

inferior   inferior, lower

infierno   hell

infinito,-a   infinite; *n m* infinite

inflar   to inflate

influencia   influence

influenciar   to influence
influir   to influence
influyente   influential
información   information
informar   to inform
informe   *m*   report
ingeniería   engineering
ingeniero,-a   engineer
ingenio   (mechanical) apparatus; sugar
    mill
ingeniosidad   ingenuity
ingenuidad   candor
ingerencia   meddling, interference
Inglaterra   England
inglés,-esa   English; *n m*   English
    (language)
ingratitud   ingratitude
ingrato,-a   ingrate, ungrateful
inhumano,-a   inhuman
iniciar   to begin, initiate
ininterrumpidamente   uninterruptedly
injusticia   injustice
inmediatamente   immediately
inmensidad   immensity
inmenso,-a   immense
inmigración   immigration
inmigrante   *m* or *f*   immigrant
inmigrar   to immigrate
inmoral   immoral
inmortalidad   immortality
inmortalizar   to immortalize
inmovilidad   immobility
inmueble   *m*   immovable (real) property
innecesario   unnecessary
innovación   innovation
innovador   *m*   innovator
inocencia   innocence
inocente   innocent
inolvidable   unforgettable
inquieto,-a   restless, uneasy
inquilino   tenant
Inquisición   Inquisition
inscribir   to enroll, register
insecto   insect
inseguridad   insecurity
insensibilidad   hard-heartedness,
    insensitivity
inservible   useless
insignificante   insignificant
insistir   to insist
insolencia   insolence
inspiración   inspiration

inspirar   to inspire
instalar   to install
instantáneamente   instantaneously
instante   *m*   instant; **al instante**
    instantly, at once
instinto   instinct
institución   institution
instrucción   instruction
instruir   to instruct
instrumento   instrument
integración   integration
integrar   to integrate, to be included in
intelectual   intellectual
inteligencia   intelligence
inteligente   intelligent
intención   intention; **con intención**
    slyly
intencionado,-a   meaningful
intensidad   intensity
intento   attempt
intercalado,-a   inserted, interpolated
intercambiar   to exchange
interceptar   to intercept
interés   *m*   interest
interesante   interesting
interesar   to interest; **interesarse por**   to
    be interested in
interferencia   interference
internacional   international
internarse   to go far in
interno,-a   interior, internal
interpretación   interpretation
interpretar   to interpret
interrogar   to question
interrumpido,-a   interrupted
intervención   intervention, operation
intervenir   to intervene, take control of
intimidad   intimacy
intimidar   to intimidate
íntimo,-a   intimate
intolerancia   intolerance
intrahistoria   intrahistory
intransigencia   intransigence
intransigente   intransigent
introducción   introduction
intuición   intuition
inundación   flood
inútil   useless
invadir   to invade
invasor   invader
inventar   to invent
inventario   inventory

inversión investment
investigación investigation
investigar to investigate
invierno winter
invitar to invite
invocador,-ra invoker
invocar to invoke
IPN (Instituto Politécnico Nacional)
   National Polytechnic Institute
ir to go; **irse** to go away
iracundo,-a angry
iráh (irás) (you) will go
irlandés,-esa Irish, Irishman(woman)
ironía irony
irónico,-a ironical
irracional irrational
irradiar to radiate
irreal unreal
irresponsable irresponsible
irreverencia irreverence
irritarse to get (become) irritated
isla island
isleta small island
Italia Italy
italiano,-a Italian
izquierdo,-a left; **a la izquierda** on the
   left

J

jabalí *m* wild boar
jabón *m* soap, lather
jadeante panting
jadear to pant
jadeo panting
jalar to pull
jamás *adv* never, ever
japones,-esa Japanese
jaque *m* headache
jarabe *m* popular dance
jardín *m* garden; **jardín zoológico**
   zoo
jarra jar; **en jarras** akimbo
jarro jug; **a boca de jarro** point-blank;
   olía a jarro nuevo smelled like a
   new clay jug
jaula cage
jefe *m* chief, boss
jeroglífico hieroglyph
jilguero linnet, goldfinch
jilotear to form ears (corn)
jinete *m* horseman
jornalero day laborer

joven young
joya jewel
joyero,-a jeweler
jubilarse to retire
júbilo joy
juego game, gambling game; interplay;
   juego de manos sleight of hand
jueves *m* Thursday
juez *m* judge
jugador,-ra player; gambler
jugar to play; to gamble
jugo juice
juguete *m* toy
jugueteh (juguetes) toys
juicio judgment
julio July
jungla jungle
junio June
juntar to join, connect, unite;
   juntarse to join; to copulate; to
   assemble
junto,-a united, joined, together; **junto
   a** beside; **junto con** together with;
   junto *adv* near
juntura joining
jurar to swear
jurídico,-a juridical; legal
jurisprudencia jurisprudence, law
justicia justice
justificar to justify
justo,-a exact, very; just
juvenil juvenile
juventud youth
juzgar to judge

K

kepis kepi, a military cap

L

labio lip
labrador,-ra farmer, peasant
labrar to carve; to make; to cut; to work
   (stone)
lado side; **por otro lado** on the other
   hand; **por todos lados** on all sides
ladrar to bark
ladrillo brick
ladrón,-ona thief
lagaña bleariness
lagartijo lizard
lago lake

lágrima tear
laguna lake, lagoon
lamentación lamentation
lamentar to lament
lámpara lamp, light
langosta locust
lanzar to emit, throw, hurl; to vomit
lápida tablet, gravestone
lápiz *m* pencil
lapso lapse, time
largar to leave; **largarse** to go away
largo,-a long; **a lo largo de** through, throughout, along; **largamente** for a long time
lástima pity
lastimarse to wound oneself, hurt oneself
lastimoso,-a pitiful, sad
latido beating, throb
látigo whip
latino,-a Latin
latinoamericano,-a Latin American
latir to beat
lavar to wash; **lavarse** to wash, wash up
leal loyal
lector,-ra reader
lectura reading
lecho bed
leer read
legendario,-a legendary
legua league
lejano,-a distant
lejos far; **a lo lejos** in the distance
lengua tongue; language
lenguaje *m* language
lente *m* or *f* lens; magnifying glass
lento,-a slow
leña firewood
león *m* lion
lesionar to wound, injure
letra letter; **al pie de la letra** literally; **letra cursiva** italics
letrero sign
levantalte (levantarte) to get you up
levantar to lift, raise; **levantarse** to get up
leve *adj* light
ley *f* law
leyenda legend
liberación liberation
liberar to free, liberate

libertad liberty
librar to free
libre free
librepensador,-ra freethinker
libro book
licenciado,-a lawyer
liceo lyceum
líder *m* leader
liebre *f* hare (rabbit)
lienzo canvas
liga league
ligero,-a slight, light
limitación limitation
limitar to limit
limón *m* lemon
limonero lemon tree
limosna alms
limpiar to clean; **limpiar de hierba** to weed
limpieza cleaning
limpio,-a clean
linaje *m* kind, species
linchamiento lynching
lindar (con) to border (on)
lindo,-a pretty
línea line
liquen *m* lichen
líquido,-a liquid
lírico,-a lyric
lisonjear to flatter
lista list
listo,-a ready
literario,-a literary
literatura literature
liviano,-a light
lívido,-a livid
lobo wolf
lóbrego,-a gloomy
loco,-a crazy
locura madness
lodo mud
lógico,-a logical
lograr to succeed (in), achieve
loh (los) the; them
longevidad longevity
losa flagstone, grave, gravestone
losar to pave
lotería lottery
loza ceramic
lucero bright star
lucha struggle
luchar to struggle

luego then, afterwards, next, later; **luego de** after; **tan luego que, luego que** as soon as

lugar *m* place; **tener lugar** to take place

lujo luxury; **de lujo** deluxe

lujoso,-a luxurious

lujurioso,-a lustful

lumbre *f* fire, light

luminoso,-a luminous

luna moon

luto mourning; **de luto** in mourning

luz *f* light; **salir a luz** to come out, appear, be published; **luz de bengala** flare

LL

llaga wound

llama flame

llamar to call; **llamarse** to be called, be named

llano,-a level, flat

llano plain

llanto weeping

llanura plain

llave *f* key; **cerrar con llave** to lock; **echar llave a** to lock

llegada arrival

llegar to arrive; **llegar a (conocer)** to come to (know); **llegar a saber** to find out

llenar to fill

lleno,-a (de) filled (with), full

llevar to carry, take; to wear; to lead; to lift; **llevarse** to carry away

llorar to cry, weep

lloroso,-a tearful

llover to rain

lluvia rain

M

machismo ''maleness''

madera wood

madre *f* mother

madrugada dawn

madrugador,-ra early riser

madurar to ripen

maestro,-a master; *n* teacher

magia magic

mágico,-a magic

magnavoz *m Mex.* loudspeaker

magnífico,-a magnificent

mago magician, wizard; **los Reyes Magos** the Magi

magullar to mangle

mah (más) more

maíz *m* corn

maizal *m* cornfield

majestad majesty

majestuosidad majesty

majestuoso,-a majestic

mal *adv* badly, wrongly; *n m* evil, harm, wrong; **de mal en peor** from bad to worse; **menos mal** just as well

maldecir to curse

maldito,-a cursed

maleza underbrush

malhumorado,-a ill-humored

maliciosamente maliciously

malo bad, evil

malón *m* sudden attack by Indians

maltrecho,-a badly off, battered

malvado,-a wicked

malvivir to live badly

mamadera baby bottle

mamarracho grotesque figure

mampostería masonry

maná *m* manna

mancebo youth, young man

mancillado,-a soiled

mancha spot, stain

manchado,-a spotted

manchar to stain

mandar to send; to command

mandíbula jaw

mando command

manejar to drive, handle

manera manner, way

manerista *adj* Mannerist

manguera hose

manifestación manifestation, demonstration

manifestante *m* demonstrator

manifestar to manifest

manifiesto manifest

manigua jungle

mano *f* hand

manojo handful, bunch

manso,-a gentle

manta sign

mantener to maintain, to hold; **mantenerse** to live (on)

mantenimiento food
mantequilla butter
mantilla swaddling clothes
manuscrito manuscript
manzana Adam's apple
mañana tomorrow; morning; **el día de mañana** tomorrow; **por la mañana** in the morning; **todas las mañanas** every morning
máquina machine
maquinalmente mechnically
mar *m or f* sea
maravilla wonder, marvel; **a las mil maravillas** wonderfully well
maravilloso,-a marvellous, wonderful
marcado,-a marked
marcar to strike; to show (time); to mark
marcial *adj* martial
marco framework
marcha march
marchito,-a withered
marea tide
margen *m* margin
mariachi *m Mex.* street singer
marido husband
marino,-a marine
mariposa butterfly
mármol *m* sculpture, marble
maroma cable, rope
marrón brown
marrullero trickster, wheedler
martes *m* Tuesday
martillazo blow with a hammer
martillo hammer
mártir *m* martyr
marzo March
mas *conj* but, yet
más more, most; **más allá** beyond; **más bien** rather; **más que nada** more than anything; **más tarde** later; **más vale que** it is better that; **nada más** only, just that
masa dough, mass
masacre *f* massacre
máscara mask
mata plant
matadero slaughterhouse
matanza slaughter, massacre
matar to kill
matemáticas mathematics
matemático,-a mathematician
materia matter; course; **en materia de** as regards, in the matter of; **rendir una materia** to take a course
material *m* supplies
maternidad maternity
materno,-a maternal
matiz *m* shade
matorral *m* thicket
matraca wooden rattle
matrimonio matrimony, marriage
máximo,-a maximum
maya *adj* Mayan
mayo May
mayor greater, larger; older, adult
mayoría majority
mayormente especially, any, very many
mazazo blow with a club
mazorca ear (of corn)
mecanismo mechanism
mechón *m* lock (of hair)
mediano,-a middling
mediante by means of, through
medicina medicine
médico,-a doctor
medida measure; **a medida que** as, according as
medio,-a mid, middle, mean; *n m* means; thirty (time-telling); **a medias** obscurely; **a medio** half; **de en medio** middle; **en medio de** in the middle of, amid; **por medio de** through
mediocridad mediocrity
mediodía *m* noon
medir to measure
meditar to meditate
mediterráneo,-a Mediterranean
mejicano,-a Mexican
mejilla cheek
mejor better, best; **a lo mejor** perhaps, maybe
mejoramiento improvement
mejorar to improve
melancolía melancholy
melancólico,-a *adj* melancholy
melena loose hair
memoria memory; **hacer memoria** to search one's memory; **saber de memoria** to know by heart
mencionar to mention
mendigar to beg
mendigo beggar
menester *m* duty, task

menina   young lady in waiting

menor   least, less, youngest; minor; smaller

menos   less, least; **cuando menos**   at least; **menos mal**   just as well; **por lo menos**   at least

menospreciar   to scorn, despise

mensaje   *m*   message

mente   *f*   mind

mentir   to lie

menudo,-a   small

mercader   *m*   merchant

mercadería   merchandise

mercado   market

merecer   to deserve

mero,-a   mere; **hasta mero**   right up to

mes   *m*   mouth

mesa   table, desk; **poner la mesa**   to set the table

Mesías   *m*   Messiah

mestizo,-a   half-breed, mixed blood

meta   goal

metafísico,-a   metaphysical; *n f* metaphysics

metáfora   metaphor

metafórico,-a   metaphoric

metálico,-a   metallic

meter   to put in, introduce

meticulosamente   meticulously

metódico,-a   methodical

método   method

metrópoli   *f*   metropolis

metropolitano,-a   metropolitan

mexicano,-a   Mexican

mexicanoamericano,-a   Mexican-American

mezcla   mixture; mortar

mezclar   to mix

mezquita   mosque

microcósmico,-a   microcosmic

miedo   fear; **dar miedo**   to create fear; **tener miedo**   to be afraid

miel   *f*   honey

miembro   *m* or *f*   member

mientras   while

miércoles   *m*   Wednesday

miga   crumb

mihmo (mismo)   same

mil   thousand

milagro   miracle

milagroso,-a   miraculous

milímetro   millimeter

militante   *m* or *f*   militant

militar   *adj*   military

milpa   *Mex.*   cultivated land, system of cultivation

milla   mile

millón   *m*   million

millonario,-a   millionaire

mimar   to spoil, indulge

mina   mine

minero   miner

minoría   minority

minotauro   minotaur

minuciosamente   precisely, thoroughly

mirada   glance, look

mirador   *m*   window, observation point

mirar   to look, look at

mirón   *m*   spectator, by-stander

misa   mass

miseria   misery, poverty

misericordia   pity

misión   mission

mismo,-a   same, very; self (**ella misma** she herself); **ahora mismo**   right now

misterio   mystery

misterioso,-a   mysterious

misticismo   mysticism

místico,-a   mystic(al)

mitad   *f*   half; **en mitad de**   in the middle of

mítico,-a   mythical

mitin   *m*   rally

mito   myth

mitología   mythology

mocedad   youth

mochica   Peruvian Indian group

modelar   to model

modelo   model

modernismo   modernism

moderno,-a   modern

modesto,-a   modest

modificación   modification

modificar   to modify

modo   way, means, manner; **de modo que**   so that; **de todos modos**   at any rate

mofar   to mock, jeer; **mofarse de**   to make fun of, jeer at

mohoso,-a   rusty

mojar   to wet; **mojarse**   to get wet

molde   *m*   mold

molestar to bother; **no se molestan** don't take the trouble

molesto,-a annoyed

momento moment

monarca *m* monarch

moneda coin

mono monkey

monólogo monologue

monstruo monster

monstruoso,-a monstrous

montado,-a mounted

montaña mountain

montañero,-a *adj* mountain

monte *m* mountain

montón *m* pile

monumento monument

morada dwelling

morado,-a purple

moraleja moral

mordaz biting, sarcastic

morder to bite; **morderse** to bite (one's tongue, etc.)

moreno,-a brown, dark

morir to die; **morirse** to die

moro,-a Moor

mortaja shroud

mortificación mortification, humiliation

mortificar to mortify; **mortificarse** to get upset

mosaico mosaic

mostrar to show

motivar to motivate

motivo motive, motif

mover to move; **moverse** to move (oneself)

movible movable

móvil changeable

movilidad mobility

movimiento movement

mozo young man; **buen mozo** goodlooking (young man)

muchacha girl

muchacho boy

muchachoh (muchachos) children

mucho,-a much, a great deal; long (time); *pl* many; *adv* much, very much, a great deal

mudanza move

mudarse to move

mudo,-a mute, silent

mueble *m* piece of furniture

muela molar

muelto (muerto) dead

muerte *f* death

muerto,-a dead

muestra sample, model, copy, trace

mugriento,-a filthy

mujer *f* woman; wife

mulato,-a mulatto

multiplicar to multiply

multitud multitude

mundano,-a worldly

mundial *adj* world, world-wide

mundo world; **correr mucho mundo** to travel a lot

municipio town government

muñeca wrist

muñecoh (muñecos) *fig* figures

muralismo muralism

muralista muralist

muralla wall

murciélago bat

murmurar to murmur

muro wall

músculo muscle

musculoso,-a muscular

museo museum

musgo moss

música music

musicalidad musicality

músico musician

musulmán,-ana Moor, Mussulman

mutilación mutilation

mutilante mutilating

mutilar to mutilate

muy very

N

nacer to be born

nación nation

nacional national

nacionalismo nationalism

nada *adj* nothing; *adv.* nothing, not at all

nadar to swim

nadie no one, nobody, none

nahua *m* Nahuatl (Aztec language)

nahuatl *m* Nahuatl (Aztec language)

nalgada spanking

naranjo orange tree

nariz *f* nose

narración narration

narrador,-ra narrator

narrar to narrate

narrativo,-a narrative; *n f* narrative, story

natal *adj* natal, of birth

natural *m* native, nature

naturaleza nature

navaja razor, blade

Navidad Christmas

navideño,-a pertaining to Christmas

nazareno Nazarene

necesario,-a necessary

necesidad necessity

necesitar to need

necio,-a fool, silly

negar to refuse, deny

negativa refusal

negativo,-a negative

negocio business

negrero slave trader

negritud blackness

negro,-a black, dark

negrura blackness

neneh (nenes) children

neoclásico,-a neoclassic

neoprimitivo,-a neo-primitive

neoyorquino,-a *adj* New York

nervio nerve

nervioso,-a nervous

netamente purely

neutro,-a neuter

nicaragüense Nicaraguan

nicho niche

nido nest

nieve *f* snow

nihilismo nihilism

ninfa nymph

ninguno none, not any, not one

niña girl

niñera nursemaid

niñez *f* childhood

niño boy

nítido,-a clear, bright

Niu New

nivel *m* level

noche *f* night; **de noche** or **por la noche** at night; **esta noche** tonight

Nochebuena Christmas Eve

nomás just; **nomás por nomás** just like that

nombre *m* name

noreste *m* northeast

Normandía Normandy

norte *m* north

norteamericano,-a North American

nota note

notar to note

noticia news

novedad novelty, newness

novela novel

novelista *m* or *f* novelist

novelizar to novelize, make a novel of

novia bride

noviazgo engagement

noviembre *m* November

novio boyfriend, suitor, bridegroom

nube *f* cloud

nublazón *m* storm cloud

nuca nape (of neck)

nudo knot

nuevo,-a new; **de nuevo** again, once more

número number

numeroso,-a numerous

nunca never

nutrir to nourish, feed

O

obedecer to obey

obediente obedient

objetivo,-a objective; *n m* objective

objeto object

oblicuo,-a oblique

obligar to oblige

obligatorio,-a obligatory

óbolo obolus; *fig* money, support, contribution

obra work, act; **obra maestra** masterpiece

obrar to work

obrero,-a working, of workers; *n m* or *f* worker

obsceno,-a obscene

observación observation

observador,-a observer

observar to observe

obsesionado,-a obsessed

obsesionarse (por) to be obsessed (by)

obstáculo obstacle

obstante: no obstante nevertheless

obstinación: con obstinación obstinately

obstinado,-a obstinate

obtener to obtain

obvio,-a obvious

ocasión   occasion
occidental   western
occidente   *m*   west
océano   ocean
ocioso,-a   idle
ocote   okote pine
octosilábico,-a   octosyllabic (8 syllables)
octubre   *m*   October
ocultadora   concealer
ocultar   to hide
ocupación   occupation
ocupado,-a   busy, occupied
ocupar   to occupy
ocurrencia   occurrence; witticism; new
   idea
ocurrir   to occur
odiar   to hate
odio   hatred
odisea   odyssey
oeste   *m*   west
ofender   to offend
oficial   official; *n m*   official
oficina   office
oficio   trade, job, occupation
ofrecer   to offer
ofrenda   offering
oír   to hear
ojalá   I wish; **ojalá y**   I wish
ojear   to glimpse
ojo   eye
ola   wave
oler   to smell
olímpico,-a   Olympic
olor   odor, smell
oloroso,-a   fragrant, smelling like
olvidar   to forget
olvido   forgetfulness, oblivion
ombligo   navel
omitir   to omit
opaco,-a   opaque
operación   operation, transaction,
   deal
opinar   to be of the opinion
oponerse   to oppose
oportunidad   opportunity
oposición   opposition
opresión   oppression
optar   to choose, opt
óptico,-a   optical
opuesto,-a   opposed, opposite
orador   *m*   orator
oratorio,-a   oratorical

orden   *f*   command; religious order;
   m   order
ordenar   to order, command; to arrange
ordinario,-a   ordinary
oreja   ear
orfanato   orphanage
orfebre   *m*   goldsmith, silversmith
orfebrería   gold or silver work
organización   organization
organizar   to organize
órgano   organ
orgullo   pride
orgulloso,-a   proud
oriental   eastern, oriental
oriente   *m*   east
origen   *m*   origin
originalidad   originality
originar   to originate
orilla   bank (of a river)
orinar   to urinate
oriundo,-a   native, coming from
ornamentación   ornamentation
oro   gold
ortodoxo,-a   orthodox
osado,-a   bold
oscilar   to oscillate
oscurecer   to grow dark
oscuridad   darkness
oscuro,-a   dark
otoño   autumn
otro,-a   other, another; **al otro día**   the
   next day; **el uno al otro**   each other;
   otra vez   again; **por otra parte**   on
   the other hand; **unos a otros**   each
   other
Otry   (Gene) Autry
ovación   ovation
oveja   sheep

P

paciente   patient
pacificador,-a   *n*   peacemaker
pacífico,-a   peaceful
pacto   pact
padre   *m*   father; *pl*   parents
padrenuestro   Lord's Prayer
pagano,-a   pagan
pagar   to pay (for)
página   page
pago   pay
país   *m*   country, region

paisaje *m* landscape
paisajista *adj* landscape
paja straw
pájaro bird
pala stick, paddle
palabra word
palacio palace
pálido,-a pale
palique *m* chitchat, small talk
palma palm
palmada: dar palmadas to slap
palmar *m* palm grove; oasis
palmera palm (tree)
palo wood, stick
paloma dove
Palón Hopalong
palpar to touch
pampa plain
pan *m* bread
pantalón *m* trousers, pants
panteísmo pantheism
panteón pantheon
pantera panther
pantomimo,-a pantomimist
pañuelo handkerchief
Papa *m* Pope
papá *m* father, papa
papel *m* paper; role; **hacer un papel** to play a role
par *m* pair; **a par del alma** deeply
para for, in order to; toward; so that, to the end that; **de un lado para otro** from one side to the other; **para siempre** forever
parábola parable
parado,-a standing
paradoja paradox
paradójicamente paradoxically
paraguas *m* umbrella
paraíso paradise
paralelo,-a parallel
paralizar to paralyze
parar to stop; **pararse** to stand up
parca fate
parecer to seem, look; **al parecer** apparently; *n m* opinion; **cambiar de parecer** to change one's mind; **parecerse a** to resemble
parecido similar; *n m* resemblance
pared *f* wall
pareja pair, couple
paréntesis *m* parenthesis

pariente *m* or *f* relative
parir to give birth
parisiense *adj* Parisian
paro work stoppage
párpado eyelid
parque *m* park
párrafo paragraph
parroquiano,-a parishioner
parsimoniosamente economically
parte *f* part; place; **de parte de** on the part of; **en gran parte** mostly; **en (a) todas partes** everywhere; **por otra parte** on the other hand; **por parte alguna** anywhere
participación participation
participante *m* or *f* participant
participar to participate
particular particular, private
partidario,-a partisan
partido party; district; township; game (match)
partir to leave; to cut; **a partir de** starting from; **partir de** to be fired from
pasado past
pasaje *m* passage
pasar to pass; to spend; to happen; **pasa que** it happens that; **pasar hambre** to suffer hunger; **pasar por alto** to overlook; **¿qué pasa?** what's the matter?; **se la pasa** he spends his time
pasatiempo pastime
pasear(se) to stroll, walk, ride
paseo walk, promenade
pasión passion
pasmado,-a stunned, astounded; chilled; stale
paso sketch; step, footstep; **dar los primeros pasos** to take the first steps; **de paso** in passing, on the way
pasta cake paste
pastilla pill
pasto grass
pastor *m* shepherd
pastoril pastoral
pastura pasture
pata foot (of an animal)
patata potato
patear to stamp
paternidad paternity

patilla   side whiskers
patria   fatherland
patriarca   *m*   patriarch
patriota   *m*   patriot
patrocinar   to sponsor
patrón   *m*   patron, landlord, boss
patullado,-a   trampled; **patullada** tramping feet
pausa   pause
pavo   turkey
payaso   clown
paz   *f*   peace
pecado   sin
pecador,-ra   sinful; *n m* or *f*   sinner
pecho   breast, chest
pedalear   to pedal
pedazo   piece; **hacer pedazos**   to tear to pieces
pedir   to ask for
pedrería   precious stones
pegar   to glue; to beat, to strike; to hit; **pegar el brinco**   to leap; **pegar un tiro**   to shoot
peinarse   to comb one's hair
pelandrín (pelantrín)   *m*   farmer
pelear(se)   to fight
película   picture, movie, film
peligroso,-a   dangerous
pelo   hair
pelota   ball
peluca   wig
peludo,-a   shaggy, hairy
peluquería   barber shop
pena   pain; **no valer la pena**   not to be worthwhile
penar   to suffer
pender   to hang
pendiente   hanging, pending; absorbed
penetración   penetration
penetrante   penetrating
penetrar   to penetrate
península   peninsula
penitencial   penitential
penitente   *m*   penitent
penoso,-a   painful
pensador   *m*   thinker
pensamiento   thought
pensar   to think; to intend; **pensar en**   to think about
pensativo,-a   pensive
peña   rock, mountain
peón   *m*   day laborer

peor   worse, worst; **de mal en peor** from bad to worse
pepita   nugget; pip, distemper in fowls
pequeño,-a   small, little, of tender age
percepción   perception
percibir   to perceive
perder   to lose; **echar a perder**   to spoil, ruin; **perder de vista**   to lose sight of
perdición   perdition, ruin
pérdida   loss
perdiz   *f*   partridge
perdonar   to pardon
perdurable   lasting, everlasting
perdurar   to last long; remain
perecer   to perish
peregrinación   pilgrimage; wandering
peregrino,-a   strange, odd
perezoso,-a   lazy, idle
perfección   perfection
perfeccionar   to perfect
periódico   newspaper
periodismo   journalism
periodista   *m* or *f*   journalist
período   period
perjuicio   injury, damage; prejudice
perla   pearl
permanecer   to stay, remain
permiso   permission
permitir   to permit
pero   but, except, yet
perpetuo,-a   perpetual
perplejo,-a   perplexed
perro,-a   dog
perseguir   to pursue; to persecute
persona   person
personaje   *m*   personage, character
personalidad   personality
personificación   personification
perspectiva   perspective
pertenecer   to belong
pertenencia   belonging
pesadilla   nightmare
pesado,-a   heavy
pesadumbre   *f*   grief, affliction
pesar   *m*   sorrow, grief; **a pesar de**   in spite of
pescado   fish
pescador   *m*   fisherman
pescar   to catch (fish), to fish
peseta   peseta (monetary unit of Spain)
pesimismo   pessimism

peso monetary unit

pesoh (pesos) pesos

pestaña eyelash

pétalo petal

pétreo,-a stony, like stone

pez *m* fish

piadoso,-a pious, merciful

picar to burn (sun); to sting

picaresco,-a *adj* rogue

pícaro rogue

pictórico,-a pictorial

pie *m* foot; **al pie de la letra** literally; **ponerse de pie** to stand up

piedra stone; **piedra de moler** grinding stone

piel *f* skin, hide

piensah (piensas) (you) intend

pierna leg

pieza room; piece

pileta swimming pool

pillo rascal, rogue, "bad guy"

pincel *m* brush

pino pine tree

pintal (pintar) to paint

pintar to paint

pintor,-ra painter

pintoresco,-a picturesque

pintura painting

pinzas *f pl* pincers, tweezers

piña pineapple

piramidal pyramidal

pirámide pyramid

pirata *m* pirate

piruja prostitute

piso floor

pisoteado,-a trampled

pistola pistol

pitada drag, puff

pizarra slate, blackboard

placer *m* pleasure

plagiar to plagiarize

plancha sheet, plate

planchar to iron

planeamiento planning

planetario planetarium

plano,-a level, smooth; *n m* level plane

plantado,-a planted

plata silver

plateresco,-a plateresque

platero silversmith

plática chat, talk, discussion

plato dish

platónico,-a Platonic

playa beach

plazo time (limit)

plegar to crease, fold

plegaria prayer, supplication

plenitud plenitude

pleno,-a full

pliego sheet

pliegue *m* fold, crease

pluma feather

población population

poblador *m* populator, settler

poblar to populate

pobre poor

pobreza poverty

poco,-a little, few, small; **al poco rato** in a short while; **falta poco** it won't be long; **poco a poco** little by little; **por poco** almost

pochi *m or f* name for Californian

poder to be able, can; **puede que** it is possible that; *n m* power

poderoso,-a powerful

podrido,-a rotten

poema *m* poem

poesía poetry, poem

poeta *m* poet

poético,-a poetic; *n f* poetics

poetisa poetess

policía *f* police; *m* policeman

policíaco,-a *adj* police

policial referring to detective stories

politécnico,-a polytechnic

político,-a political; *n f* politics; *n m* politician

politizar to politicize

polvo dust; snuff

polvoriento,-a dusty

pomo bottle

pompa pomp

poner to put; **poner la mesa** to set the table; **ponerse** to put on; to become; **ponerse de pie** to stand up; **ponerse de rodillas** to kneel

popularidad popularity

populoso,-a populous

por by, for, through, toward; **estar por** to be in favor of; **por aquí** around here; **por el estilo** like that, of that sort; **por encima de** above; **por eso** therefore; **por favor** please;

por fin finally; **por la tarde** in the afternoon; **por las dudas** just in case; **por lo contrario** on the contrary; **por lo general** generally; **por lo menos** at least; **por lo tanto** therefore; **por medio de** through; **por otra parte** on the other hand; **por parte alguna** anywhere; **por parte de** on the part of; **por poco** almost; **¿por qué?** why? **por supuesto** of course; **por todos lados** from all sides; **por ventura** by chance

porcentaje *m* percentage
poro pore
porque because
porqué *m* reason
porquería filth
porqueríah (porquerías) filth
portada portal
portar to carry; **portarse** to behave
porteño,-a *adj* of Buenos Aires
portón *m* inner front door
portugués,-esa Portuguese
pos: en pos de after, in pursuit of
posdata *f* postscript
poseer to possess
posesión possession
posguerra *adj* post-war
posibilidad possibility
posible possible
posición position
positivo,-a positive
pósito public granary
posterior later, lower
postizo,-a false
postular to postulate
póstumamente posthumously
potable potable, drinkable
pozo well
práctica practice
practicar to practice, perform
práctico,-a practical
prado meadow; lawn
precaución precaution
precio price
precioso,-a precious
precisamente precisely
precisar to need; to determine
preciso,-a exact, accurate, precise
precolombino,-a pre-Columbian
predecesor predecessor

predicar to preach
predilección predilection
predilecto,-a favorite
predominar to predominate
prefacio preface
preferencia preference
preferir to prefer
pregunta question
preguntar to ask (a question)
prehispánico,-a pre-Hispanic
prehistórico,-a prehistoric
prehtá (prestada) borrowed
prejuicio prejudice
prematuro,-a premature
premio prize
premonición premonition
prenda: prenda de abrigo warm clothing
prensa press
preocupación preoccupation, concern
preocupado,-a preoccupied, worried
preocupar to worry; **preocuparse (por)** to worry (about)
preparación preparation
preparar to prepare
preparativo preparation
preparatorio,-a preparatory
presencia presence
presenciado,-a witnessed
presentación presentation, introduction
presentar to present, introduce
presentir to foresee, anticipate
preservar to preserve
presidencial presidential
presión pressure
preso prisoner
préstamo loan
prestar to lend; **prestar atención** to pay attention
prestigio prestige
prestigioso,-a renowned
presto quickly
presumir to presume
presupuesto budget
pretextar to give as a pretext
previo,-a previous
primario,-a primary
primavera spring
primero,-a first; **el primero inferior** first grade; **primero** *adv* first
primitivo,-a primitive
primo,-a cousin

primogénito first-born

príncipe *m* prince

principiar to begin

principio principle; beginning; **a principios de** at the beginning of; **al principio** at first

prisa haste; **a toda prisa** quickly, hastily

prisión prison

prisionero,-a prisoner

privación privation

probar to try, try out; to taste, sample

problema *m* problem

procedencia origin

proceder to proceed

procesión procession

proceso process

proclamar to proclaim

procreación procreation

procurador *m* attorney

producción production

producir to produce

producto product

profano,-a profane (of this world)

profecía prophecy

profesional professional

profeta *m* prophet

profundidad depth, profundity

profundizar to deepen, go deep into

profundo,-a profound, deep

profuso,-a profuse

programado,-a programmed

progreso progress

prohibir to prohibit

prolijidad prolixity; **con prolijidad** very carefully

prólogo prologue

prolongar to prolong

promesa promise

Prometeo Prometheus

prometer to promise

prominente prominent

promoción promotion; tendency

promover to promote

pronto quickly; **de pronto** suddenly

pronunciar to pronounce

propiciar to propitiate; to promote

propicio,-a favorable

propiedad property

propio,-a own, of one's own

proponer to propose

proporción proportion

propósito purpose

prosa prose

proseguir to continue

prosista *m* or *f* prose writer

prosperidad prosperity

próspero,-a prosperous

prostitución prostitution

prostituir to prostitute

prostituta prostitute

protagonista *m* or *f* protagonist

protección protection

protector,-ra protective

proteger to protect

proteína protein

protesta protest

protestante *m* or *f* Protestant

prototipo prototype

provecho profit; **buen provechito** may it benefit you, prosit

proveer to provide

provenir to arise (from), come from, originate

provincia province

provinciano,-a provincial

provocador *m* provoker

provocar to provoke

próximo,-a next to, near; **próximo a** about to

proyección projection

proyectar to plan

proyectil *m* projectile

proyecto project

proyector *m* projector

prueba proof

psicología psychology

psicológico,-a psychological

púa barb; **alambrado (alambre) de púa** barbed wire

publicación publication

publicar to publish

publicidad ad

público,-a public; *n m* audience, public

pudrir to rot

pueblero city man

pueblo town, people; working class

puente *m* bridge

puerta door, gate

puerto port

puertorriqueño,-a Puerto Rican

pues *adv* well, then

puesta setting

puesto position, post, place; **puesto que** since
pugnar to struggle, fight
pulcritud neatness, tidiness
pulcro,-a neat, graceful
pulir to smooth, polish
pulmón *m* lung
pulsar to finger
punta tip
puntiagudo,-a sharp-pointed
puntillista pointillist
punto point; **a punto de** on the point of; **al punto** immediately, at once; **en un punto** in a flash; **puntito** fleck; **punto de fuga** vanishing point
puñado handful
puñal *m* dagger
puñetazo blow with fist, punch
puño fist
pupila pupil
purificado,-a purified
purificador,-ra purifying
puritano,-a Puritan
puro,-a pure; only

Q

que that, which, who, whom, than, when; **qué** what, what a, which, how; **¿por qué?** why?; **¿qué hay? ¿qué pasa?** what's the matter?; **¿qué tal?** how goes it?; **¿qué de?** how many?
quebrado,-a chipped
quebrar to break
quedal (quedar) to be left
quedar to remain, have left, **quedarle bien** to come out well; **quedarse** to stay, remain
quedo,-a soft, quiet
quehacer *n* duty, work
queja complaint, moan
quejarse to complain
quejumbroso,-a grumbling
quemar to burn
quemazón *f* fire
querella fight, quarrel
querer to wish, want; to love; **querer decir** to mean
quien who, whom, whoever, which, whichever
quiereh (quieres) do you want
quieto,-a quiet, silent, undisturbed

quietud quietness, tranquility
química chemistry
quinta villa manor house
quinto,-a fifth
quirúrgico,-a surgical
quitar to take away; **quitarse** to take off, remove
quizás perhaps

R

rabia anger, fury
racimo cluster
ráfaga gust, burst
raíz *f* root; **a raíz de** right after; **con todo y raíces** roots and all
rajar to crack
rama branch
ramaje *m* mass of branches
ramo bouquet; (palm) branch; **Domingo de Ramos** Palm Sunday
rampa ramp
rango rank
rapar to shave
rapé *m* snuff
rápido,-a fast, rapid
raquítico,-a feeble
raro,-a rare, strange
rascacielos *m* skyscraper
rasgo characteristic; adornment
raspado,-a scratched up
rastro track, vestige
rastrojo stubble
rato short time, while; **al poco rato** in a short while; **cada rato** every so often; **de rato en rato** from time to time
ratón *m* mouse
raya: a rayas striped
rayo flash of lightning, ray
raza race
razón reason; **tener razón** to be right
reacción reaction
reaccionar to react
real real, royal, main
realidad reality
realización accomplishment
realizar to accomplish
realzar to elevate, heighten
reanudar to resume
rebanada slice
rebaño flock
rebelar to rebel

rebelde *m* rebel
rebelión rebellion
rebosante overflowing, dripping
rebozo shawl
receloso,-a distrustful
recepcionista receptionist
recibir to receive
recién *adv* recently; **recién antes** just before
reciente *adj* recent
recinto district
recio,-a strong
recipiente *m* recipient
reclamar to complain
reclinar to recline
recobrar to recover
recodo turn, angle
recoger to gather, pick up, collect
reconciliar to reconcile
reconocer to recognize
reconocible recognizable
reconocimiento recognition
reconquistar to reconquer
recordar to remember; to remind; to awaken
recorrer to peruse
recorrido route
recostado,-a leaning, reclining
recrudecer to increase; to fall hard
rectificar to rectify, adjust
rectoría rectory, rector's office
recuerdo memory
recuperar to recover
recurso recourse
rechazar to reject
red: red metálica screen
redactar to edit
redactor,-ra editor
redención redemption
redimir to redeem
redondo,-a round; **en redondo** round
reducir to reduce
reemplazar to replace
referencia reference
referente *adj* referring
referirse (a) to refer (to)
refinado,-a refined
reflejar to reflect
reflejo reflection
reflexionar to think, reflect
reforma reform; **Reforma** Reformation
reformador,-ra *adj* reform(ing)

reformar to reform
refrán *m* proverb, saying
refrescante refreshing
refugiado refugee
refugiarse to take refuge
refugio refuge
refunfuñar to growl, grumble
regalar to give a present
regalo gift
regañar to scold
regar to water
regazo lap
regionalista *m* or *f* regionalist
regir to control
registrar to register
registro search
regla rule; **por regla** square, straight
regresar to return
regulación rule (traffic)
regularidad regularity
rehusar to refuse
reina queen
reinar to reign, rule
reino kingdom
reír to laugh; **reírse** to laugh
reiterar to reiterate
reja grating, railing
rejuvenecer to grow young
relación relation, narrative
relacionar to relate
relámpago lightning
relatar to relate
relativamente relatively
relato narrative, account, story
releer to read again
relieve *m* relief
religioso,-a religious
reloj *m* watch
rellenar to fill
rematado,-a ending
remedio remedy
remendado,-a patched, mended
remirar to look at again
remolino whirlwind; cowlick
remoto,-a remote
remover to remove
renacentista *adj* Renaissance
renacer *m* rebirth
renacimiento Renaissance
rencilla grudge
rendija crack
rendir to take (a course); to render

renombre *m* fame
renunciar to renounce, refuse
reñir to quarrel
repartidor *m* distributor, sorter
repartir to distribute
repasar to stroke
repeler to repel
repente: de repente suddenly
repentino,-a sudden
repercusión repercussion
repertorio repertoire
repetición repetition
repetir to repeat
replicar to answer, reply
reponer to reply
reportaje *m* report, reporting
reportar to report
reportero,-a reporter
representación representation
representar to represent
represión repression
represivo,-a repressive
reproche *m* reproach
reproducción reproduction
reproducir to reproduce
repugnante repugnant
repujado,-a embossed
reputación reputation
requerir to require
resguardarse (de) to protect oneself (from)
residencia dormitory; residence
residir to reside
resignarse to resign oneself
resistencia resistence
resistirse to resist
resolución resolution
resolver to resolve
resonar to echo
resorte *m* spring
respectivamente respectively
respetar to respect
respeto respect
respetuoso,-a respectful
respirar to breathe
resplandor *m* light, radiance
responder to answer
responsabilidad responsibility
responsable responsible
respuesta response
resquebrajado,-a cracked
restaurán *m* restaurant

restaurar to restore
restitución restitution
resto rest, piece; **restos** remains
resuelto,-a resolved, determined
resultado result
resultar to result, turn out; **resultar en** to lead to
resumen *m* summary; **en resumen** in brief, in short
resumir to sum up, summarize
resurrección resurrection
retirar to retire; to take back, move
retobado,-a surly, wild
retocar to retouch
retorcerse to convulse, writhe, squirm
retorcido,-a twisted
retórico,-a rhetorical
retornar to return
retorno return
retratar to depict, portray
retratista *m* or *f* portrait painter
retrato portrait
retribución retribution
reunión meeting
reunir to gather, collect; **reunirse** to meet
revelar to reveal
reventar to split open
reverencia bow
revés *m* reverse; **al revés** in reverse
revista magazine
revolcarse to wallow
revolución revolution
revolucionario,-a revolutionary
revolver to stir
revuelto,-a stirred up
rey *m* king;
reyeh (reyes) Magi
reyes *m pl* king and queen; kings; Magi
rezar to pray
rezongar to grumble, mutter
rezongón,-na grumbler, mutterer; sassy
ribeteado,-a lined
rico,-a rich
ridículo,-a ridiculous
riel *m* rail
riesgo risk
rígido,-a rigid
riguroso,-a strict, tough
rima rhyme
rimador *m* rhymer
rimar to rhyme

rincón *m* corner
riñón *m* kidney
río river
riqueza wealth
risa laughter
risco cliff
rítmico,-a rhythmic
ritmo rhythm
rito rite
ritualista ritualistic
robado,-a stolen
roca rock
rodar to roll
rodear to surround
rodilla knee; **ponerse de rodillas** to kneel
rogar to beg
rojizo,-a reddish
rojo,-a red
rol *m* role
rollizo,-a plump, sturdy
Roma Rome
romano,-a Roman
romper to break, burst, tear up; **romper a** to burst out
ronco,-a hoarse
ronda circle
rondar to patrol; to walk at night
ropa clothing
ropero closet
rosa rose
rosado,-a pink
rosal *m* rose bush
rosario rosary
rostro face
roto,-a broken
rotular to label; to address
rótulo sign
rozar to border on
rubio,-a blonde
rudimentario,-a rudimentary
rudo,-a rough, unpolished
rueda circle, wheel
rugoso,-a wrinkled
ruidazal *m* clamor
ruido noise
ruina ruin
rumbo direction

S

sábado Saturday
sábana sheet

saber to know, know how; **a saber** to wit, namely
sabio,-a wise; *n m* wise man
sabor *m* taste, flavor
sabroso,-a savory, tasty
sacar to take out, pull out; **sacar a cuento** to drag in, mention
sacerdocio priesthood
sacerdote *m* priest
sacerdotisa priestess
sacrificar to sacrifice
sacrificio sacrifice
sacudida shaking, jerk
sacudir to beat, dust off; **sacudirse** to shake oneself
sagrado,-a sacred
sainete *m* one-act farce
sal *f* salt
sala room, living room; **sala de espera** waiting room
salado,-a salty
saldo balance sheet
salida exit; **a la salida** on leaving
salina salt pit
salir to leave, go out; to turn out
salpicar to splash
saltar to jump, leap
salto leap
salud *f* health
saludar to greet
saludo (de despedida) wave (of good-bye)
salvación salvation
salvaje savage
salvar to save; to overcome
salvo,-a safe; **salvo** *conj* except; *prep* without
san (abbreviation of **santo**) saint
sandalia sandal
sangrar to bleed
sangre *f* blood
sangriento,-a bloody
sanguinario,-a cruel, bloodthirsty
sanguíneo,-a red, blood-colored
sanguinoso,-a bloody, cruel
sano,-a healthy; **cortar por lo sano** to take quick action
santa saint
santero saintmaker
santo saint; saint's day
saña wrath
sañudo,-a wrathful, angry

sarape *m* serape, shawl
sardina sardine
sardónico,-a sardonic
sastre *m* tailor
sastrería tailor's shop, men's fashions
sátira satire
satisfacción satisfaction
satisfacer to satisfy
satisfecho,-a satisfied
Saturno Saturn
secar to dry
sección section
seco,-a dry
secretaría office (of the secretary)
secretario secretary
secreto,-a secret; *n m* secret
secundario,-a secondary
sed *f* thirst; **tener sed** to be thirsty
seda silk
sedentario,-a sedentary
sedicioso,-a seditious
seductor,-ra seductive
seguida succession; **en seguida** at once
seguido,-a in a row; *adv* often
seguil (seguir) to keep on, continue
seguir to keep on, continue; to follow; to remain
según according to
segundo,-a second; *n m* second
seguridad security
seguro,-a sure, certain
selección selection
seleccionar to select
selva jungle
sello (postage) stamp
semana week; **fin de semana** weekend
sembrar to sow
semejante similar, such
semejanza similarity
semidiós *m* demigod
semilla seed
senado senate
sencillez *f* simplicity
sencillo,-a simple
sendero path
seno breast
sensación sensation
sensibilidad sensibility, sensitivity
sensible sensitive
sensitivo,-a sensitive
sentado,-a seated, sitting

sentar to seat; to establish; **sentarse** to sit down
sentencia sentence
sentenciado,-a sentenced
sentido sense; **en todos sentidos** in all directions
sentimiento sentiment, feeling
sentir to feel; to regret; **sentirse** to feel
señalar to point out
señor sir, Mr., lord
señora lady, Mrs., mistress
señorío domain, great lord
separar to separate
sepulcro grave
sepultar to bury
ser to be; to exist; *n m* being; **ser humano** human being
sereno,-a serene
seriamente seriously
serie series
serio: en serio seriously
serpiente *f* serpent
servicio service
servidor *m* servant
servir to serve; **no sirve** it is not good; **servir de** to act as; **servirse de** to use; **servir para** to be good for
seso brain; **avive el seso** be alert
setentón,-ona seventy or so
setiembre *m* September
sevillano,-a Sevillan
sicología (psicología) psychology
sicológico,-a psychological
siembra sowing, sowed field
siempre always; **para siempre** forever
sierra mountain range
siesta afternoon nap
sigla abbreviation by initials
siglo century
significación significance
significado meaning
significar to mean
significativo,-a significant
signo sign
siguiente *adj* following
silencio silence
silencioso,-a silent
silla chair
sillón *m* armchair
simbólico,-a symbolic
simbolismo symbolism

simbolizar to symbolize

símbolo symbol

simbología symbology

simpatía sympathy

simultáneo,-a simultaneous

sin without; **sin embargo** nevertheless

sinagoga synagogue

sinceridad sincerity

sindical *adj* syndical, union

sindicato labor union

singularmente singularly

sino but, but rather, except, solely, only; **no sólo... sino también** not only . . . but also

sinónimo synonym

síntesis *f* synthesis

sintetizar to synthesize

siquiera at least, though; **ni siquiera** not even

sirviente *m* servant

sistema *m* system

sistemático,-a systematic

sitio place

situación situation

situar to locate, situate, place

snobismo snobism

soberanía sovereignty

soberano,-a sovereign; *n m* sovereign

soberbio,-a superb, grand

sobrar to be excessive; to have more than enough; to have left over

sobre on, upon, over, above, about; *n m* envelope

sobremesa after-dinner conversation

sobrenatural supernatural

sobrepasar to surpass

sobresalir to excel

sobresaltar to frighten, startle

sobresalto shock, sudden fear

sobretodo overcoat

sobrevivencia survival

sobrevivir to survive

sobriedad sobriety

sobrina niece

sobrino nephew

sobrio,-a sober

sociedad society

sociología sociology

sociosicológico,-a social-psychological

socorro succor, aid

sofisticado,-a sophisticated

sol *m* sun; **hacer sol** to be sunny; **puesta del sol** sunset

solar *m* house; drying area

soldado soldier

soleado,-a sunny

soledad solitude, loneliness

soler to be in the habit of, be accustomed to

solicitado,-a solicited

solidaridad solidarity

solidarizarse to make common cause, maintain solidarity

solidez *f* solidity, strength

solitario,-a solitary

solo,-a alone, unaccompanied, single

sólo only; **no sólo... sino también** not only . . . but also

soltar to release, drop; to emit

soltero,-a bachelor, unmarried

solución solution

solucionar to solve

sollozo sob

sombra shadow

sombrero hat

sombrilla parasol

sombrío,-a gloomy

sometido,-a subjected

son *m* sound; Cuban folk song and dance

sonar to sound, ring; **¿le suena?** does it sound familiar?; **sonarse** to blow one's nose

soneto sonnet

sonido sound

sonreír to smile

sonriente *adj* smiling

sonrisa smile

soñar (con) to dream (about)

soñoliento,-a sleepy

sopa soup

soplar to blow

sorbo ''drag''

sordo,-a deaf

sorprender to surprise

sorpresa surprise

sortilegio sorcery

sospechar to suspect

sostener to maintain, hold up, support

sótano basement, cellar

suave gentle, soft

subconsciencia subconscious

subido,-a raised, located, or placed high

subir to raise; to get on; to go up, climb; to rise

subjetivo,-a subjective

subrayar to underline

substancia substance

subterráneo,-a underground

suburbio suburb

subvencionado,-a subsidized

subversivo,-a subversive

sucedel (suceder) to happen

suceder to happen

sucesivo,-a successive; **en lo sucesivo** hereafter, in the future

suceso event

suciedadeh (suciedades) *f pl* filthy things

sucintamente succinctly

sucio,-a dirty

sudar to sweat

sudario shroud

sudor *m* sweat

sudoroso,-a sweaty, sweating

suegro father-in-law

sueldo salary

suelo ground, soil

sueño dream, sleep

suerte *f* luck, fate; **caber en suerte** to fall to the lot of; **de tal suerte que** in such a way that

suficiente sufficient

sufrimiento suffering

sufrir to suffer; to bear up under

sugerir to suggest

sugestivo,-a suggestive

suicidarse to commit suicide

sujetar to subject

sumar to add up to

sumisión submission

sumiso,-a submissive

sumo,-a great, high, supreme; **a lo sumo** at most

suntuoso,-a sumptuous

superado,-a obsolete

superar to rise above, overcome; to exceed

superficie *f* surface

superintendente *m* superintendent

superior *adj* superior, upper, higher

superstición superstition

supersticioso,-a superstitious

suponer to suppose

suprimir to suppress

supuesto: por supuesto of course

sur *m* south

suramericano,-a South American

surco furrow

sureste *m* southeast

surgir to arise, come forth, emerge, appear

suroeste *m* southwest

surrealismo surrealism

surrealista *m* surrealist

suspirar to sigh

suspiro sigh

sustancia substance

sustentar to sustain, defend, support

sustituir to substitute (for)

T

tablero table

tableteo rattling

tablón *m* slab, plank

taburete *m* stool

tal such, such a; **tal vez** perhaps

talón *m* heel

tallador *m* carver, sculptor

talladura carving

tallar to carve

taller *m* workshop

tamaño size

tamarindo tamarind

tambor *m* drum

tambora bass drum

tampoco neither

tan as, so; **tan luego que** as soon as

tanque *m* tank

tanto,-a so great, as much, so much; *adv* so much, as much; **por lo tanto** therefore; **son las tantas** it is late; **tantito así** this close; **tanto... como** both . . . and

tapa lid, cover

tapado coat

tarde *f* afternoon; *adv* late, too late; **de tarde en tarde** seldom, occasionally; **más tarde** later; **por la tarde** in the afternoon

tardío,-a late, tardy

tarea task; assignment

taza cup

teatral theatrical

teatro theater

técnica technique
técnico,-a technical; *n m* technician
tecnológico,-a technological
techo roof, ceiling
techumbre *f* ceiling
tejabán *m* roof; rustic shed
tejido cloth, weaving
tela piece of cloth
telaraña cobweb
teléfono telephone
telepático,-a telepathic
telescopio telescope
telón *m* curtain, backdrop
teltulia (tertulia) social gathering
tema *m* theme
temática thematics, choice of themes
temblar to tremble
tembloroso,-a trembling
temer to fear
temeroso,-a fearful
temor *m* fear
templado,-a moderate, pleasant; smooth;
    mal templado in a bad mood
templar to tune
temple *m* temper
templo temple
temporada spell, period of time
temporal *m* storm
temprano early
tendencia tendency
tender to tend; to stretch out
tenebroso,-a dark, gloomy
tener to have; **¿qué tienes?** what's
    wrong?; **tener… años de edad** to be
    . . . years old; **tener cuidado** to be
    careful; **tener dolor de cabeza** to
    have a headache; **tener en poco** to
    have a low regard for, despise; **tener
    ganas de** to feel like; **tener
    hambre** to be hungry; **tener
    lugar** to take place; **tener miedo**
    to be afraid; **tener muchos años** to
    be very old; **tener presente** to
    visualize; **tener que** to have to;
    tener que ver con to have to do
    with; **tener razón** to be right; **tener
    sed** to be thirsty
tentar to tempt
tentativa attempt
teología theology
teólogo,-a theologian
teoría theory

tercero,-a third
terminar to end, finish
término term
ternura tenderness
terrenal *adj* earthly
terreno terrain, field of action; plot,
    piece of land
territorio territory
tertulia social gathering for conversation
tesis *f* dissertation, thesis
tesoro treasure
testigo witness
testimonio testimony
textura texture
tía aunt
tibio,-a tepid, lukewarm
tiempo time; tense; **al mismo tiempo**
    at the same time; **de hacía tiempo**
    of long ago; **en mucho (poco)
    tiempo** in a long (short) while
tienda store, shop
tieneh (tienes) (you) have
tientas: a tientas in a groping manner
tierno,-a tender
tierra land, earth
tigre *m* tiger
timbre *m* stamp; bell
tímido,-a timid
tinaja large earthen jar
tinta ink
tío uncle
típico,-a typical
tipificar to typify
tipo type
tipografía typography
tipógrafo typographer
tiranía tyranny
tirar to shoot; to pull, to throw; **tirar
    a** to tend toward; **tirarse** to throw
    oneself
tiro shot; **a tiros** by shooting; **pegar un
    tiro** to shoot
tiroteo skirmish, volley of shots
titiritero,-a puppeteer
titular *m* headline
titularse to be entitled
título title; degree
tiza chalk
tiznado,-a sooty
toa (toda) all
tocar to play (an instrument); to touch;
    tocarle a uno to be one's turn

todavía still, yet; **todavía no** not yet

todo,-a all, each, everything; **con todo y raíces** roots and all; **de todo** something of everything; **de todos modos** at any rate; **del todo** completely; **todo el mundo** everyone; **todos los años** every year; **todos los días** every day

tolteca *adj* Toltec

tomar to take; to drink; **¡toma!** go on, now

tomo volume

tonelada ton

tono tone, quality

tontera foolish thing

tontería foolishness, nonsense

tórax thorax

torcer to bend, twist; **torcer el gesto** to make a face

torcido,-a bent

torero bullfighter

tormenta storm

torno: en torno a around

torre *f* tower

torrente *m* torrent

tortuga turtle

tortura torture

tosco,-a coarse, rough

totalidad totality

trabajador,-ra worker

trabajar to work

trabajo work; **con muchos trabajos** with great effort

tradición tradition

tradicionalista traditionalist

traducción translation

traducir to translate

traductor,-ra translator

traer to bring

tragar to swallow

tragedia tragedy

trago swallow

traición treason, treacherous act

traicionar to betray

traicionero,-a treacherous

traidor,-ra traitor

trama plot

trampa trap

tranquilidad tranquility

tranquilo,-a tranquil

transcurso course

transeúnte *m* passer-by

transformar to transform

transición transition

transitar to travel, walk

transitorio,-a transitory

transportar to transport

transporte *m* transportation, transport

tranvía *m* streetcar

trapo rag

tras after, behind

trascender to transcend

trascordado,-a forgetful, mistaken

trasformar to transform

trasladarse to move; to adjourn; to go to

trasmitir to transmit

traspasar to go beyond; to cross

tratado treaty

tratar to treat, discuss; **tratar de** to deal with; to try to; **tratarse de** to be a matter of

trato commerce; deal, pact

través: a través de through

trazo outline

tremendista tremendist: referring to description intended to shock

tremendo,-a tremendous

tren *m* train

trepar to climb, to mount, to clamber

triángulo triangle

tribu *f* tribe

tribulación tribulation

tribuna tribunal

trilogía trilogy

trinchera trench

triste sad

tristeza sadness, sad thing

triunfar to triumph

triunfo triumph

trizado,-a broken

trocito (*dim.* **trozo**) small piece, bit

trompeta trumpet

tronco trunk

trono throne

tropa troop

tropero trooper, cattle driver

trozo excerpt, fragment, piece

trueno thunder

truncado,-a truncated

tuboh (tubos) pipes

tuh (tus) your

tumba tomb

tunante *m* rascal

turbar to disturb, upset
turno turn

U

ubicación location, placement
uhté (usted) you
último,-a last; **por último** finally
ultraísmo Ultraism (art movement)
ultratumba beyond the grave
umbral *m* threshold
UNAM (Universidad Nacional Autónoma de México) the Autonomous National University of Mexico
único,-a only, unique
unidad unity, unit
unificar to unify
unir to unite
universidad university
universitario,-a university; *n m* or *f* university student
universo universe
unoh (unos) some
unos,-as some; **unos a otros** each other; **unos cuantos, unos pocos** a few
urbanidad urbanity; sophistication
urbe *f* metropolis
urgido,-a pressed, motivated
usar to use
uso use
útil useful
utilitario,-a utilitarian
utilizar to utilize

V

vaca cow
vacaciones *f pl* vacation
vaciar to pour out, empty; to hollow
vacío,-a empty; *n m* void
vago,-a vague; *n m* loafer, tramp
vagoh (vagos) loafers
vaho vapor, steam
vaina *fig* thing
vaivén *m* fluctuation, inconstancy
valenciano,-a Valencian
valer to be worth; **más valía** it would have been better; **no valer la pena** not to be worthwhile
validez *f* validity
válido,-a valid

valiente valiant, brave
valija suitcase
valor *m* value; valor, bravery
valle *m* valley
vanidad vanity
vaquilla heifer
variación variation
variar to vary
variedad variety
varón *m* male
vasallo vassal
vaso glass
vecindad vecinity; quality of being a neighbor
vecino,-a neighboring; *n* resident
vega flat lowland
vegetación vegetation
vehículo vehicle
veintena score (twenty)
vejez *f* old age
vela candle
velado,-a veiled
velar to watch over, keep vigil
velgüenza (vergüenza) shame
velocidad velocity
vena vein
venado deer
venalidad venality, mercenariness
vencer to conquer
vendedor *m* salesman
vender to sell
Venecia Venice
veneno poison
veneración veneration
venerar to venerate
vengador,-ra avenger
vengar to avenge
venir to come
venta sale
ventaja advantage
ventana window
ventilación ventilation
ventura luck; **por ventura** by chance
ver to see; **tener que ver con** to have to do with
veranear to spend the summer
verano summer
veras *f pl* truth; **de veras** in earnest
verbo verb
verdad truth
verdadero,-a real, true
verde green

verdoso,-a greenish
verdugo executioner
verdulero,-a greengrocer
verdura vegetable
verdusco,-a dark greenish
vereda path, sidewalk
veremoh (veremos) we'll see
vergüenza shame; **tener vergüenza** to be ashamed
verso verse, line (of poetry)
verter to reveal; to spill
vestido dress
vestir to dress
veterinaria veterinary science
vez *f* time; **a la vez** at the same time; **a su vez** in its turn; **a veces** at times; **de vez en cuando** from time to time; **dos veces** twice; **en vez de** instead of; **otra vez** again; **tal vez** perhaps; **una vez** once
vía road, route
viajar to travel
viaje *m* trip; **de viaje** on a trip
viajero,-a traveler
víbora viper
vibrar to vibrate
vicioso,-a vicious
víctima victim
victoria victory
vida life; **¡por vida!** by Jove!; **ganarse la vida** to earn one's living
vidriera store window; glass case
vidrio glass
viejo,-a old
viento wind; **mirando a los cuatro vientos** *fig* looking off into space
vientre *m* abdomen, belly
viga beam
vigoroso,-a vigorous
vincular to join, connect; **vincularse (a)** to be connected to, be joined to
vínculo tie, bond
vino wine
viña vineyard
violación rape
violar to rape
violencia violence
virgen virgin
virtud virtue
visaje *m* grimace, "face"
visigodo,-a Visigoth
visita visit, visitor

visitante *m or f* visitor
visitar to visit
vista view, sight, vision; **perder de vista** to lose sight of
vitalidad vitality
víveres *m pl* provisions, foodstuffs
viveza vividness
vívido,-a vivid, lively
vivienda dwelling, house
vivir to live; **modo de vivir** way of living
vivo,-a alive, bright (colors), lively
vocabulario vocabulary
vocacional vocational (school)
vociferar to shout
volante *m* leaflet
volar to fly
volcán *m* volcano
voltearse to turn
voltereta tumble
volumen *m* volume
voluntad will, good will; **de voluntad** voluntarily
voluntario,-a voluntary
volver to return; **volver a...** to ... again; **volver la mirada** to turn one's glance; **volverse** to turn around
voraz voracious
vos you (fam)
voseo use of "vos", Argentine and Uruguayan dialect
voz *f* voice; **correr la voz** to be said, to be rumored; **en voz alta** aloud; **en voz baja** in a whisper, in a low voice
vudú *m* voodoo
vuelta turn; **dar vuelta** to turn
vulpeja bitch fox

W

wawa small child, infant (Andean term)

Y

yema tip (of a finger)
yerba weed
yerno son-in-law
yerto,-a stiff, rigid
yeso plaster
yip *m* jeep
Yol York

Z

zamarrear to shake
zanahoria carrot
zapatero,-a shoemaker
zapato shoe
zarandear to move, keep on the go
zarzuela musical comedy

zas sound which indicates a quick motion, "whish"
zona zone
zoológico,-a zoological
zorro fox
zumbar to buzz